Claudia Pfrang / Marita Raude-Gockel

Das große Buch der Rituale

Bücherei Frasdorf

Hinweis

Zu diesem Buch gibt es eine CD mit den Liedern von Kathi Stimmer-Salzeder:

Durch den Tag, durch das Jahr
Lieder von Kathi Stimmer-Salzeder

Die CD ist in jeder Buchhandlung erhältlich (Best. Nr. 978-3-466-45815-8).

Chor- und Instrumentalpartituren zu den Liedern von Kathi Stimmer-Salzeder können Sie beziehen über:

Musik und Wort
Lärchenstr. 22
D-84544 Aschau am Inn
www.musik-und-wort.de

Claudia Pfrang / Marita Raude-Gockel

Das große Buch der Rituale

Den Tag gestalten.
Das Jahr erleben.
Feste feiern. Ein Familienbuch

Mit Illustrationen von Gabriele Hafermaas

Kösel

3. Auflage 2013
Copyright © 2007 Kösel-Verlag, München
in der Verlagsgruppe Random House GmbH
Umschlag: fuchs_design, München
Sabine Fuchs, Regina Kremer
Druck und Bindung: Kösel, Krugzell
Printed in Germany
ISBN 978-3-466-36772-6

Umwelthinweis: Dieses Buch wurde auf chlor- und säurefreiem Papier gedruckt.

Weitere Informationen zu diesem Buch und unserem gesamten lieferbaren Programm finden Sie unter www.koesel.de

Inhalt

Liebe Leserin, lieber Leser! 12

Familien brauchen Rituale 14

Was sind eigentlich Rituale? 16
Warum sind Rituale gerade für Kinder so wichtig? 17
Was verlangt das von uns Eltern? 18
Können wir Rituale auch bewusst ändern? 19
Warum Rituale uns beim Loslassen helfen 20
Warum Rituale auch für uns persönlich wichtig sind 21
Durch den Tag und durch das Jahr:
Rituale und Bräuche im christlichen Jahreskreis 22
Wie wir Ritualen ein »Gesicht geben« können 24
Literaturhinweise 29

Durch den Tag und durch die Woche 30

Rituale des Beginns: Wir begrüßen den neuen Tag   32

Freundliches und liebevolles Wecken – Aufweckrituale 33
Gemeinsam den Tag beginnen – Morgenrituale. 34
In den Alltag hineingehen – Momente des Innehaltens
und Abschiedsrituale. 37

Zwischen Arbeit und Spiel: Zwischen-Rituale 40

Tagesübergänge 41

Gemeinsam essen und Energie auftanken 44

Wenn zwei sich streiten – Wie uns Streit auch weiterhelfen kann 51

Was tun, wenn sich zwei streiten 52

Was tun, damit Streiten nicht »weh tut« – Streitregeln 52

Was tun, damit wir uns wieder versöhnen – Versöhnungsrituale 54

Rituale des Ausklangs: Wir verabschieden den Tag 56

Den Arbeitstag beenden und Feierabend haben: Abendrituale .. 56

Gemeinsam den Tag ausklingen lassen: Abendessen und Familiengespräche 58

Zur Ruhe kommen, Stille finden: Zu-Bett-Geh-Rituale 61

Gemeinsam die Ereignisse des Tages liebevoll einsammeln 62

Endlich Zeit und Ruhe haben: Wochenende! 67

Das Wochenende strukturieren 67

Die Woche beschließen und den Sonntag begrüßen 68

Zur Ruhe, zu sich selbst kommen 68

Den Sonntag leben und feiern 69

Den Sonntag genießen 72

In die neue Woche hineingehen.............. 74

Literaturhinweise 76

Advent und Weihnachten 78

Was bedeutet eigentlich Advent? 80

Bräuche und Rituale in der Adventszeit 83
- Adventskranz 83
- Adventswurzel 86
- Adventskalender 87
- Adventsweg 91

Die Adventssonntage 101

Wir begegnen Menschen auf dem Weg zur Krippe..... 114
- Die hl. Barbara (4. Dezember) 114
- Der hl. Nikolaus (6. Dezember) 117

Wir feiern Weihnachten 123
- Heiliger Abend 123
- Die Weihnachtsfeiertage 131

Tag der Unschuldigen Kinder und Fest
der Heiligen Familie 133

Jahreswechsel/Silvester 136

Neujahr 141

Das Fest der Heiligen Drei Könige/
Erscheinung des Herrn (6. Januar) 142

Das Fest der Taufe des Herrn 146

Mariä Lichtmess und Hl. Blasius 147

Literaturhinweise 150

Osterzeit ... 152

Fasching/Karneval ... 156

Die Fastenzeit ... 160

    Aschermittwoch ... 164

    Die Fastensonntage als Wegweiser ... 166

Die Karwoche ... 178

    Palmsonntag ... 178

    Gründonnerstag ... 179

    Karfreitag ... 182

    Karsamstag ... 184

Wir feiern Ostern ... 186

    Osternacht ... 186

    Ostersonntag ... 187

    Ostermontag ... 190

Wir gestalten einen Ostergarten ... 191

Christi Himmelfahrt ... 220

Pfingsten ... 223

Literaturhinweise ... 227

Die Zeit im Jahreskreis *228*

Der Marienmonat Mai 231

Dreifaltigkeitssonntag/Trinitatis (Sonntag nach Pfingsten) 237

Fronleichnam 240

Sommerzeit – Zeit, um die Seele baumeln zu lassen . . . 244

   Johannes der Täufer (24. Juni) – Sommersonnwende   244

   Schulende – Ferien – Urlaub 247

   Mariä Himmelfahrt und Kräuterweihe (15. August) 251

   Start ins neue Schuljahr 255

Herbst – Gott beschenkt uns mit seinen Gaben 257

   Erntedank 257

   Fest der Erzengel Michael, Gabriel und Raphael (29. September) und Schutzengelfest (2. Oktober) 260

   Franziskus von Assisi (4. Oktober) 267

   Reformationsfest (31. Oktober) 273

November – ein Monat voll Dunkel und Licht 275

   Halloween (31. Oktober) 275

   Allerheiligen und Allerseelen (1. und 2. November) 279

   Sankt Martin (11. November) 281

   Elisabeth von Thüringen (19. November) 291

   Christkönigssonntag/Ewigkeitssonntag 293

   Literaturhinweise 297

Lebensübergänge und Lebensfeste .. 298

Von schwarzen und von roten Tagen im Kalender 300

Einmalige Lebensfeste 303
Geburt: Du bist einmalig! 303
Taufe: Du bist ein Geschenk Gottes!....

Wiederkehrende Lebensfeste 313
Wir feiern Geburtstag.................... 313
Wir feiern Namenstag.................... 316
Wir erinnern uns an unsere Taufe........................ 321

Einmalige Lebensübergänge: Loslassen Schritt für Schritt 322
Der erste Kindergartentag 322
Der erste Schultag 325
Schulwechsel 328

In Sakramenten und Festen das Leben feiern 330
Erstkommunion feiern 330
Versöhnung feiern..................... 334
Firmung und Konfirmation feiern 342

Rituale für das Leben – Außergewöhnliche Lebenssituationen................. 345
Krank sein 345
Abschied nehmen – Trennungssituationen 349

Tod und Trauer 352

Kleine Trostrituale für Leib und Seele 360

Literaturhinweise 364

Anhang *366*

Auf einen Blick 366

Bastelideen 366

Gedichte 366

Geschichten 366

Lieder 367

Rezepte 367

Rituale 367

Quellenverzeichnis 368

Liebe Leserin, lieber Leser!

Kinder lieben es Schätze zu sammeln. Manch glitzernder Stein von einem Spaziergang ist ihnen heilig. Viele ihrer Schätze sind für Erwachsene auf den ersten Blick gar nicht so wertvoll. Doch wie sehr hängt das Herz der Kinder daran! Zu den ganz besonderen Schätzen im Leben von Familien gehören die Rituale. Wir nehmen sie gern zur Hand, weil sie unser Familienleben reicher und bunter machen.

Bestimmt haben auch Sie eine ganze Schatzkiste an Ritualen zu Hause. Jede Familie kennt bestimmte Rituale und Bräuche. Sie begegnen uns immer wieder: Das Vorlesen der Gute-Nacht-Geschichte, das Ausblasen der Geburtstagskerzen, das Ostereiersuchen usw. Auch wenn Rituale von Familie zu Familie ganz unterschiedlich sind, eines haben sie gemeinsam: Sie halten für einen Moment unseren Alltag an, unser Herz und unsere Seele können ankommen.

Dieses Buch bietet eine Fundgrube an Ritualen, die Ihnen helfen, während des Tages, am Abend und am Wochenende »Rastplätze« zu schaffen, Zeiten zum Durchatmen. Auch im Laufe des Jahres sind Rituale wichtige Momente des Innehaltens. Nicht umsonst kennt das christliche Leben zahlreiche Bräuche. Sie wollen den Sinn eines Festes buchstäblich mit allen Sinnen greifbar machen. Deshalb finden Sie zu jedem Fest und seinen Bräuchen auch eine kurze Erklärung. Daneben möchten wir Sie anregen, den Festen und Übergängen im Leben mit Ritualen einen besonderen Akzent zu geben. Wir können damit dem Sinn unseres Lebens auf die Spur kommen.

Für alle beschriebenen Rituale war uns wichtig: Sie müssen ohne viel Aufwand zu Hause umsetzbar sein, sie sollen Kopf, Herz und alle Sinne ansprechen. Gemeinsam mit der Liedermacherin *Kathi Stimmer-Salzeder* haben wir dazu Lieder ausgewählt, die auf ihre Weise Glauben und Leben verbinden. Diese sind zum Anhören und Mitsingen auf einer CD zusammengestellt, die Sie ergänzend zum Buch kaufen können. Wir danken Kathi Stimmer-Salzeder für die Zusammenarbeit und Liedauswahl.

Wir freuen uns, wenn Sie unsere Schatztruhe öffnen, in die wir all die Rituale »hineingelegt« haben, die im Leben unserer Familien wichtig sind, die wir selbst oder auch andere befreundete Familien praktizieren. Holen Sie einfach das heraus, was Ihnen wertvoll erscheint. Viele eigene Familienrituale werden Sie dabei wiederfinden. Manches haben Sie vielleicht schon lange nicht mehr aus Ihrer Schatztruhe genommen und etwas anderes entdecken Sie hoffentlich auch neu. Vielleicht entsteht auch aus einer Idee, die Sie beim Durchblättern entdecken, ein ganz neues Ritual in Ihrer Familie. Denn stimmig werden die Rituale dann, wenn sie zu uns passen.

Dieses Buch kann für Ihre Familie ein Ideenbuch sein, in das Sie immer wieder hineinschauen oder das Sie wie ein »roter Faden« durch das Jahr begleitet. Auch wenn wir mit unserem Buch vor allem Familien mit Kindern im Alter von 3 bis 12 Jahren im Blick haben, so sind doch nach unserer Erfahrung viele Rituale und Ideen in der Kirchengemeinde (zum Beispiel im Kindergottesdienst), in Kindergarten und Grundschule gleichermaßen einsetzbar.

Rituale mit der Familie zu leben braucht Entschlossenheit, Geduld und zuweilen eine Portion Gelassenheit, etwas anderes dafür sein zu lassen. Das erleben auch wir, engagiert in Familie, Beruf und Ehrenamt, hautnah. Wir haben die Erfahrung gemacht: Es geht und es lohnt sich!

Wir wünschen Ihnen und Ihren Kindern viel Spaß beim »Stöbern«, Suchen und Finden in unserer Schatzkiste und viele froh machende Erfahrungen mit Ritualen, die Ihnen und Ihren Kindern gut tun.

Claudia Pfrang und Marita Raude-Gockel

Familien

brauchen *Rituale*

Was sind eigentlich *Rituale?*

Jeder Mensch hat seine Rituale, meistens einen ganzen Vorrat davon. Wenn Sie kurz überlegen: Welche Rituale habe ich?, fallen Ihnen bestimmt spontan einige ein. Wir vollziehen sie oft unbewusst und selbstverständlich, ohne darüber nachzudenken: Wir haben zum Beispiel ein bestimmtes Aufwach- und Weckritual, das uns am Morgen hilft, gut in den neuen Tag zu starten. Wenn wir keines hätten, müssten wir jeden Tag wieder neu überlegen und entscheiden, wie wir wohl am besten aufstehen. Das wäre doch ziemlich anstrengend. Rituale entlasten uns. Sie helfen uns den Tag zu strukturieren und zu ordnen.

Rituale sind Handlungen, die wir immer wieder tun, allein oder mit anderen, und dies in einer bestimmten Art und Weise. Sie haben für uns meist eine besondere Bedeutung, die über das hinausgeht, was wir tun. Wenn wir unser Kind am Morgen vor dem Aufbruch in die Schule verabschieden, ihm einen Kuss geben und ein Kreuzzeichen auf die Stirn machen, dann bedeutet das: Ich habe dich lieb und Gott möge dich heute beschützen. Ohne viele Worte drücken wir mit Zeichen und Gesten aus, was uns am Herzen liegt.

Mit Ritualen gestalten wir unser Familienleben. Wenn wir uns vor dem Mittag- oder Abendessen am Tisch die Hände reichen und uns Guten Appetit wünschen, dann fühlen wir uns in der Familie miteinander verbunden und wohl. Unser Kind lernt die Gemeinschaft beim Essen und auch das gemeinsame Danken im Gebet schätzen. Es übernimmt mit diesen Ritualen auch bestimmte Werte. Es spürt: Ich gehöre dazu. So lernt es sich zu integrieren und selbst aktiv unsere Familienrituale mitzugestalten.

Rituale sind wichtig für Groß und Klein. Denn sie erfüllen das urmenschliche Bedürfnis nach Verlässlichkeit und Geborgenheit, unsere Sehnsucht, uns selbst nicht im Strudel des Alltags zu verlieren.

Warum sind Rituale gerade für
Kinder so wichtig?

Forscher, die die Entwicklung von Säuglingen und Kleinkindern beobachtet haben, fanden heraus, dass sich Rituale von Geburt an aus dem Wechselspiel zwischen Eltern und Kind entwickeln. Das Baby wird von der Mutter gestillt, von Vater und Mutter wird es liebevoll umsorgt, gewickelt, gebadet und herumgetragen. Dies alles wiederholt sich in regelmäßigen Zeitabständen. Das Kind spürt, dass Mutter und Vater auf sein Wachsein, Lächeln, Schreien reagieren, sich ihm zuwenden, seinen Namen rufen und ihm das Gefühl geben: Wir sind für dich da, du kannst dich auf uns verlassen. Es spürt, dass das Leben kein Chaos ist, das Angst macht, sondern erlebt verlässliche Umweltbedingungen. Auf dieser Grundlage bildet sich das Urvertrauen des Kindes. Deshalb brauchen und lieben die Kinder, besonders wenn sie klein sind, die immer gleichen Rituale beim Aufstehen, beim Vorlesen und Kuscheln, beim Essen, beim Beten und beim Einschlafen. Sie fühlen sich dadurch geborgen und sicher.

Die Kinder entwickeln daraus eine »Erwartungshaltung«. Anders ausgedrückt: Sie freuen sich schon im Voraus nach Abendessen und Zähneputzen zum Beispiel auf das »Mit-Papa-Kuschel- und-Vorleseritual«, das immer in der gleichen Reihenfolge stattfinden muss. So erfährt das Kind, dass es sich auf Mama und Papa verlassen kann, immer wieder, jeden Tag neu. Ähnlich ist es bei der Verabschiedung im Kindergarten. Das Kind zieht sich beispielsweise erst die Jacke aus, dann gibt es den Abschiedskuss, dann geht es zu den anderen Kindern und Mama und Kind winken sich noch einmal zu. Es ist ein gemeinsamer und in seinem immer gleichen Verlauf »verlässlicher« Abschied, der ganz individuell zwischen dieser Mutter und ihrem Kind vollzogen wird, der Schritt für Schritt das Loslassen und das Eigenständigwerden erleichtert.

Rituale sind wie eine Brücke, die uns das Hinübergehen in ein »neues Land« erleichtern. Dies gilt insbesondere für die Lebensübergänge in unserem Leben: Wenn der Abschied vom Kindergarten oder von der Grundschule ansteht, dann ist die gemeinsame Abschlussfahrt oder die Übernachtungsfreizeit ein Highlight, das diesen Lebensabschnitt noch einmal vertieft und gut beendet. Ein Begräbnisritual für das verstorbene Haustier hilft dem Kind, seine Trauer auszudrücken und zu verarbeiten. Rituale sind hier wie ein Netz, das uns trägt und auffängt.

Was verlangt das
von uns Eltern?

Rituale im Familienalltag erfordern von uns Eltern Disziplin. Das Kind erwartet das Morgen- oder Abendritual ganz selbstverständlich. Manchmal fordert es das Ritual richtig ein: »Papa, jetzt machen wir aber …!« Wenn wir es nach Lust und Laune handhaben würden, würde das Kind unser Verhalten als beliebig erleben und sich vielleicht enttäuscht zurückziehen. Das Kind spürt in den Ritualen die Wertschätzung und Liebe der Eltern. Durch diese Alltagsrituale wird ihm vermittelt: Ich bin Mama und Papa sehr wichtig, sie nehmen sich Zeit für mich.

Für uns Eltern stellen die Alltagsrituale aber auch eine große Entlastung dar, denn selbst in Stress- und Krisensituationen helfen sie, die Tagesübergänge zu gestalten und dem Kind Sicherheit und Vertrauen mitzugeben. Und sie tun uns selbst auch richtig gut: Man kann beim Abendritual selber abschalten, sich fallen lassen und beim Kuscheln zur Ruhe kommen und sich geborgen fühlen.

Es geht uns in diesem Buch nicht darum, Ihnen irgendwelche Rituale zu verordnen oder vorzuschreiben, was Sie noch zusätzlich mit Ihrem Kind tun müssten. Wir möchten Sie ermutigen, das, was Sie mit Ihrem Kind bereits tun, weiter mit Bedacht und Freude zu tun. Mit diesem Buch möchten wir Sie einladen, Rituale in Ihrem Leben wie Schätze zu entdecken. Vielleicht finden Sie darin auch eine tiefere Spur und Gottes gute Gegenwart.

Können wir Rituale auch *bewusst ändern?*

Rituale haben kein unendliches Haltbarkeitsdatum. Das ist gut so, denn sonst wären sie ja starr, zwanghaft und könnten nicht mitwachsen oder sich verändern. So wie sich Familiensituationen wandeln, so werden sich auch die Rituale immer wieder neu daran anpassen und ändern. Manchmal tut es gut, sich darüber mit anderen Familien auszutauschen und zu schauen: Wie geht denn der Kindergeburtstag bei euch? Wie feiert ihr denn Heiligabend?

Wenn die Kinder größer werden, ändern sich die Rituale, manche verschwinden ganz. Der Kuss auf die Wange, das abendliche Zu-Bett-geh-Ritual sind irgendwann »out«. Wenn das Kind nicht mehr will oder nur noch widerstrebend mitmacht, dann ist es Zeit, über das, was nicht mehr gewollt ist, zu sprechen. Und auch eine gute Gelegenheit, zu überlegen, was denn stattdessen dran ist. Es ist dagegen schwierig, Rituale, die sich weggeschlichen haben – etwa das Tischgebet –, wieder neu zu beleben.

Meistens suchen heranwachsende Kinder und Jugendliche die Diskussion und Auseinandersetzung auch in Bezug auf Fragen des Zusammenlebens und der Familienrituale. Manchmal kann daraus richtiger »Zoff« entstehen. Aber das ist ein Ventil und eine Chance. Denn die Kinder spüren, wenn wir mit ihnen im Dialog bleiben: Wir werden ernst genommen, unsere Eltern lassen sich auf uns ein. Dann ist auch eine Klärung der Situation möglich und Kompromisse können gefunden werden.

Das Grundbedürfnis nach Freiheit und Selbstständigkeit wächst im Jugendalter sehr stark, die Bindung an zu Hause und das Eingebundensein in Rituale nimmt ab. Die Sehnsucht nach Zuverlässigkeit und Geborgenheit bleibt zwar, äußert sich aber anders: in »Spielritualen«, »Diskussionsrunden« und »Jugendritualen«, etwa gemeinsam »chillen«, sich mit Freunden entspannen, um die vielfältigen Erlebnisse des Alltags zu verarbeiten und Ängste abzubauen. Es bleibt eine spannende Aufgabe von Eltern und Kindern, wenn sie im Jugendalter sind, gemeinsame Rituale zu pflegen, vielleicht das gemeinsame Kochen am Wochenende oder die wöchentliche Familienkonferenz, um miteinander im Gespräch zu bleiben. Rituale sind auch eine Hilfe für Eltern, wenn sie Angst haben, den »Draht« zu ihren Kindern zu verlieren. In konkreten Situationen – vor dem Abendessen, am Sonntagmorgen nach dem Frühstück – können sie auf die Kinder zugehen und neu mit ihnen in Kontakt treten. Vielleicht wird aus dieser Begegnung, wenn sie stattfindet und sich bewährt, ein neues Familienritual!

Unser Buch mit seinen vielen konkreten Vorschlägen soll Ihnen dazu eine Hilfe sein. Vielleicht entdecken Sie darin auch Anregungen, um eigene Rituale zu entwickeln.

Warum Rituale uns beim Loslassen helfen

Unser Leben kennt viele Abschiede und täglich müssen sie neu gewagt werden. Da ist der Abschied am Morgen, vom Kindergarten, von Schule und Arbeit, von Freunden und Kollegen. Am Abend beschließen wir jeden Tag und vielleicht verabschieden wir ihn mit einer kurzen Tagesrückschau.

Wenn es uns auch nicht immer oder nur in sehr einschneidenden Situationen bewusst wird: Jeder Abschied bedeutet loslassen und sich auf etwas Neues einlassen. Das bringt Veränderung mit sich und manchmal spüren wir vielleicht auch Angst vor dem Neuen. Manche Menschen empfinden das Loslassen als Balanceakt zwischen Kontrolle und Fallenlassen. Wenn unser Kind in den Kindergarten kommt, beginnt ein neuer Lebensabschnitt: Wir als Eltern lassen es ein Stück los und vertrauen dem Kind, dass es diesen Übergang gut bewältigt, weil wir ihm Liebe und Geborgenheit wie ein dickes Polster mitgeben. Es braucht nicht die ständige Kontrolle und Aufsicht der Eltern. Das Kind spürt unser Vertrauen, es fühlt sich nicht fallen gelassen, sondern immer sicherer, es freut sich auf andere Kinder und Bezugspersonen und die Gemeinschaft in einer neuen Umgebung. Da tut es gut, Rituale zu haben, die unsere Gefühle, auch Unsicherheiten und Ängste auffangen, die uns und unseren Kindern Sicherheit und Selbstvertrauen geben für den nächsten Schritt. So fällt das Loslassen leichter.

Warum Rituale auch für uns
persönlich wichtig sind

Im Unterschied zu Familien- oder Paarritualen kennen wir Rituale, die wir ganz persönlich für uns vollziehen, am Abend vor dem Schlafengehen oder am Morgen, bei einem Spaziergang durch die Natur. Rituale schenken uns einen Raum und eine Zeit zum Innehalten, einen Raum der inneren Stille, in dem wir ganz aus unseren Alltagsgedanken und Sorgen heraustreten und sie loslassen können. Wir dürfen sie loslassen und, wenn wir wollen, Gott übergeben.

Dieses Innehalten ist uns ganz vertraut von unserem Atem her: Wir atmen ein und aus, ganz selbstverständlich, ohne nachzudenken. Zwischen den Atemzügen lassen wir immer eine kleine Pause des Innehaltens. Das Einatmen kommt von selbst, ohne dass wir etwas tun müssen, wie ein Geschenk, mit dem Ausatmen können wir loslassen, abgeben. Wenn wir so auf unseren Atem achten, werden wir achtsam für uns selber. Wir kommen zur Ruhe und Stille und können mit uns selbst in Kontakt kommen und mit unserem Schöpfer.

Loslassen ist eine Lebensaufgabe – von Geburt an. Unser Buch möchte Sie einladen, das Loslassen als Chance zu sehen: Wir verlieren nicht, wir gewinnen wesentlich Neues hinzu. Nach unserer Erfahrung hängt das Loslassen zusammen mit dem Vertrauen in die eigenen Möglichkeiten und dem Sich-Verlassen auf Gott, dass wir nichts befürchten müssen, sondern Vertrauen haben dürfen: Für mich ist gesorgt, Gott schenkt mir viel Kraft und Energie, ich muss sie nicht bei anderen absaugen. Und die Sicherheit: Ich kann mich nicht nur auf meinen Kopf verlassen, sondern auch auf meine Intuition, mein Gespür.

Durch den Tag und durch das Jahr:
Rituale und Bräuche im Jahreskreis

Was ist es, das einen Tag vom anderen unterscheidet? Unsere Kinder entwickeln ein ganz besonderes Gespür für diese Unterscheidung und für die besondere Qualität eines Tages. So ist es auch im Jahreslauf. Dies wird schon allein an einer Frage wie dieser deutlich: Wie oft muss ich noch schlafen, bis das Christkind endlich kommt?

In früheren Zeiten orientierten sich Rituale und Bräuche an den Jahreszeiten und am christlichen Jahreskreis. Sie waren selbstverständlich miteinander verknüpft. Diese Verbindung ist heute zum Teil verschwunden oder nicht mehr spürbar. Viele Zusammenhänge sind verloren gegangen. Nach den Sommerferien stehen die Nikoläuse im Supermarktregal. Weihnachtsplätzchen kann man schon ab September kaufen und die Ostereier und Osterhasen gibt's schon ab Januar. Hat das Brauchtum heute ausgedient, ist es unbrauchbar geworden in einer Zeit, in der jeder alles jederzeit und sofort haben kann?

Wir haben die Erfahrung gemacht, dass es uns und den Kindern guttut, Feste zu feiern, wenn sie dran sind. Wir können uns bei allem Konsumangebot frei entscheiden: Was wollen wir tun? Die Natur mit ihrem Tag-und-Nacht-Rhythmus und dem Jahreszeitenkreis macht es uns vor, wie wichtig ein Rhythmus ist: Frühling ist die Zeit des Keimens und Sprießens, Sommer die Zeit des Wachsens und Blühens, Herbst ist die Zeit des Reifens und des Erntens, Winter die Zeit der Ruhe. Es ist wohltuend, wenn wir mit den Kindern diesen Jahreszeitenrhythmus draußen im Freien, in der Natur erleben können. Dann spüren und erfahren wir, wie sich der christliche Jahreskreis mit seinen Festen und Feiern am Jahreszeitenkreis orientiert.

Weihnachten, Ostern und Pfingsten mit ihren Ritualen und Bräuchen sind wesentlich mitgeprägt von der Zeit, in die sie fallen. Diese großen Feste prägen noch heute das Jahr. Wir sprechen deshalb auch von den »geprägten Zeiten« und meinen dabei die Festkreise im Jahr. Der christliche Jahreskreis setzt sich zusammen aus zwei großen Festkreisen, dem Oster- und dem Weihnachtsfestkreis. Beide sind im Wesentlichen gleich aufgebaut:

- Sie haben einen *Anfangspunkt* und eine *Vorbereitungszeit*: Der Weihnachtsfestkreis beginnt mit dem 1. Advent und der Adventszeit. Wir feiern diese Festzeit in der dunklen Jahreszeit, in der die Natur sich ausruht und Kraft schöpft. Der Osterfestkreis beginnt mit dem Aschermittwoch und der vierzigtägigen Fastenzeit. Wir feiern diese Festzeit am Beginn des Frühlings, wenn in der Natur langsam das neue Leben erwacht. Diese Vorbereitungszeiten entspringen einem menschlichen Grundbedürfnis, sich auf ein »großes« Ereignis, ein Fest einzustimmen.
- Den Höhepunkt des Festkreises bildet jeweils ein *Hochfest*: Weihnachten und Ostern.
- Jeder Festkreis hat auch einen *Schlusspunkt*, mit dem er sanft ausklingt und noch nachwirken kann. Mit dem Fest »Taufe des Herrn« am Sonntag nach dem Dreikönigsfest endet der Weihnachtsfestkreis. Das Pfingstfest beschließt den Osterfestkreis. So wird diese besondere, geprägte Zeit vollendet.
- Jeder Festkreis mündet in die *Zeit im Jahreskreis*, auch »grüne Zeit« genannt entsprechend der liturgischen Farbe Grün. Im liturgischen Kalender der evangelischen Kirche beginnt diese Zeit mit den Sonntagen nach Epiphanias/Erscheinung des Herrn (Heilige Drei Könige) bzw. nach Trinitatis/Dreifaltigkeitssonntag.

Höhepunkt und Herzstück des Kirchenjahres ist die Feier, die auch zu Beginn der Entwicklung des Kirchenjahres stand: das Osterfest. Die Auferstehung Jesu feierten die ersten Christen jeden Sonntag und dies wurde schnell zu ihrem Kennzeichen. Das Weihnachtsfest mit der Advents- und Weihnachtszeit bildete sich erst zwischen dem 4.–6. Jahrhundert heraus, weitere Christus- und Heiligenfeste kamen im Laufe des Mittelalters hinzu.

Die Feste des Kirchenjahres zu feiern ist Ausdruck unserer Freude und Hoffnung, dass Gott uns Menschen zu jeder Zeit begleitet. Dabei will Jesus uns Wegweiser sein, der unserem Leben Richtung und Ziel gibt. Indem wir das Leben Jesu mit all seinen Höhen und Tiefen betrachten, können wir selbst das Auf und Ab unseres eigenen Lebens besser verstehen und annehmen.

Rituale und Bräuche helfen uns dabei, diese Feste mit allen Sinnen zu feiern und zu erleben. Wir sind damit dem Sinn unseres Lebens auf der Spur.

Wie wir Ritualen
ein »Gesicht geben« können

Der Jahreszeitentisch

Bei unseren Ritualen durch das Jahr hat ein »Jahreszeitentisch« eine besondere Bedeutung. Er steht an einem gut erreichbaren, zentralen Platz, zum Beispiel in der Küche oder im Wohnzimmer. Oder man sucht für die Gestaltung einfach einen schönen Platz auf einer breiten Fenster- oder Blumenbank.

Der Jahreszeitentisch ist alles andere als eine Dekoration in der Wohnung, die man möglichst nicht verändern oder anfassen darf. Er wird mit Elementen aus der Natur gestaltet und auch mit religiösen Symbolen, etwa den Palmbuschen an Palmsonntag. Alle können gern ihre Ideen einbringen und den Jahreszeitentisch mitgestalten. Manche Kinder stellen dort ihre Schätze aus, die sie draußen in der Natur gefunden haben, im Sommer Muscheln vom Strand oder Getreideähren, bunte Blätter im Herbst, dann Tannenzapfen, Rindenstücke und Steine, die wir später beim Aufbauen der Krippe brauchen können. Auch die Faschingsmasken oder die selbst gebastelte Martinslaterne finden dort ihren Platz. Darüber hinaus ist es ein Platz, wo wir uns auch versammeln und sammeln können, zum Beispiel an den Sonn- und Festtagen.

Wir legen auf den Jahreszeitentisch ein Tischtuch in einer der Jahreszeit entsprechenden Farbe: Für den Fasching können wir ein ganz buntes Tuch wählen, die Farbe der Fastenzeit ist violett. Für Ostern wählen wir Weiß oder Gelb. An Pfingsten bekommt der Tisch ein rotes Tuch. Sind keine entsprechenden Tischdecken vorhanden, können wir einfache Baumwolltücher färben.

Beginnt ein neuer Themenkreis oder eine andere Festzeit, so wird der Jahreszeitentisch im Kreis der Familie neu gedeckt und gestaltet. Dabei können wir gemeinsam überlegen, welches Symbol für die kommenden Wochen am besten den Inhalt der Zeit ausdrückt (beispielsweise eine Schale mit Asche für Fastenzeit). Doch auch das alltägliche Leben der Familie in dieser Zeit soll dort seinen Platz haben. Da werden Kinder vielleicht ein Bild oder eine Bastelarbeit aus dem Kindergarten oder aus der Schule hinlegen. Auch eine Geburtstagskarte, eine Karte mit Urlaubsgrüßen von Freunden kann hier Platz finden. So wird der Jahreszeitentisch zu einem wertvollen Ausdruck für das Familienleben und bietet Anstoß für viele interessante Gespräche in der Familie und darüber hinaus.

Wiederkehrende Elemente: Was wir gemeinsam tun können

Gemeinsam kreativ sein

Mit großer Freude sind die meisten Kinder bei der Sache, wenn es etwas zu tun gibt: basteln, malen, pflanzen, töpfern oder backen, ein neues Lied auf der Flöte zu einem bestimmten festlichen Anlass einüben …

In diesem Buch finden Sie deshalb eine Reihe von kreativen Anregungen, die Sie bei der Gestaltung der Rituale verwenden können. Manchmal dient das gemeinsame Tun der Vorbereitung eines Rituals oder Festes, manchmal hilft das kreative Tun, ein Ritual ausklingen zu lassen und Erfahrungen zu vertiefen. Es geht dabei nicht um die perfekte Umsetzung einer Bastelvorlage, sondern vielmehr darum, dass wir eine Erinnerung von einem Fest, von einem Ritual in unseren Alltag mitnehmen: Der selbst gebastelte Schutzengel auf dem Jahreszeitentisch beispielsweise erinnert uns an Gottes gute Gegenwart in unserem Alltag.

Gemeinsam erzählen und vorlesen

Kinder lieben es, Geschichten erzählt zu bekommen (auch wenn sie schon größer sind). Sie haben die wunderbare Gabe und Fantasie, sich in Personen und Geschichten hineinzuversetzen. So sind Geschichten, auch Geschichten aus der Bibel, oft wesentliche Bestandteile der hier vorgeschlagenen Rituale.

Im Vorlesen und Erzählen oder im gemeinsamen Betrachten von Bilderbüchern geben wir uns und den Kindern die Möglichkeit, auch ein Stück von uns selbst, unsere Gefühle, Wünsche und Sehnsüchte wiederzufinden.

Bauen und spielen

Insbesondere zum Nachspielen von Geschichten und zum »Bauen« einer Landschaft finden Sie im Buch zahlreiche Anregungen, so etwa für die Gestaltung eines Ostergartens. Dazu können Sie entweder Figuren selbst basteln (Bastelanleitungen finden Sie im entsprechenden Kapitel) oder vorhandene Spielfiguren nutzen. Ähnlich wie der Ostergarten hilft auch das Aufbauen eines Adventsweges, diese besondere Zeit im Jahr, die mit Warten und mit Spannung verbunden ist, zu gestalten.

Gestalten und malen

Wer mit Kindern Bilderbücher anschaut weiß, welche Kraft Bilder haben. Farben und Formen drücken Stimmungen, Gefühle aus, regen die Fantasie an. Das freie kreative Gestalten und Malen der Kinder sollte deshalb immer möglichst viel Raum bekommen. Denn dabei kommen auch die inneren Bilder des Kindes und seine Empfindungen zum Tragen und die lassen sich in keine Schablone pressen. Unterschiedliche Materialien unterstützen die Ausdrucksmöglichkeiten: Wachsmalkreiden, Buntstifte, Wasserfarben … Die Bilder können wir dann über dem Jahreszeitentisch an der Wand befestigen.

Beten

Das Entzünden einer Kerze am Beginn des Rituals und ein Gebet sind wichtige Bestandteile unserer Rituale. Gemeinsam mit den Kindern können wir eine Familien- oder Jesuskerze gestalten. Bastelanleitungen finden Sie in den einzelnen Kapiteln bei Mariä Lichtmess und Ostern. Wenn wir die Kerze entzünden, wird deutlich: Gott ist unter uns.

Im Beten können wir das ausdrücken, was uns bewegt: Wir können das, was uns Freude oder Sorgen macht, »loswerden«, unsere Arme nach Gott ausstrecken (vgl. dazu Biesinger, Kinder nicht um Gott betrügen, 107ff.). Im Gebet nehmen wir Kontakt mit Gott auf.

Viele Menschen verbinden mit dem Beten bestimmte Formen aus ihrer Kindheit, die ihnen heute aber nicht mehr passend scheinen, oder vielleicht auch starre und bedrohliche Gebete, die ihnen Angst gemacht haben. Rituale können uns heute persönlich und in der Familie einen Rahmen geben, um das, was uns wichtig ist, auszudrücken: einen Dank, eine Bitte, ein Gebet. Die Gebete zu den einzelnen Ritualen sind als Anregung und Vorschläge gedacht. Sie sollen Mut machen, selbst eigene Worte zu finden.

Singen

Mit einem gemeinsamen Lied schaffen wir Gemeinschaft untereinander und können, wie im Gebet, Kontakt mit Gott aufnehmen. Das Zusammenspiel von Text und Melodie rührt den Menschen ganzheitlich, »von innen heraus« an. »Von innen heraus« ist ein Leitsatz des künstlerischen Schaffens von Kathi Stimmer-Salzeder. In ihren Liedern benennt die Musikerin Lebensfragen, drückt Gefühle in Tönen aus und setzt dies alles in Beziehung zu Gott. Wir haben deshalb eine ganze Reihe ihrer Lieder in dieses Buch aufgenommen. Diese Lieder finden Sie auch auf der begleitend zum Buch erschienenen CD »Durch den Tag, durch das Jahr«. Wir hoffen, dass die Lieder Sie von innen her anrühren und bei der Gestaltung der Rituale anregen.

Literaturhinweise

Biesinger, Albert: Kinder nicht um Gott betrügen. Anstiftungen für Mütter und Väter. Überarbeitete Neuauflage Freiburg: Herder 2007
Bundschuh-Schramm, Christiane (Hrsg.): In Ritualen das Leben feiern, Mainz: Grünewald 1998
Fuchs, Guido: Es muss feste Bräuche geben. Neue Gespräche für Familien und Gruppen, Heft 1/2006
Grün, Anselm: Geborgenheit finden – Rituale feiern. Wege zu mehr Lebensfreude, Stuttgart/Zürich: Kreuz 2002
Kaufmann-Huber, Gertrud: Kinder brauchen Rituale. Ein Leitfaden für Eltern und Erziehende, Freiburg: Herder 1995
König, Hermine: Feste feiern – Bräuche neu entdecken. Arbeitshilfe zum Großen Jahresbuch für Kinder. Für Grundschule, Hort, Kindergarten und Familie, München: Kösel 2007
Preuschoff, Gisela: Geborgen im Jahreskreis. Rituale mit Kindern, Zürich: Kreuz 2002
Stutz, Pierre: Alltagsrituale. Wege zur inneren Quelle, München: Kösel 2003
Stutz, Pierre: Atempausen für die Seele, Freiburg: Herder 2004
Stutz, Pierre: Ein Akt des Widerstands. Neue Gespräche für Familien und Gruppen, Heft 1/2006

durch die Woche

Das Leben mit Kindern ist bunt, spannend und schön. Genauso erlebnisreich ist der Familienalltag, manchmal aber auch anstrengend und vollgepackt mit Terminen von Eltern und Kindern. Vieles ist uns auch vorgegeben: Die Kinder müssen zu bestimmten Zeiten in den Kindergarten oder in die Schule, haben ihre Verpflichtungen am Nachmittag. Auch wir Erwachsene sind eingebunden im Beruf und haben unsere Aufgaben darüber hinaus.

Rituale helfen uns, den Alltagstrott zu unterbrechen und das familiäre Chaos zu ordnen. Sie schenken uns Ruhe und Entspannung, Gemeinschaft und Geborgenheit im Kreis der Familie und machen jedem von uns deutlich: Es ist schön, da zu sein.

Rituale des Beginns: Wir begrüßen den neuen Tag

So wie wir in der Natur den Wechsel und Beginn der verschiedenen Jahreszeiten entdecken können, so ist es auch mit dem Tagesbeginn: Wie wunderbar ist es wahrzunehmen, dass es nach der Nacht am Morgen hell wird, ohne dass wir irgendetwas dazu tun müssen. Der neue Tag beginnt und wir dürfen ihn begrüßen wie ein Geschenk und einen Neuanfang. Mit Ritualen können wir innehalten und diese besondere Zeit des Tages erleben.

Damit wir nicht jeden Morgen neu überlegen müssen, wie wir den Tag beginnen, hat jeder so seine Morgenrituale. Gerade am Morgen helfen sie allen Familienmitgliedern, gut in den neuen Tag zu starten. Dazu braucht es genügend Zeit:

- für das Aufstehen und Weckritual der Kinder,
- das Duschen und den gemeinsamen Tagesbeginn mit Frühstück,
- für das Verabschieden und Aus-dem-Haus-Gehen.

Freundliches und liebevolles Wecken –
Aufweckrituale

Mit einem guten Start ist der neue Tag schon »halb gewonnen«. Wer mag schon wachgerüttelt oder durch lautes Schrillen des Weckers aufgeschreckt werden?

Manche Kinder sind in aller Früh putzmunter wie Stehauf-Männchen und brauchen nicht eigens geweckt zu werden. Andere sind erfinderisch und entwickeln selbst Ideen, mit welchem Weckritual sie den Tag beginnen möchten: »Mama, zieh einfach die Rollläden hoch, mach das Fenster weit auf, dann wecken mich die Sonne und die Vögel!« Auch größere Kinder lieben es noch, in das elterliche Bett zu schlüpfen und zu kuscheln, bis das Bad frei ist.

Bei folgendem Aufweckritual rufen Mutter oder Vater jedes Kind beim Namen, berühren es oder streicheln über seinen Kopf, ganz so, wie es das einzelne Kind mag. Das Kind wird eingeladen, sich noch einmal so richtig zu recken, zu strecken und zu gähnen, z.B. mit den Worten:

> Recke dich und strecke dich
> dem neuen Tag entgegen,
> den Gott für dich gemacht.

Jüngere Kinder haben vielleicht besondere Vorlieben für ein bestimmtes Aufwachlied:

> Lieber David, lieber David,
> schläfst du noch? Schläfst du noch?
> Hörst du nicht die Glocken?
> Hörst du nicht die Glocken?
> Ding, dang, dong.
>
> *(Auf die Melodie von »Bruder Jakob«)*

Gemeinsam den Tag beginnen –
Morgenrituale

Es ist schön, den Tag mit dem gemeinsamen Frühstück zu beginnen:

- Ein freundlicher Gruß zu Beginn tut allen gut.
- Ein anderes Morgenritual kann ganz in Stille vollzogen werden: Eines der Kinder darf die Tisch- bzw. die Osterkerze, die evtl. von den Familienmitgliedern selbst mit schönen Ornamenten aus Verzierwachs geschmückt wurde, in die Mitte auf den Tisch stellen und entzünden. Jeder kann still für sich die Kerze betrachten und beten: »*Lieber Gott, ich bin wach. Ich bin da.*«
- Das Frühstück ist eine wichtige Mahlzeit, weil sich alle für den Alltag stärken, um fit zu sein und konzentriert arbeiten zu können. Außerdem mögen Kinder die munteren Gespräche am Frühstückstisch. Sie stärken das Zusammengehörigkeitsgefühl und schenken den Kindern Sicherheit, um gut in den Tag zu gehen.
- In Kürze können beim Frühstück wichtige Dinge und Termine, die am Tag anstehen, besprochen werden: Man kann abklären, wer wann und wo ist und wann sich die Familie wieder sieht, was noch erledigt oder eingekauft werden muss. Das gibt Übersicht und Struktur. Ein Zettel zum Aufschreiben ist dabei eine gute Gedankenstütze.

Um den Tag gut zu beginnen, ist es wichtig, dass wir am Abend alles vorbereiten und möglichst nichts, was am Abend noch erledigt werden kann, auf den Morgen verschieben. Wenn das Diktat am Vorabend noch einmal geübt wurde und die Tasche mit den Schulsachen fertig gepackt im Flur steht, geht das Kind am Morgen viel lockerer zur Schule und viel sicherer an die Klassenarbeit heran.

Rituale helfen uns, den Morgen besser zu strukturieren und gerade im Familienalltag mit Kindern sinnvolle Gewohnheiten einzuüben, z.B. ein Frühstück einzunehmen und das Frühstücksbrot für die Pause einzupacken. Vor allem Kinder, die morgens gerne trödeln, werden durch Rituale in ihrer Selbstständigkeit gefördert und lernen Spielregeln und Grenzen besser einzuhalten.

Ich fang neu an jeden Tag

© Kathi Stimmer-Salzeder, D-84544 Aschau a. Inn

KV: Ich fang neu an je - den Tag,
1. denn was ges - tern war, war ges - tern.
2. denn ich darf nach vor - ne schau - en.
3. und ich will von Her - zen dan - ken.

Er ist ganz neu, die - ser Tag, so wie kei - ner vor ihm war.

so wie kei - ner vor ihm war. 1. Er hat
2. Er hat

1. lau - ter neu - e Stun - den, kei - ne hab ich schon ge - lebt, er hat
2. lau - ter neu - e Freu - den, kei - ne hab ich schon ge - lebt, er hat

1. lau - ter neu - e Stun - den, kei - ne hab ich schon ge - lebt.
2. lau - ter neu - e Freu - den, kei - ne hab ich schon ge - lebt.

→ CD 2

Unsere Kinder haben ihre kleinen Alltagsprobleme und Fragen genauso wie wir: Ob mir der Test heute Morgen in der Schule gut gelingt? Deshalb kann es für das Kind gut und wichtig sein, dass wir schon am Morgen Gott um seinen guten Segen bitten:

Guter Gott, wir danken dir für die gute Nacht.
Wir sind ausgeruht und freuen uns auf den neuen Tag.
Was er uns wohl bringen mag?
Gott, segne uns und alle Menschen, die uns begegnen.
Segne alles, was dieser neue Tag uns bringt.
Amen.

In manchen Familien wird ein gemeinsames Frühstück mit allen nur am Wochenende stattfinden können, weil ein Elternteil schon früh zur Arbeit geht.
Wenn Mutter oder Vater beim Frühstück oder beim Abschied der Kinder nicht dabei sein können, liegt vielleicht ein kleiner Brief auf dem Tisch mit Absprachen über das nächste Wiedersehen, evtl. das nächste gemeinsame Essen. Dieses Brieflein kann auch einen lieben Gruß oder eine Segensbitte enthalten oder auch einen Versöhnungswunsch, wenn es vielleicht am Abend einen Streit gab. »Ich hab dich lieb und drück dich ganz fest« kann dann in dem Brieflein stehen oder, wenn eine Klassenarbeit bevorsteht: »Ich denk an dich! Du machst schon das Beste daraus!«

Gott segne und behüte euch auf euren Wegen!
Ich habe euch sehr lieb. Bis heute Abend!
Euer Papa

In den Alltag hineingehen –

Momente des Innehaltens und Abschiedsrituale

Oft sind es die kleinen Dinge und Momente in unserem Alltag, mit denen wir ohne viele Worte die Nähe des anderen spüren, die uns Sicherheit und Geborgenheit schenkt. Es sind Rituale, die Müttern, Vätern und Kindern helfen, sich vertrauensvoll auf den Weg zu machen und loszulassen. Sie machen Mut, die anstehenden Aufgaben anzupacken.

- Wenn wir das Kind mit einem Kreuzzeichen auf die Stirn bezeichnen, drücken wir damit aus: »Gott ist bei dir. Er geht alle Wege mit dir. Du bist nie allein.« Dies sollten wir dem Kind ruhig immer wieder zusagen.
- Rituale helfen kleinen Kindern, die Trennung von zu Hause und den Abschiedsschmerz besser zu verkraften, etwa wenn sie in den Kindergarten oder zur Tagesmutter gehen: Mutter und Kind umarmen sich fest. Das Kind darf dann der Mama zum Abschied vom Fenster aus noch mal hinterherwinken oder sogar bis zur Tür mitgehen.
- Manchmal fällt uns der Abschied nicht so leicht, weil es am Tag zuvor vielleicht Ärger in der Schule gab. Rituale können hier helfen, dem Kind Selbstvertrauen und Ermutigung zu geben, wenn wir ihm zusagen: »Ich bin in Gedanken bei dir und heute Mittag sehen wir uns wieder.«
- Ab einem bestimmten Alter mögen die Kinder das Kreuzzeichen und den Abschiedskuss vielleicht nicht mehr. Dann können wir den Abschied auch anders gestalten und dem Kind die Hand auf die Schulter legen und ihm so Gottes guten Segen mit auf den Weg geben.
- Vielleicht will das Kind auch selbst das Kreuz-

> **Wir basteln einen Mutmachstein**
>
> Wir bemalen einen kleinen Stein mit Plakafarbe. Wenn die Farbe trocken ist, überziehen wir ihn mit Lack. Dann schreiben wir mit Windowcolor-Farbe den Anfangsbuchstaben dessen darauf, für den der Mutmachstein bestimmt ist.

zeichen machen oder es mag gern ein Erinnerungszeichen, z.B. einen »Mutmachstein« (siehe S. 37) mitnehmen, der es immer wieder daran erinnert: »Das schaffst du.«

Manchmal klappt es einfach nicht mit den »guten« Morgen- und Frühstücksritualen, weil die Zeit drängt oder einem nur noch mulmig und übel zu Mute ist. Dann helfen einem ganz andere Rituale, wovon folgende Geschichte erzählt:

Pausenfrühstück von Oma

Heute Morgen bin ich mit einem Kribbeln im Magen aufgewacht. Stimmt, heute schreiben wir die Deutscharbeit, eine Vorgangsbeschreibung: Wie repariere ich mein Fahrrad? Wir haben die ganze Woche fleißig für den Aufsatz geübt, Damiana, meine italienische Freundin, und ich. Sie ist mit ihrer Familie in Deutschland, seit wir in die erste Klasse gehen. Manche deutsche Wörter findet Damiana echt schwer, zum Beispiel »Tretlagerachse«. Den kennt wohl nur ein Fahrradspezialist? Egal, jedenfalls habe ich ihr alle Teile an meinem Fahrrad gezeigt. Und wir haben alle Wörter und Vorgänge zigmal geübt und uns gegenseitig diktiert.

Schnell springe ich aus dem Bett, husche ins Bad, ziehe mich an und mache mich fertig.

»Anna, beeil dich! Du musst schnell los!«, ruft Mama mir zu, als ich schon den Ranzen unter den Arm geklemmt habe und zur Wohnungstür gehe.

Langsam gehe ich die Treppen hinab zur Haustür. Mir ist ganz komisch heute Morgen, richtig übel.

Frühstück? Einen trockenen Zwieback habe ich im Flur angeknabbert.

Langsam schlendere ich den Kuhlenkamp entlang Richtung Karl-Friedrich-Straße. Ob ich jemand treffe aus meiner Klasse?

Was die Viertklässler auf der anderen Straßenseite da machen, interessiert mich kein bisschen. Wie spät ist es eigentlich, müsste ich schneller gehen? Komisch, Damiana habe ich noch gar nicht entdeckt, sonst treffe ich sie meist auf dem Weg zur Schule.

»Guten Morgen, Anna!« Einigermaßen erschrocken drehe ich mich um. Die Stimme ist bekannt, vertraut. Es ist Großmutters Stimme. Großmutter ist auf dem Weg zur Kirche, wie jeden Morgen. Manchmal treffen wir uns, sie auf ihrem Kirchweg, ich auf meinem Schulweg.

»Hallo, Oma«, sage ich. Sie bleibt nicht stehen, sondern schreitet zügig voran, erkundigt sich dabei nach meiner kleinen Schwester, erzählt von Opa, der krank war und dem es nun wieder besser geht, und ich muss machen, um Schritt zu halten. Sie erzählt munter weiter. Aber ich kann gar nicht viel sagen. Ich kriege kaum einen Ton raus. Mein Hals ist ganz trocken und mir ist richtig flau im Magen.

»Dir sehe ich am Gesicht an, dass du wieder nichts Anständiges gefrühstückt hast, so blass wie du heute aussiehst.« Ich schüttele den Kopf und denke an den Zwieback, den ich fast herunterwürgen musste. »Oma, heute ist der Deutschaufsatz dran, nach der Pause schreiben wir ihn.«

Auf der Hälfte des Schulwegs liegt das Lebensmittelgeschäft Henke, das Omas Vermieterin gehört. Schon sind wir dort angekommen, Oma reißt die Tür auf und schiebt mich hinein.

»Frau Henke, guten Morgen. Das Kind braucht ein anständiges Frühstück.« Schon steigt mir der tolle Duft der frischen Brötchen in die Nase. Schon hat Frau Henke ein Mohnbrötchen, mein Lieblingsbrötchen, aufgeschnitten und schaut mich erwartungsvoll an. Ich kann gar nichts sagen. »Beschmieren Sie es ihr einfach schön dick mit Butter. Und einen Apfel nehmen wir auch noch mit.« Oma bezahlt rasch und ich verstaue die Brötchentüte und den Apfel im Ranzen. Der köstliche Brötchenduft begleitet mich. »Danke, Oma!« »Auf Anna, es ist Viertel vor acht. Du musst zur Schule und ich in die Kirche.«

Entschlossen schaut sie mich an und setzt ihren Marsch fort. Wir gehen an der Mauer der Karl-Friedrich-Schule entlang und ich be-

39

komme sogar Lust, auf die Mauer zu klettern. Aber rasch geht es weiter, noch an ein paar Wohnhäusern vorbei, dann müssen wir uns trennen. »Lass dir das Brötchen in der Pause gut schmecken. Und viel Glück beim Aufsatz! Tschüs, Anna.« Sie schiebt mich Richtung Bürgersteigkante und ich gehe rüber, weil die Straße gerade frei ist.

Da sehe ich Damiana am Pfosten zum Fußweg stehen und sie winkt mir fröhlich zu. Ich laufe los, auf sie zu. »Hallo Anna!«, ruft sie mir zu, »wird schon alles klappen heute!«

Marita Raude-Gockel

Zwischen *Arbeit* und *Spiel:*

Zwischen-Rituale

Wenn der Unterricht beendet ist, verlassen die Kinder den Klassenraum, sie gehen über Schwellen und Treppen in die Pause oder in die Betreuungsgruppe. Sie sind auf dem Weg *zwischen* Arbeit und Spiel, *zwischen* Anspannung und Entspannung, *zwischen* Konzentration und Erholung.

Solche Zwischensituationen und Übergänge gibt es täglich und immer wieder auch in unserem Leben. Sie werden uns oft erst bewusst, wenn wir zwischen Möglichkeiten wählen und uns entscheiden müssen, wenn wir uns zwischen Ende und Neubeginn befinden, beispielsweise wenn ein Schulwechsel der Kinder oder ein Klassenwechsel ansteht.

Je älter das Kind wird und je mehr Aktivitäten es wahrnimmt, desto häufiger gibt es diese Übergänge und Zwischenzeiten, zwischen Unterricht und Betreuungsgruppe, zwischen Schulstunden und Arbeitsgemeinschaft und Heimweg, zwischen Essen und Freizeit. Für Kinder ist es wichtig, dass sie lernen, diese Phasen des Übergangs selbstständig zu schaffen, auch wenn sie am Anfang vielleicht noch unsere Hilfe brauchen, damit der Heimweg oder der Weg in die Hortgruppe klappt.

Nach der Schule sind nicht nur Hausaufgaben zu erledigen, sondern unsere Kinder brauchen auch Pausen zur Entspannung und Freiräume, die sie kreativ gestalten können. Dies kann ihnen umso besser gelingen, wenn Eltern, Erzieherinnen und Betreuungspersonen auf die Wünsche und Interessen der Kinder eingehen, indem sie Spiel- und Werkmaterial für kreatives Gestalten bereitstellen, aber nicht alles kontrollieren und bestimmen, was gemacht und gespielt wird.

Eins, zwei, drei – die Schule ist vorbei,
wir packen unser Mäppchen ein
und laufen dann zusammen heim.

Eins, zwei, drei – die Schule ist jetzt aus,
wenn wir jetzt endlich sind zu Haus,
ruhn wir uns erst mal richtig aus.

Tagesübergänge

Rituale helfen Erwachsenen und Kindern, diese Zwischen-Situationen im Alltag wahrzunehmen und zu gestalten.

Wenn wir beispielsweise nach einer Bastelarbeit aufräumen und die Materialien verstauen, schaffen wir rein äußerlich Ordnung. Wir schließen damit die Arbeit ab, freuen uns an dem selbst gebastelten Gegenstand und genießen innerlich die Pause. Wir blicken zurück auf die beendete Arbeit und nach vorn, wir freuen uns auf das Neue, das nun auf uns zukommt.

Der Nachhauseweg

Für Kindergarten- und Schulkinder, aber ebenso für uns Erwachsene gehören zu den Tagesübergängen auch die Wege, die wir allein oder in Begleitung, zu Fuß, mit Bus, Auto oder Fahrrad zurücklegen, und die Zwischenstationen, an denen wir verweilen (Bushaltestelle, Wartesaal, Betreuungsraum, Flur).

Bei einem Kind, das erst in den Kindergarten kommt, ist es selbstverständlich, dass es von Mutter oder Vater oder von der Tagesmutter zum Kindergarten gebracht bzw. abgeholt wird. Vorschul- oder Schulkinder, die ihren Weg gemeinsam mit Freunden nach Hause gehen, entwickeln dabei oft eigene Rituale:

- Sie teilen Freud und Leid im Gespräch mit ihren Freunden, etwa über die tolle Sportstunde und über den Streit in der Pause.
- Sie gehen gemeinsam, begleiten sich und helfen sich dabei, auch Ängste zu überwinden: »Christian traut sich nicht an Maiers Haus vorbei, weil Hugo immer ans Hoftor stürzt und fürchterlich bellt. Deshalb gehe ich mit ihm.«
- Sie treffen Verabredungen: »Ich bin morgen ganz allein zu Hause. Darf ich zu euch zum Mittagessen kommen? Dann machen wir anschließend zusammen die Hausaufgaben.«

Kinder genießen diese Rituale auf dem Nachhauseweg. Sie helfen ihnen, Abstand zu gewinnen vom Schulalltag, den Kopf freizukriegen und eine »schwer verdauliche« Schulstunde zu verarbeiten. Die Kinder brauchen diese Freiräume und diese Zeit. Sie sind wichtig, um Kontakte zu knüpfen und um auf dem Heimweg den Ort, in dem man wohnt, besser kennenzulernen. Kinder können solche Rituale nicht entwickeln, wenn sie immer direkt an der Schule erwartet oder mit dem Auto abgeholt werden.

Ankommrituale

Es wird nur selten möglich sein, dass alle Familienmitglieder am Mittag nach Hause kommen können. Wenn das Kind am Mittag oder am Abend heimkommt und Mutter oder Vater sind schon da, so wird es herzlich begrüßt, beispielsweise mit einem besonderen Gruß oder Vers:

»Halli, hallo, schön, dass du wieder da bist.«

Dann ist erst einmal Zeit zum Ausschnaufen, Umziehen, Trinken etc. Vielleicht hat das Kind etwas ganz Freudiges zu berichten oder etwas Trauriges erlebt, das es gleich loswerden möchte! Dann ist die Zeit für dieses Begrüßungs- und Ankommensritual da: Wir suchen Blickkontakt zum Kind, hören ihm zu, nehmen es freudig oder tröstend in die Arme.

Wenn niemand zu Hause sein kann, wenn das Kind heimkommt, bieten wir ihm eine Hilfe an bzw. üben vorher mit ihm ein:

- *Wie komme ich ins Haus:* Schlüssel mitnehmen oder bei den Nachbarn abholen.
- *Was tue ich, wenn ich angekommen bin:* Jacke ausziehen und wegräumen, Schultasche verstauen, Hände waschen etc.
- *Wie stärke ich mich, wenn ich heimkomme:* Eine Zwischenmahlzeit o.Ä. steht immer im Kühlschrank.
- *Was kann ich tun, wenn ich allein bin:* Auf dem Esstisch liegt eine Blumen- oder Vogelwäscheklammer (siehe Bastelanleitung S. 44), in der ein kleiner Brief von Mutter oder Vater steckt und vielleicht auch ein Mandala zum Anmalen oder eine Rätselaufgabe.
- *Was kann ich tun, wenn ich Sorgen habe:* Jemand muss telefonisch erreichbar sein. Telefonnummern von Vaters oder Mutters Arbeitsstelle oder einer anderen Bezugsperson hängen neben dem Telefon.

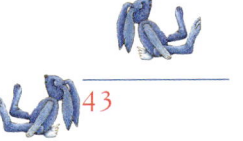

Wir basteln eine Blumen- oder Vogelwäscheklammer

Dazu brauchen wir: eine Holzwäscheklammer, ein Stück Sperrholz, Plakafarben.
Aus dem Sperrholz einen kleinen Vogel oder eine Blume ausschneiden, Kanten abschmirgeln.
Vogel/Blume mit Plakafarben bemalen, trocknen lassen, dann mit Klarlack überziehen und mit Holzleim auf die Wäscheklammer kleben.

Gemeinsam essen und Energie auftanken

Wenn wir beim Essen zusammensitzen, tanken wir in vielerlei Hinsicht Energie auf: Wir stärken unseren Körper mit dem Essen, im Zusammensein und Gespräch tun wir unserer Seele etwas Gutes, die Kinder können ihre Freuden und Sorgen aus der Schule loswerden. Ist ein Kind nicht zum Sprechen aufgelegt, sollten wir ihm Zeit und Ruhe gönnen. Eine Mahlzeit ohne nachbohrende Worte, die die Wortkargheit des Kindes aushält, ist dann wichtig. So können wir gestärkt die Aufgaben des Nachmittags anpacken.

Timmi denkt an etwas Schlimmes

»Warum guckst du denn so traurig?«, fragt Vater erstaunt, als er seinen Jüngsten mit tiefernster Miene im Wohnzimmer sitzen sieht.

»Ich denk an etwas gaanz, gaanz Schlimmes«, murmelt Timmi. Es sieht aus, als wolle er weinen.

»Was hast du denn nun wieder angestellt?«, erkundigt sich der Vater.

»Nix«, sagt Timmi. »Gaar, gaar, gaar nix hab ich gemacht! Was du immer denkst! Nee, du, das Schlimme, an was ich denke, das is gar nicht hier. Das ist ganz weit weg …«

»Mach's nicht so spannend!«, ruft Karina. Sie ist mit Markus zusammen ins Zimmer gekommen. Mutter hat gerufen. Es soll gleich Mittag geben.

»Ja..a..a«, nickt Timmi. »Nämlich, ich denk an die armen Kinder, die nix zu essen haben. Ich mag gaar nix essen, wenn ich an die denk!«

»Er hat doch ein gutes Herz, unser Kleiner!«, lächelt Vater.

»Ach was«, sagt Mutter. »Es gibt heute Spinat. Den kann er nicht ausstehen.«

Friderun Krautwurm

Gemeinsam am Tisch sitzen und danken

Wenn wir am Tisch zusammen sind und essen, ist dies ein Grund, Danke zu sagen, auch wenn nur zwei Familienmitglieder da sind. Dazu eignet sich, wenn die Kinder gern singen, das Lied »Weil ich denke, sag ich Danke« (siehe S. 46) oder auch der bekannte Kanon »Segne, Vater, diese Gaben«.

> Alle guten Gaben,
> alles, was wir haben,
> kommt, o Gott, von dir.
> Wir danken dir dafür.

Weil ich denke, sag ich Danke

© Kathi Stimmer-Salzeder, D-84544 Aschau a.

Weil ich denke, sag ich Danke, Du beschenkst mich jeden Tag immer neu mit Deiner Liebe, guter Gott, wie ich das mag!

Innehalten und gemeinsam beginnen

Das Tischgebet ist ein gemeinsames Ritual, um das Essen und unsere Gemeinschaft am Tisch wahrzunehmen und die Vorfreude auszudrücken auf das, was wir genießen dürfen. Und schließlich Gott und allen zu danken, die für unser Essen gearbeitet haben.

Vielleicht gelingt es manchmal, dass erst alle still werden, die Augen schließen, um den Duft des Essens wahrzunehmen. Danach beten wir.

Besonders schön sind die Tischgebete, die wir selbst formulieren. Darin haben alle unsere Gedanken, Empfindungen und Wünsche, unser Dank, unsere Sorgen und Bitten Platz.

Guter Gott,
das war ein anstrengender Vormittag!
Aber wir haben die Klassenarbeiten gut überstanden
und sitzen nun ganz erleichtert und sehr hungrig und
durstig am Tisch.
Wir bitten dich: Segne unsere Mahlzeit
und schenke uns einen erholsamen Nachmittag.
Amen.

Gebetswürfel

Viele Kinder mögen auch mit dem Gebetswürfel ein Tischgebet würfeln und es dann laut vorbeten. Man kann solche Gebetswürfel zwar auch kaufen (christliche Buchhandlung), aber am schönsten ist für viele Kinder der selbst gebastelte Gebetswürfel: Ein Holzwürfel (evtl. Rohling oder selbst ausgesägt) wird mit Schleifpapier geglättet und mit wasserfestem Stift beschriftet. Oder eine aus Papier zugeschnittene Vorlage wird mit kleinen Gebeten beschriftet und dann zum Würfel zusammengeklebt. Auf einem selbst gestalteten Würfel können die Lieblingstischgebete stehen und das Kind kann selbst beim Basteln, Beschriften und Verzieren helfen (siehe Schablone Seite 48).

Geformte Gebete

Geformte Gebete sind oft so vertraut und bekannt, dass schon die Kinder sie in- und auswendig kennen. Daraus wird dann manchmal ein schnelles Herunterleiern, ohne dabei etwas zu denken oder zu empfinden. Fantasie, Kreativität und Abwechslung sind gefragt, damit das nicht passiert. Wenn wir selbst durch Körperhaltung, Ruhe und Aufmerksamkeit signalisieren, dass uns das Gebet wichtig ist, wird sich diese Haltung auch auf die Kinder übertragen.

Gebetswürfel

Halte zur mir, guter Gott,

heut den ganzen Tag.

halt die Hände über mich,

was auch kommen mag.

Du bist jederzeit bei mir.

Wo ich geh und steh,

spür ich, wenn ich leise bin,

dich in meiner Näh.

Gibt es Ärger oder Streit

und noch mehr Verdruss,

weiß ich doch,

du bist nicht weit,

wenn ich weinen muss.

Meine Freude,

meinen Dank,

alles sag ich dir.

Du hältst zu mir, guter Gott,

spür ich tief in mir.

Dieser Gebetswürfel enthält die vier Strophen des Liedes »Halt zu mir, guter Gott« von Rolf Krenzer und Ludger Edelkötter (Evangelisches Gesangbuch 641). Die beiden leeren Felder können mit selbst geschriebenen Gebeten gefüllt oder auch bemalt werden.

Guter Gott,
das Essen duftet so köstlich:
die knusprigen Bratwürstchen,
die dampfenden Kartoffeln und das leckere Gemüse.
Wir freuen uns darauf und sind froh,
dass wir heute alle miteinander
am Mittagstisch versammelt sind.
Wir danken dir dafür.
Amen.

O Gott, von dem wir alles haben,
wir preisen dich für deine Gaben,
du speisest uns, weil du uns liebst,
o segne auch, was du uns gibst.

Wir haben genug zu essen,
wir werden täglich satt,
hilf, dass wir den nicht vergessen,
der nichts zu essen hat.

Die Hände reichen

Gerade wenn noch kleinere Geschwister da sind, ist das Reichen der Hände, um sich guten Appetit zu wünschen, eine schöne gemeinschaftliche Geste. Wenn wir das Ritual immer mit den gleichen Worten abschließen, so können auch kleine Kinder bald mitbeten.

Danke, lieber Gott, für das gute Essen
und für alle Menschen, die uns lieb haben.
Amen.

Es ist schön, wenn wir die Mahlzeit gemeinsam beenden und wenn alle beim Abräumen mithelfen. Sind alle fertig, ist auch der Zeitpunkt da, die Aufgaben des Nachmittags abzusprechen: Was ist heute zu tun und was ist dabei meine Aufgabe? Zum Beispiel: Wer räumt die Spülmaschine aus, wer holt die Mülltonne rein, wer fegt die Küche? Das gibt Übersicht und Klarheit und hilft den Kindern, Verantwortung in einem überschaubaren und abgesprochenen Rahmen zu übernehmen.

Energien auftanken

Essen und trinken heißt nicht nur satt werden, sondern Energie auftanken an Leib und Seele, sonst fühlt man sich ausgebrannt und leer. Manchmal signalisiert »der Tiefpunkt« am Mittag, dass wir Erholung brauchen, Zeit zum Hinlegen, Lesen und Träumen.

Kleinere Kinder tun es den Erwachsenen oft gleich, ziehen sich in ihr Zimmer zurück und wollen sich ausruhen. Ältere Kinder hingegen suchen die Entspannung am Mittag eher vor dem Fernseher oder Computer. Sie brauchen eine Anregung zum Abschalten, etwa auf einem kuscheligen Sofa Musik hören, oder wünschen sich auch unsere direkte Unterstützung, indem wir beispielsweise einem gemeinsamen Interesse nachgehen (musizieren, basteln, gemeinsames Spiel).

Manchen reicht aber auch das Mittagessen zur Erholung und er oder sie geht flott an die Aufgaben des Nachmittags nach dem Motto: Je schneller alles erledigt ist, was sein muss, umso mehr Zeit habe ich dann für mich.

Wenn *zwei* sich streiten – Wie uns Streit auch weiterhelfen kann ...

Soeben versprach es noch ein ruhiger Nachmittag zu werden, doch dann schallt es durchs Haus: »Blöde Kuh!« Die beiden Streithähne liegen sich buchstäblich in den Haaren ... Was tun?

Wir alle kennen diese Situationen zur Genüge. In der Familie ist nicht immer alles »eitel Sonnenschein«, da ziehen manchmal dunkle Gewitterwolken auf.

Wo Menschen mit unterschiedlichen Persönlichkeiten und Interessen zusammenwohnen, da gibt es Konflikte. Das ist ganz normal und gehört zum Familienleben dazu. Und: Streit und Konflikte, wenn sie »richtig« ausgetragen werden, sind sogar sehr förderlich für ein lebendiges Familienleben. Manchmal braucht es ein Gewitter, damit wieder frische Luft da ist. Wichtig ist es, dass Kinder lernen, mit ihren negativen Gefühlen wie Ärger, Zorn, Wut so umzugehen, dass sie ihnen nützen und nicht schaden. Gespräche und Diskussionen in der Familie helfen, dass Kinder lernen, ihre Meinung zu sagen, Gefühle zu äußern, einen Standpunkt zu vertreten und auch mal anderer Meinung sein zu können. Dies ist ein erster Schritt zu einer Streitkultur in der Familie.

Manche Familien kommen einmal in der Woche zu einer Familienkonferenz zusammen, um zu besprechen, was an Problemen anliegt, und Lösungen dafür zu finden. Dabei darf jeder, ob klein oder groß, seinen Standpunkt darstellen und zur Lösung des Konflikts seine Vorschläge machen.

Was tun, wenn zwei *sich streiten ...*

- ... nicht vorschnell eingreifen, damit die Kinder auch lernen, einen Streit auszutragen.
- ... nicht mit der berühmten Frage beginnen: »Wer hat den Streit angefangen?«, denn es ist meist ohnehin nicht möglich, dies herauszufinden. Besser ist es, wenn wir uns auf »Augenhöhe« zu den Kindern begeben und versuchen, Ruhe in die Angelegenheit zu bringen und ggf. zu trösten. Dabei kann es uns selbst helfen, (mindestens dreimal) tief Luft zu holen, bevor wir zu den »Streithähnen« gehen. Dann versuchen wir mit den Kindern herauszufinden, wo das Problem liegt. Fragen Sie die Kinder danach. Während jeder seine Sichtweise erklärt, darf er nicht unterbrochen werden. Dabei kann das Ritual einer »Friedensecke« helfen.
- ... ist im Moment keine Verständigung möglich, weil ein Kind sehr zornig ist, dann wird auch kein Gespräch möglich sein. Da hilft es nur, die zwei Streithähne zu trennen und erst später ein Gespräch zu suchen.
- ... genügend Zeit lassen, um Kompromisse zu finden. Lassen Sie dabei zuerst die Kinder Vorschläge machen.

Was tun, damit Streiten nicht »wehtut« – *Streitregeln*

Gemeinsam mit den Kindern überlegen wir, was wir in Streit und Wut alles tun, was den anderen nur verletzt und den Streit nur noch schlimmer macht. Die Kinder malen oder schreiben die Streitregeln, also was man beim Streiten vermeiden sollte, auf ein Blatt, zum Beispiel:

- Keine Schimpfwörter sagen.
- Nicht schlagen und beißen.
- Nichts kaputt machen.

Dieses Blatt können wir zu Hause gut sichtbar für alle – evtl. in unserer Friedensecke – aufhängen.

Die Friedensecke

Gemeinsam mit den Kindern überlegen wir, wo es einen Platz in unserer Wohnung gibt, an dem wir uns wohlfühlen, um nach einem Streit in Ruhe reden zu können: Wir erklären sie zu unserer »Friedensecke«. Evtl. können wir dort eine Friedenstaube oder auch unser Stimmungsbarometer (vgl. S. 54) aufhängen.

Wir setzen uns in diese Ecke. Die Eltern achten jetzt nur darauf, dass die »Regeln« eingehalten werden. Nur wenn das Gespräch stockt, stellen sie Fragen.

- Jeder sagt, wie es ihm jetzt geht. Er darf nur von sich sprechen:
  Ich bin traurig, weil … Ich bin ärgerlich, weil …
- Jeder erzählt noch einmal aus seiner Sicht, was vorgefallen ist, was ihn geärgert, wütend gemacht hat. Währenddessen darf er nicht unterbrochen werden. Wenn möglich, schauen wir den anderen auch an.
- Wir suchen gemeinsam nach einer Lösung.
- Wir überlegen, wie wir uns versöhnen können, zum Beispiel: Ich entschuldige mich und gebe meinem Bruder die Hand. Wir spielen gemeinsam unser Lieblingsspiel …

Der Frieden

Die Angst vor Streit und Hass und Krieg
lässt viele oft nicht ruhn.
Doch wenn man Frieden haben will,
muss man ihn selber tun.

Der Frieden wächst wie Rosen blühn,
so bunt und schön und still.
Er fängt bei uns zu Hause an,
bei jedem, der ihn will.

Vom Frieden reden hilft nicht viel,
auch nicht, dass man marschiert.
Er kommt wie Lachen, Dank und Traum,
schon wenn man ihn probiert.

Man braucht zum Frieden Liebe,
natürlich auch Verstand,
und wo es was zu heilen gibt:
jede Hand.

Eva Rechlin

Was tun, damit wir uns wieder versöhnen ...
– Versöhnungsrituale

Nach einem Streit gehört die Versöhnung ganz wesentlich dazu. Doch wie mache ich den ersten Schritt? Auch das will gelernt sein. Versöhnungsrituale können hier helfen:

- Wir basteln eine Sonne aus gelbem Tonpapier. Der, der zur Versöhnung bereit ist, schiebt dem anderen die Sonne durch die Tür.
- Beim nächsten gemeinsamen Essen steht auf jedem Platz der beiden »Streithähne« ein Teelicht. Wir beginnen das Essen evtl. mit einem Friedensgebet oder einem Friedenslied.

Das Stimmungsbarometer

Manchmal entsteht auch Streit, weil wir die Gefühle des anderen gar nicht kennen. Ein »Stimmungsbarometer« kann uns helfen, unsere Gefühle auszudrücken und die Gefühle anderer zu achten. An einem Faden hängt oben eine Sonne (für gute Laune), dann eine Wolke, unten ein Blitz. Die Stimmungen werden mit einer Wäscheklammer (für jedes Familienmitglied in einer anderen Farbe) markiert. Nach einem Streit kann ich damit auch zeigen, dass ich zur Versöhnung bereit bin.

Guter Gott,
heute sind wieder einmal die Fetzen geflogen.
Wir haben uns gestritten. Wir haben uns verletzt.
Entschuldigung!
Guter Gott, zu dir dürfen wir immer kommen,
auch wenn wir etwas falsch gemacht haben.
Hilf uns, dass wir einsehen,
wo wir etwas falsch gemacht haben.
dass wir Wege finden, um uns wieder zu vertragen.
dass wir Wege finden, uns zu entschuldigen,
Hilf uns, dass wir es das nächste Mal besser machen.
Amen.

Dass der Friede

© Kathi Stimmer-Salzeder, 84544 Aschau a. Inn

1. Dass der Friede seinen Himmel über uns baut, dass der Friede seinen Himmel über uns baut, dass der Friede seinen Himmel über uns baut, dass der Friede seinen Himmel über uns baut!

2. Dass der Himmel seine Liebe tief in uns legt ... *Zwischenspiel*
3. Dass die Liebe unsere Hoffnung stark macht und weit ...
4. Dass die Hoffnung unsern Glauben stark macht und neu ... *Zwischenspiel*

Zwischenspiel nach je 2 Strophen

5. Dass der Glaube unsre Mauern überflüssig macht, dass der Glaube unsre Mauern überflüssig macht, dass der Glaube unsre Mauern überflüssig macht, dass der Glaube unsre Mauern überflüssig macht.

6. Dass den Mauern ihre Steine nicht mehr nötig sind ... *Zwischenspiel*
7. Dass die Steine Wege werden, die zum Frieden führn ...
8. Dass der Friede seinen Himmel über uns baut ... *Zwischenspiel*

→ CD 17

Rituale des Ausklangs: Wir verabschieden den Tag

Wenn der Tag sich dem Ende zuneigt, kommen die meisten Familienmitglieder nach getaner Arbeit, nach der Musikstunde, dem Fußballtraining oder nach einem Besuch bei Freunden nach Hause. Der Feierabend beginnt. Was gibt es da zu feiern? Arbeit und Schule liegen hinter uns. Für die meisten Familien beginnt ein entspannender Tagesabschnitt, an dem alle beisammen sind.

Auch hier helfen uns Rituale dabei, Abstand zu gewinnen, uns von Ballast zu befreien und die Ereignisse des vergangenen Arbeitstages bewusst loszulassen. Wie erholsam ist es, wieder Ruhe und Entspannung zu finden und Kraft zu tanken durch:

- Abendrituale zum Ankommen und Abstandgewinnen
- Abendessen und Familiengespräche
- Zu-Bett-geh-Rituale

Den Arbeitstag beenden und Feierabend haben: Abendrituale

Jeder Mensch hat eigene Rituale, seinen Arbeitsalltag zu beenden, und seine eigene Art des Ankommens im Feierabend. Für die Kinder ist es gut, mitzuerleben, wie die Eltern den Übergang von Arbeit zur Freizeit gestalten:

- Vielleicht braucht die Mama erst einmal eine Fünf-Minuten-Pause zum Durchatmen,
- und Papa mag als Erstes die Kleider wechseln, um sich bequemer anzuziehen.

- Manch einem tut – gemeinsam mit den Kindern – der Spaziergang zum Milchholen beim Bauern oder ein Gang um den Block gut.
- Im Frühling, Sommer und im Herbst lädt vielleicht der Balkon oder der Garten ein zu einem Feierabendritual, bei dem nicht nur die Pflege der Pflanzen wichtig ist, sondern auch das Gespräch mit den Nachbarn.

Gemeinsam den Tag ausklingen lassen –
Abendessen und Familiengespräche

Sinnvoll ist es, wenn wir die Kinder schon in die Vorbereitung des Abendessens einbeziehen und genügend Zeit einplanen für diese Mahlzeit, die für viele Familien die Hauptmahlzeit ist und die einzige gemeinsame am Tag.

- Während in der Küche gekocht wird, können die Kinder den Tisch decken und eine Kerze anzünden.
- Dann wird gemeinsam gegessen. Es gibt bestimmt viel zu erzählen, wenn jeder die Ereignisse des Tages loswerden möchte.
- Wenn wir fertig sind, aber noch am Tisch sitzen, können Vater oder Mutter fragen: *Was wollen wir miteinander tun? Gibt es noch etwas zu besprechen oder braucht jemand Hilfe? Wie wollen wir den Tag heute beschließen?*
- Fernseh- und Computerzeiten sollten wir grundsätzlich immer absprechen. Sonst besteht die Gefahr, dass der Fernseher oder Computer unsere Abendrituale bestimmt oder ersetzt.
- Im Familiengebet können wir danken für das, was der Tag uns gegeben hat.

> Guter Gott,
> am Ende dieses Tages sind wir alle wieder
> gut zu Hause angekommen.
> Jeder von uns hat viel erlebt, getan.
> *(Hier können Ereignisse des Tages aus Kindergarten, Schule, Arbeit, Freizeit genannt werden.)*
> Danke für all das, was wir heute erlebt haben.
> Wir wissen, du bist immer bei uns. Amen.

- Nach dem Essen treffen wir dann die Vorbereitungen für den nächsten Tag.

Im Kerzenschein

Lena und Heiko hatten den Tisch fürs Abendbrot gedeckt.

Draußen war es schon dunkel und gerade waren Mama und Papa vom Einkaufen heimgekommen. Sie stellten noch Butter, Wurst und Käse auf den Tisch, dann konnten sich alle gemütlich zum Abendessen hinsetzen.

Auf einmal gingen alle Lichter aus. »Huch«, machte Heiko. »Ist die Sicherung durchgeknallt?«, fragte Papa. »Nein, keine Sorge!«, rief Mama. »Ich glaube, es ist ein Stromausfall im ganzen Ort. Wenn ihr aus dem Fenster schaut, da ist auch alles dunkel.« »Wir brauchen Streichhölzer«, sagte Papa. »Mensch Heiko, du hast doch vorhin in der Küche die Streichhölzer gesucht!«, rief Lena. Man hörte im Dunkeln deutlich das Geräusch von Mamas Stuhl, als sie aufstand: »Ich hole jetzt die Streichhölzer aus dem Flur, dort liegen sie garantiert und immer.« Vorsichtig tastete sie sich vom Esszimmer aus durch die Küche in den Flur und dort zum Schrank vor.

Plötzlich klopfte es an der Wohnungstür. Mama öffnete und man sah im Dunkel des Hausflurs ein kleines Licht und dahinter schemenhaft eine Gestalt mit diesem Licht in der Hand. »Guten Abend, Frau Müller«, hörte man eine leise Stimme von der Tür, »ist bei Ihnen auch der Strom ausgefallen?« »Guten Abend, Frau Kennel«, klang Mamas energische Stimme durch die Wohnung. Frau Kennel, das war die ältere, alleinstehende Nachbarin. »Kommen Sie doch zu uns herein. Ja, wir haben auch keinen Strom und ich suche gerade die Streichhölzer für die Kerzen.« »Oh, Frau Müller, vielleicht kann ich Ihnen ja …« »Licht machen!«, rief Lena und vollendete den Satz. »Kommen Sie vorsichtig mit!« Mama näherte sich nun langsam mit Frau Kennel samt Kerze dem Tisch. »Guten Abend«, sagte Frau Kennel in die Dunkelheit hinein, die nun von ihrer Kerze erleuchtet wurde.

Währenddessen hatte Heiko die ganze Zeit versucht, in der Mitte des Tisches etwas ganz Bestimmtes zu finden. Zwischen all den Sachen, zwischen Geschirr, Brotkorb, Getränkeflaschen und Blumen war das nicht so einfach. Im Kerzenschein fand er endlich, was er suchte, griff es, stand auf und ging zu Frau Kennels Licht: »Meine Kerze. Ich mache sie jetzt an!«,

rief er. Er entzündete sie an der Flamme und stellte sie wieder zurück auf den Tisch.

»Frau Kennel, nehmen Sie doch bitte Platz. Dort, wo Sie stehen, neben Lena, ist noch ein Stuhl frei. Essen und trinken Sie mit uns und geben Sie mir Ihre Kerze!«, lud Papa nun Frau Kennel ein. »Oh, ja, danke gern!«, antwortete Frau Kennel. »Kerze? Naja, eigentlich ist das nur noch ein Stummel, ich muss mal eine neue besorgen. Für alle Fälle. Vorsichtshalber habe ich immer eine Kerze mit Streichhölzern bereitliegen. Ein Licht in der Finsternis.«

Papa stellte Frau Kennels Kerzenstummel auf den Tisch. Im Dämmerlicht schmierte Papa Brote und Mama verteilte Sprudel und Saft. Während die zwei Kerzen auf dem Tisch flackerten, genossen alle ihr Abendbrot.

Plötzlich ging das elektrische Licht wieder an. »Schade!«, rief Lena, »es war doch richtig heimelig im Kerzenlicht.« Frau Kennel lachte und stand auf, weil sie schon gehen wollte, da fiel ihr Blick auf ihren abgebrannten Kerzenstummel und auf Heikos Kerze. »Was für eine schöne Kerze!«, rief sie. Mama, Papa und Lena staunten auch. »Die habe ich heute in der Schule gemacht, selbst verziert mit Sonne, Mond und Sternen am Himmel aus Wachs.« »Toll! Passend zum heutigen Abend!«, bestätigte Mama.

Frau Kennel bedankte sich fürs Essen und für die Gastfreundschaft. »Das ist Ihre neue!«, sagte Heiko und drückte Frau Kennel zum Abschied vorsichtig seine verzierte Kerze in die Hand.

Marita Raude-Gockel

Zur Ruhe kommen, Stille finden –
Zu-Bett-geh-Rituale

Damit Kinder zur Ruhe kommen und Abstand zu den Erlebnissen des Tages finden, ist es notwendig, »Berieselungsquellen« (Fernseher, Computer, Radio) rechtzeitig vor dem Schlafengehen auszuschalten.

Manche Kinder brauchen nach dem Essen noch eine kleine Auszeit, um sich »abzureagieren«, zum Beispiel im Spiel für sich allein oder beim gemeinsamen Spiel. Dann ist es Zeit für das Zu-Bett-geh-Ritual.

Besonders beliebt ist das Vorlesen. Auch größere Kinder mögen es sehr, wenn Mama oder Papa Märchen, Geschichten oder ein ganzes Buch (kapitelweise Abend für Abend) vorlesen. Und das regt die Kinder zum Selber- und Weiterlesen an.

Abends wünschen auch größere Kinder die Nähe der Eltern. Wenn Geschwisterkinder ein gemeinsames Zimmer haben, kann man ihnen auch gut gemeinsam vorlesen. Wenn ein Kind immer noch aufgedreht ist, braucht es unsere Hilfe, um zur Ruhe zu kommen. Vielleicht versuchen wir es einmal mit einer Stilleübung.

Stilleübung

Das Kind legt sich ganz bequem in sein Bett.
Mutter oder Vater führen das Kind in die Stilleübung und sprechen mit ihm:

Deine Hände liegen auf dem Bett, das Bett trägt und hält dich.
Du bist ganz schwer. Deine Arme und deine Beine sind schwer, dein Kopf, dein ganzer Körper ist schwer.
Du bist ganz warm. Deine Arme und deine Hände werden warm, deine Beine und deine Füße werden warm, dein ganzer Körper ist ganz warm.
Spüre deinen Atem, wie er kommt und wie er geht.
Ein und aus, ein und aus, du bist ganz ruhig.
Du bist so müde und darfst jetzt schlafen und träumen.
Ich bin bei dir. Ich wünsche dir eine gute Nacht.

Manche Kinder mögen es, wenn sie eine solche Stilleübung mit Musik untermalt genießen dürfen (gut geeignet: »Mond und Sterne«, CD 26)

Gemeinsam den Tag
liebevoll einsammeln

Irgendein Abendritual hat eigentlich jeder Mensch, um bewusst oder unbewusst einen guten Weg vom Tag zur Ruhe bzw. zum Schlaf zu finden. Viele Menschen gestalten dieses Ritual religiös, um sich selbst vor der Nacht Gott anzuvertrauen. Vielen ist es wichtig, »Tagesschau« zu halten, um die Ereignisse des Tages loszulassen. Mit einem liebevollen Blick, wie es *Ignatius von Loyola* in seinem »Gebet der liebenden Aufmerksamkeit« nennt, können wir die Ereignisse des Tages einsammeln. Das meint: sich selbst und andere liebevoll und aufmerksam wahrnehmen, und nicht zu bewerten, zu urteilen oder gar zu verurteilen. Mit dieser Gebetsform kann man in »normalen« Zeiten, aber auch in Zeiten höchster Anspannung »überleben«.

Auch für Kinder ist es wichtig, am Abend im Gespräch mit den Eltern »Tagesschau« zu halten: Ereignisse in der Schule, zu Hause und Erlebnisse mit Freunden beim Spielen Revue passieren zu lassen und vor Gott auszusprechen. Sie werden damit ihre Dinge los und lernen sie loszulassen.

»Tagesschau«

Die folgenden Schritte können die Eltern dem Kind für einen Tagesrückblick am Abend als Hilfe anbieten:

- Auf der Bettkante sitzend oder im Bett liegend komme ich zur Ruhe und sammle mich. Wir können die Kinder bitten, auf ihren Atem zu achten, wie er kommt und geht.
- Bewährt hat sich ein bewusster Beginn des Gebets, etwa mit einem Kreuzzeichen.
- Wir nehmen den Tag mit all seinen Ereignissen und Begegnungen liebevoll in den Blick: Was war heute alles? Wem bin ich begegnet? Wie war das für mich?
- Ich spreche das, was war, vor Gott aus, je nach Situation eher als Dank oder Bitte, Lob oder Klage.
- Gott ist bei uns wie ein guter Freund. Wir legen den Tag in seine Hände. Wie beschließen die Tagesrückschau mit einer Segensgeste, indem wir dem Kind ein Kreuzzeichen auf die Stirn zeichnen oder ihm die Hand auf den Kopf legen.

Für kleinere Kinder kann folgende Rückschau »mit allen Sinnen« ansprechen sein:

- Was hat dein *Auge* heute alles gesehen?
  (Was hat es Schönes gesehen, hat es vielleicht auch geweint? Worüber?)
- Was haben deine *Hände* heute alles getan/geschafft/gewerkelt?
- Wohin sind deine *Füße* heute gelaufen?
- Was haben deine *Ohren* heute gehört?

Dabei berühren wir oder das Kind selbst die angesprochenen Sinnesorgane.

Damit Beten nicht eintönig wird

An manchen Tagen können wir ganz bewusst einmal anders beten als sonst: Wir wählen ein geformtes Gebet, das das Kind gern betet, oder suchen ein schönes Gebet aus einem Gebetbuch aus; wir können mit Gesten, mit dem Körper beten, das Vaterunser sprechen oder auch ein Lied singen, das uns vertraut ist.

Auch ein *kleines Gebetbuch* ist sehr hilfreich, das wir gemeinsam mit dem Kind oder mit der ganzen Familie gestalten: In ein kleines Buch schreiben wir selbst verfasste Gebete und unsere Lieblingsgebete hinein. Das Büchlein können wir dann für unser Abendgebet zur Hand nehmen.

Wir beten mit dem ganzen Körper

Eine ganz »andere«, ganzheitliche Form des Betens ist das Beten mit dem ganzen Körper. Vielleicht probieren Sie es einmal mit Ihren Kindern aus, um zu erfahren, ob es für Sie und Ihre Familie eine geeignete Form ist.

Folgendes Körpergebet ist eine Anregung, wie wir die Tagesrückschau zusammen mit größeren Kindern vollziehen können. Dazu stellen wir uns hin.

Gebet:	Geste:
Guter Gott, du bist groß!	Hände nach oben hin ausstrecken.
Die weite Welt hast du geschaffen,	Mit der rechten Hand einen Halbkreis vor unserem Körper beschreiben.
wie eine Schale, die du mir gibst. Jeden Tag füllst du sie neu!	Hände zu einer Schale formen.
Ich schau, wie meine Schale heute gefüllt ist, mit schönen Erlebnissen, aber auch mit Ärger, Trauer, Wut, Ohnmacht … *(Mit den Kindern den Tag Revue passieren lassen.)*	In die Schale blicken.
Guter Gott, ich danke dir für alles, was du mir geschenkt hast.	Hände nach oben ausstrecken. Hände zur Schale formen.
Ich vertraue dir auch all das an, was mir heute nicht geglückt ist, was ich nicht ändern kann, worüber ich traurig, zornig … bin.	Nochmals in die Schale blicken.
Ich lege es in deine Hände. Amen.	»Schale« auf den Boden legen.

(nach einer Idee von Christiane Bundschuh-Schramm)

Wenn die Kinder im Bett liegen, können wir zum Abschluss noch das Lied »Du bist im Lachen« hören oder singen. Den Tag zu beschließen und die Ereignisse des Tages loszulassen, dazu lädt das Lied »Den Tag leg ich in deine Hand« uns Erwachsene ein. Beide Lieder finden Sie auf der zum Buch erschienenen CD von Kathi Stimmer-Salzeder »Durch den Tag, durch das Jahr«.

Du bist im Lachen

© Kathi Stimmer-Salzeder, D-84544 Aschau a. Inn

1. Du willst nicht, dass ich trau-rig bin, nein, Du willst, dass ich la-che.

Du magst es, wenn ich vor Dir sing und an-dern Freu-de ma-che.

KV: Du bist im La-chen und im Leid, Du machst die en-gen We-ge weit, Du bist in al-lem, was ge-schieht drum sing ich Dir mein Lied.

2. Du willst nicht, dass ich mich verlier
in tausend kleinen Sorgen.
Nein, Du willst, dass ich heute leb
und mit Dir geh ins Morgen.

3. Du gibst mir jeden neuen Tag
wie eine leere Schale
und du bist da und füllst sie mir
so reich und viele Male.

→ CD 17

Den Tag leg ich in Deine Hand

© Kathi Stimmer-Salzeder, D-84544 Aschau a. Inn

1. Den Tag leg ich in Deine Hand und alles, was da war:
(Dies' Jahr)
Die Freude und die Fröhlichkeit, die Hoffnung hell und klar.
Und auch die Fragen bring ich Dir, die ohne Antwort stehn,
die Leere und die Einsamkeit, das müde, harte Gehn.

2. Ich mach Dir meine Hände weit,
   nur mein Vertraun darin,
   Du führst ja alle meine Zeit
   zu Deiner Fülle hin.
   Und weiß ich nicht um Weg und Ziel,
   so geh ich auf Dein Wort,
   denn auch in Not und Dunkelheit
   hältst Du mich immerfort.

3. Und immer wieder stellst Du mir
   an meinen Weg ein Licht.
   So geh ich mit Dir Schritt für Schritt
   und fürcht den Morgen nicht.
   Ich leg den Tag in Deine Hand
   und alles, was da war,
   denn Du machst, weil Du Liebe bist,
   den Frieden in mir wahr.

→ CD 25

Endlich Zeit und Ruhe haben:
Wochenende!

Endlich ausschlafen, nicht zur Arbeit, in die Schule gehen müssen, endlich Freizeit, endlich Zeit für das, was ich gerne tue! Diese Gedanken kommen uns in den Sinn, wenn wir ans Wochenende denken.

Besondere Aufmerksamkeit verdienen sicherlich unsere Rituale am Wochenende, bei der Gestaltung des Sonntags, denn endlich haben wir mehr Zeit für uns selbst, für andere und für Gott. Rituale können uns helfen, unser Bedürfnis nach Erholung und Ausgleich, Ruhe und Besinnung aufzufangen.

In Familien, in denen samstags oder sonntags jemand arbeiten muss, ist es vielleicht möglich, an einem anderen Tag diese Freiräume für sich selbst und für die Familie zu finden.

Das Wochenende
strukturieren

Vielleicht können wir das Wochenende mit einem besonderen Ritual am Freitagabend einläuten: Beispielsweise kochen die Kinder gemeinsam mit den Eltern und anschließend haben Mama und Papa den Abend für sich. Vielleicht ist es auch ab und zu möglich, sich einen Babysitter zu besorgen, und die Eltern dürfen sich einen »kinderfreien« Abend gönnen.

Jedes Familienmitglied möchte an diesen Tagen gern die freie Zeit genießen, seinen Hobbys nachgehen oder etwas Außergewöhnliches unternehmen. Manche Kinder und Eltern haben durch vielerlei Freizeitaktivitäten ein richtig »volles« Wochenende. Im gemeinsamen Gespräch können Vorschläge für die Wochenendgestaltung gemacht werden, Wünsche und

Erwartungen abgestimmt werden: Vielleicht steht ein Schwimmbadbesuch oder Ausflug auf dem Programm oder es kommt Besuch von den Großeltern.

Die Woche beschließen
und den Sonntag begrüßen

Am Samstag wird in vielen Familien noch im Haus und im Garten gearbeitet. Am Samstagmorgen, zum Beispiel beim Frühstück, besprechen wir kurz, welches Familienmitglied noch welche Arbeiten wie einkaufen, aufräumen, kehren, Kuchen backen etc. übernimmt, damit es Sonntag für alle werden kann. Gerade dass wir auch miteinander arbeiten und gemeinsam Verantwortung übernehmen, lässt uns erfahren, dass wir eine Familie sind.

Am Spätnachmittag oder Abend beschließen wir nach getaner Arbeit die Woche und begrüßen den Sonntag vielleicht an einem neu gedeckten Tisch.

> Die Woche ist vergangen.
> Die Arbeit ist getan.
> Wir freun uns auf den Sonntag,
> der nun beginnen kann.

Zur Ruhe finden,
zu sich selbst kommen

Der Sonntag ist der Ruhetag, den wir besonders genießen können, ohne Terminkalender und ohne Zeitdruck. Das ist die eine Dimension des Sonntags. Doch er hat noch eine andere: Wie Gott am siebten Tag ausruhte und all das betrachtete, was er geschaffen hat, so brauchen auch wir Menschen Zeit, um auf unser Leben zu blicken. Wir brauchen Zeit, um vom Alltag Abstand zu nehmen.

Der Samstagabend bzw. der Beginn des Sonntags kann auch jedem Einzelnen persönlich Raum geben, um zu sich selbst zu finden:

- Wir machen es uns bequem, etwa auf dem Sofa oder in einem Sessel.
- Wir entzünden eine Kerze und kommen körperlich zur Ruhe.
- Wir singen oder hören das Lied »Zur Mitte kommen« von Kathi Stimmer-Salzeder (siehe S. 71).
- Beim Hören des Liedes lassen wir die Gedanken, die uns in der vergangenen Woche bewegt haben, an uns vorüberziehen.
- Wir lassen diese Bilder los und spüren nach, wie wir zur Ruhe kommen und unsere Mitte finden.
- Zum Abschluss des Rituals können wir bei Kerzenschein gemeinsam mit unserem Partner ein Glas Wein genießen oder ein erholsames Bad nehmen.

Den Sonntag
leben und feiern

Vielerorts finden in den Gemeinden am Sonntag regelmäßig Kinder- oder Familiengottesdienste statt. Die Mitfeier des Gottesdienstes lässt uns vielleicht spüren: Wir sind als Familie nicht allein, sondern gut aufgehoben in der Glaubensgemeinschaft der Kirche. Wenn die Teilnahme am Gottesdienst – aus welchen Gründen auch immer – nicht möglich ist, können wir uns am Sonntag zu Hause eine bewusste »Gottesdienst-Zeit« nehmen. Diese Zeit in der Familie kann ganz verschieden aussehen: Es kann die Zeit sein, in der wir gemeinsam mit dem Kind in der Kinderbibel lesen. Oder wir können mit der ganzen Familie einen Sonntagsspaziergang am Morgen unternehmen und Gottes Schöpfung aufmerksam wahrnehmen: die Bäume betrachten, Vogelstimmen hören und Tiere beobachten.

Ein *Familienritual* am Sonntag gibt diesem besonderen Wochentag eine Struktur und wir haben nicht das Gefühl, dass die freie Zeit einfach verrinnt. Wir nehmen wahr: Es gibt noch »mehr« in unserem Leben als Schule, Arbeit und Geld verdienen.

Den Sonntag feiern – ein Sonntagsritual

- Wir setzen uns im Kreis um den Tisch oder auf den Boden.
  Wer mag, kann mit Tüchern passend zur Jahreszeit oder aber auch in den liturgischen Farben (violett für Advent und Fastenzeit, weiß, gelb oder rot für die Feiertage, grün für die Sonntage im Jahreskreis, siehe S. 24) die Mitte des Kreises gestalten und dann eine Kerze in diese Mitte stellen.
- Wir beginnen unser Ritual mit einem Lied, zum Beispiel »Wo zwei oder drei in meinem Namen versammelt sind« (Evangelisches Gesangbuch 568).
- Wir zünden unsere Kerze an. Wir können mit dem Kreuzzeichen beginnen: Im Namen des Vaters und des Sohnes und des heiligen Geistes.
- Als die Jünger Jesus einmal fragen, wie sie beten sollen, sagt er zu ihnen:
  »Bittet und euch wird gegeben; sucht und ihr werdet finden, klopft an und euch wird geöffnet. Gott hört euch. Er macht euch immer die Tür auf. Er ist wie ein guter Vater, wie eine gute Mutter, die sich über ihr Kind freuen. Gott weiß, was wir Menschen brauchen, er sorgt für euch! Darum macht euch keine Sorgen!« (nach Lk 11,11.13; 12,29).
- Wir beten:
  Guter Gott, du bist bei uns. Wir freuen uns, dass wir heute viel Zeit füreinander haben. Wir sagen Danke für das Wochenende und für den Sonntag und für alles, was du uns schenkst, für unsere Familie und unsere Freunde. Und wir bitten dich um deine Hilfe in Situationen, wo wir nicht weiterwissen.

  Eltern und Kinder können hier selbst auch ganz konkret Dank und Bitte formulieren.

- Unseren Dank und unsere Bitten schließen wir nun in das Gebet ein, das Jesus immer mit seinen Freunden gebetet hat. Wir beten gemeinsam das *Vaterunser*. Dazu reichen wir uns die Hände. Zum Abschluss drücken wir uns die Hände und spüren im Kreis unsere Gemeinschaft, die uns hält. Dazu können wir auch unseren Kreis ganz weit ausdehnen und jeder versucht sich dann ein wenig zurückzulehnen, ohne dass der Kreis »reißt«.
- Wir können unser Ritual mit einem Lied beschließen, zum Beispiel »Du bist da«, S. 199.

Weitere Anregungen für die Gestaltung des Sonntagrituals finden Sie auch in den nachfolgenden Kapiteln, insbesondere zur Advents- und Fastenzeit. Manche Kinder haben große Freude daran, Geschichten aus ihrer Kinderbibel vorgelesen zu bekommen oder selber zu lesen. Auch das ist ein schönes Sonntagsritual.

Zur Mitte kommen

© Kathi Stimmer-Salzeder, D-84544 Aschau a. Inn

♩ = 70 getragen

1. Zur Mitte kommen, den Kreis erneun.
2. Zur Mitte kommen, die Ruhe trägt.
3. Zur Mitte kommen, einander sehn.

1. Zur Mitte kommen, am Licht uns freun.
2. Zur Mitte kommen, die Brücken schlägt.
3. Zur Mitte kommen, das Wort verstehn.

1. Zur Mitte kommen, zur Nähe führn,
2. Zur Mitte kommen, die Kräfte teilt,
3. Zur Mitte kommen, die Herzen weit,

1. zur Mitte kommen und Wärme spürn.
2. zur Mitte kommen, die Wunden heilt.
3. zur Mitte kommen, erfüllte Zeit.

→ CD 13

Vater, segne diesen Tag

© Kathi Stimmer-Salzeder, D-84544 Aschau a. Inn

Vater, seg-ne die-sen Tag, das, was er uns brin-gen mag, und uns al-le. A-men.

Den Sonntag genießen

Der Sonntag ist oft der einzige Tag in der Woche, an dem die Familienmitglieder, groß und klein, so richtig viel Zeit haben. Dies dürfen wir ruhig als besonderes »Ereignis« der Woche feiern! Es muss ja nicht der Sonntagsbraten zum Mittagessen sein. Vielleicht bevorzugen wir ein anderes Highlight: Viele Kinder und Eltern lieben am Sonntag ein ausgiebiges Frühstück oder einen Brunch. Ein solches Sonntagsritual schätzen die Kinder oft über die Pubertät hinaus oder sie lernen es später wieder schätzen – auch als verlässliche Gesprächsmöglichkeit. Denn hier trifft man Eltern und Geschwister, vielleicht auch die Großeltern.

Bei diesem Sonntagsritual können die Kinder ein kleines Buffet für den Brunch herrichten oder für einen schön gedeckten Tisch sorgen: eine besondere Tischdecke auflegen, Blumen auf den Tisch stellen, die Tischkerze entzünden etc. Papa sorgt vielleicht für die frischen Brötchen und Mama für den frisch gepressten Saft und die Obstspießchen.

Unsere Freude darüber, dass wir alle zusammen sind und Zeit füreinander haben, können wir mit einem gemeinsamen Gebet oder Lied, z.B. »Vater, segne diesen Tag«, ausdrücken.

Ein besonderes Gewürz

Der römische Kaiser fragte einmal den Rabbi:
»Wie kommt es, dass eine Sabbatspeise so einen köstlichen Geruch hat?«
»Wir benutzen«, antwortete der Rabbi, »ein gewisses Gewürz, das Sabbat heißt, und tun es in die Speise. Daher kommt der köstliche Geruch.«
»Dann gebt uns doch etwas von diesem Gewürz«, bat der Kaiser.
»Das würde dir nichts nützen«, antwortete der Rabbi. »Es nutzt nur dem, der den Sabbat hält. Für den, der den Sabbat nicht hält, ist es nutzlos.«

Nach Jakob J. Petuchowski

In die neue Woche *hineingehen*

Am Abend steht schon wieder ein neuer Abschied an: Der Abschied vom Wochenende. In vielen Familien ist dies auch stimmungsmäßig spürbar: Es werden Vorbereitungen für den Wochenbeginn getroffen und manches Familienmitglied verspürt und äußert unterschiedliche Gefühle beim Gedanken an die Aufgaben und Anforderungen, die in der Woche anstehen. Ein besonders gestaltetes Abendritual am Sonntagabend kann hier helfen, ruhig zu werden, die Woche bewusst zu beginnen und sie unter den Segen Gottes zu stellen.

Abendritual am Sonntag

- Wir kommen zusammen. In der Mitte steht eine Kerze.
- Einstimmung:
  Wir sitzen im dunklen Zimmer und spüren die Dunkelheit um uns herum. Wir sitzen ganz ruhig, nach einer Weile entzünden wir die Kerze. Wir schauen auf die Flamme, wie ihr Licht in die Dunkelheit hineinstrahlt und das Zimmer sanft beleuchtet. Wir spüren die Wärme der Kerze, die sie weitergibt an uns, wenn wir unsere Hände der Flamme nähern.
- Wir hören die Worte Jesu aus dem Johannesevangelium: »Ich bin das Licht der Welt. Wer mir nachfolgt, wird nicht im Finstern wandeln, sondern wird das Licht des Lebens haben.« (Joh 8,12)
- Wir beten:
  Jesus, die Kerze schenkt uns ihr Licht und ihre Wärme.
  Sie macht die Dunkelheit hell.
  Du bist unser Licht.
  Du machst unser Leben hell und warm.
  Gib, dass wir dein Licht immer wieder sehen
  und füreinander und für andere Licht sein können.
  Sei du bei uns mit deinem Licht und
  begleite uns durch alle Tage dieser Woche. Amen.

Zum Abschluss singen wir gemeinsam ein Lied, das uns die Begleitung Gottes zusagt, oder hören ein ruhiges Musikstück, sodass jeder für sich den Tag ruhig ausklingen lassen kann.

Literaturhinweise

Rituale und Stilleübungen

Biesinger, Albert/Berger, Barbara/Mittler-Holzem, Marlies/Hessler, Thomas: Abendoasen. Geschichten–Rituale–Gebete–Spiele. Ein Gute-Nacht-Buch für junge Familien, München: Kösel 2002

Gruber, Christina/Rieger, Christiane: Entspannung und Konzentration. Meditieren mit Kindern. Das praktische Handbuch für Kindergarten und Grundschule, München: Kösel 2002

Janusch, Cordula/Rose, Heidi: Sternstunden am Abend. Rituale für die Familie, Limburg/Kevelaer: Lahn 2005

Maschwitz, Gerda und Rüdiger: Stille-Übungen mit Kindern. Ein Praxisbuch, München: Kösel ⁶1998

Nussbaum, Margret: Die schönsten Familien-Rituale. 111 Rituale durchs ganze Jahr, Freiburg i.Br.: Christophorus 2005

Gebete für Kinder und Jugendliche

Abeln, Reinhard (Hrsg.): ... und beten tun wir auch! Gebete für Kinder, München/Zürich/Wien: Verlag Neue Stadt 2000

Gies, Wolfgang/Schwandt, Susanne: Du bist bei mir. Kindergebete, Freiburg i.Br.: Herder 2004

Gilgenreiner, Doris: Beten mit Leib und Seele. Eine Entdeckungsreise für und mit Kindern in Schule, Gemeinde und Familie, Limburg/Kevelaer: Lahn 2002

König, Hermine: Was ich dir sagen will. Kinder beten, München: Kösel 1992

Leitschuh, Marcus: Fit für Gott. Gebete und Texte junger Christen, Augsburg: Pattloch 1998

Röser, Johannes/Springer, Jürgen/Schrom, Michael: Was sagt mir Gott? Was sag ich Gott? Jugendgebete und Gedanken, Freiburg i.Br.: Herder 2006.

Steinwede, Dietrich/Gantscher, Ivan: Leuchtfeuer. Gebete für Kinder, Düsseldorf: Patmos 2006

Zink, Heidi und Jörg: Gebete für Kinder. Mit Bildern von Pieter Kunstreich, Stuttgart: Kreuz 2004

Bilderbücher zu Streit und Versöhnung

Abedi, Isabel/Neuendorf, Silvio: Blöde Ziege – Dumme Gans. Eine Geschichte von Streit und Versöhnung, München: arsedition 2003
Brownjohn, Emma: Lustig, Traurig, Trotzig, Froh. Ich fühle mich mal so, mal so!, Stuttgart: Gabriel 2003
Geisler, Dagmar/Frey, Jana: Streiten gehört dazu, auch wenn man sich lieb hat, Ravensburg: Ravensburger Buchverlag 2003
Pfister, Marcus: Der Regenbogenfisch stiftet Frieden, Gossau: Nord-Süd Verlag 1998
Spathelf, Bärbel/Szesny, Susanne: Die kleinen Streithammel oder Wie man Streit vermeiden kann, Wuppertal: Albarello 2005

Kinderbibeln und biblische Geschichten

Laubi, Werner/Fuchshuber, Annegert: Kinderbibel, Lahr: Ernst Kaufmann 1992 (ab 6 Jahren)
Oberthür, Rainer/Burrichter, Rita: Die Bibel für Kinder und alle im Haus, München: Kösel 2004 (ab 8 Jahren)
Merz, Vreni: Die Bibel an der Bettkante. Ein Familienbuch. Vorlesegeschichten – Erzählideen – Rituale, München: Kösel 2007 (ab 4 Jahren)
Morgenroth, Matthias: Sternenfänger in dunkler Nacht. Von biblischen Abenteurern, München: Kösel 2005 (ab 8 Jahren)
Wensell, Ulises/Erne, Thomas: Die große Ravensburger Kinderbibel. Geschichten aus dem Alten und Neuen Testament, Ravensburg: Ravensburger Buchverlag 1996 (ab 4 Jahren)
Weth, Irmgard/de Kort, Kees: Neukirchner Kinder-Bibel, Neukirchen-Vluyn: Neukirchener Verlag 2000 (ab 5 Jahren)

Weitere Tischgesänge von Kathi Stimmer-Salzeder finden Sie im Liederbuch »Zur Mitte kommen«. Lebenslieder, S. 77 München: Don Bosco 2000, Nr. 59–66

Advent und

Weihnachten

Mit dem Weihnachtsfest verbinden wir viele Erwartungen und Sehnsüchte nach Geborgenheit und Nähe. Wir freuen uns auf das Familienfest, auf das Schenken und Beschenktwerden. Diese Erwartungsfreude macht das Fest und die Zeit vorher besonders kostbar für uns und unsere Kinder.

An Weihnachten feiern wir den Geburtstag von Jesus. Wir feiern das Weihnachtsfest in der dunkelsten Jahreszeit, zu Beginn des Winters, in der heiligen Nacht. In der Dunkelheit der Nacht wird Gottes Sohn, der Retter der Welt, geboren. Wir möchten Sie ermutigen, sich von dieser frohen Botschaft beschenken und anstecken zu lassen, wenn Sie mit Ihren Kindern, mit Ihrer Familie Weihnachten entgegengehen. Durch die vielen Advents- und Weihnachtsbräuche lässt sich diese Zeit aktiv und kreativ, aber auch besinnlich gestalten.

Was bedeutet eigentlich *Advent?*

Zeit des Ankommens

»Advent« kommt aus dem Lateinischen und bedeutet Ankunft. Wer wird ankommen? Wen erwarten wir? Es geht um die Ankunft Jesu, um das Fest seiner Geburt.

Gott hat sein Versprechen gehalten und seinen Sohn auf die Welt geschickt: Der Retter, der so lange erwartet wurde, ist da. Er will bei den Menschen »wohnen«, bei ihnen ankommen. Jesus wird in Advents- und Weihnachtsliedern auch *Immanuel* genannt, was bedeutet »Gott mit uns«. Mit seinem ganzen Leben hat Jesus verkündet: Gott ist immer, auch hier und heute, für uns da.

Und in der Adventszeit denken wir auch an die Verheißung, dass Jesus am Ende der Zeiten wiederkommen wird.

Zeit des Wartens und Vorbereitens

Die Kinder sehen in froher Spannung Weihnachten entgegen. Manchmal werden sie ganz ungeduldig, weil ihnen die »Warteschleife« des Advents so lang erscheint.

Betrachten wir die Adventszeit auch als spannende und aktive Vorbereitungszeit: Solche Zeiten helfen uns, langsam, Schritt für Schritt dem Ziel entgegenzugehen. Vorfreude ist die schönste Freude, so heißt es in einem Sprichwort. Wenn man Dinge gemeinsam vorbereitet oder gemeinsam kreativ gestaltet – beispielsweise Baumschmuck basteln oder Plätzchen backen –, dann macht es allen viel Spaß, mitzumachen, und es vertreibt die Ungeduld.

Die Adventszeit gibt uns auch die Chance, Wünsche und Erwartungen ernst zu nehmen – nicht nur im Blick auf materielle Dinge, sondern vor allem auch die Erwartungen und die Vorstellungen jedes Familienmitglieds, was die Gestaltung angeht. Hier kann eine »Familienkonferenz« – rechtzeitig vor dem Fest – hilfreich sein, in der dies zur Sprache kommt. Auch lieb gewordene Traditionen und Familienbesuche sollten dabei überdacht werden dürfen.

Adventsrätsel

Süßer Teig wird angerührt
und das Backblech eingeschmiert.
Kleine Kuchen, die laut knacken,
werden auf dem Blech gebacken.
Sind sie aus dem Ofen raus,
duftet gleich das ganze Haus.

Rolf Krenzer

Zeit für Ruhe und Stille

Die kalte und dunkle Jahreszeit lädt dazu ein, innezuhalten. Die Natur ruht sich aus, die Sonne geht früh unter und es kommen die langen Abende. Wir können uns gegenseitig gemeinsame Zeit zum Erzählen, Basteln, Spielen schenken.

Manche erleben die Adventszeit mit viel »Vorweihnachtsstress«, angefüllt mit vielen Terminen, mit Weihnachtsfeiern in der Schule, in den Vereinen usw. Der vorweihnachtliche Rummel, der uns in den Geschäften schon im Herbst zum Kaufen animieren soll, tut sein Übriges dazu. Wenn zu viel »action« in diese Zeit, so kurz vor dem Jahresende, hineingepackt wird, entzünden sich schnell Konflikte, weil sich alle gereizt und überlastet fühlen. Deshalb kann die bewusste Entscheidung, manches wegzulassen, hilfreich sein.

Die Anregungen und Impulse in unserem Buch wollen Sie einladen, sich bewusst Zeit für Rituale zu nehmen, die Ihnen wichtig sind, die Ihnen persönlich und der ganzen Familie guttun. Doch auch hier kann weniger mehr sein.

Man kann Besinnlichkeit und gemeinsame Rituale für die ganze Familie nicht anordnen. Manches ergibt sich, wenn man beim Essen oder nach dem Essen zusammensitzt. Entscheiden wir uns für das eine oder andere, in bestimmtes Gestaltungselement, so können wir es auch richtig genießen. Und: Kreativität und Besinnlichkeit schließen sich nicht aus, im Gegenteil. Auch das Binden eines Adventskranzes oder das Basteln eines Weihnachtsgeschenks kann eine kreative und besinnliche Tätigkeit sein. Wir möchten Sie einladen, liebevolle kleine Pakete mit Geschenken der Freude und Gemeinschaft, mit guten Wünschen und Grüßen zu packen.

Bräuche und Rituale in der *Adventszeit*

Der Adventskranz

Wenn der Adventskranz endlich auf dem Tisch steht, dann weiß jedes Kind: Jetzt ist es nicht mehr weit bis Weihnachten. Obwohl der Adventskranz ein junger Brauch ist – er entstand um das Jahr 1840 –, gehört er heute fast selbstverständlich zum Advent dazu.

Ursprünglich war der Adventskranz ein großer Holzreifen, später mit Zweigen geschmückt, mit einer Kerze für jeden Tag im Advent. Der evangelische Erzieher *Johann Hinrich Wichern*, Begründer der »Inneren Mission« der evangelischen Kirche in Deutschland, wollte mit diesem Kranz den sozial vernachlässigten Kindern des »Rauhen Hauses« in Hamburg die Wartezeit bis Weihnachten verkürzen. Bei der täglichen Adventsandacht wurde immer eine Kerze mehr angezündet als Symbol des Lichtes, das in der Finsternis leuchtet. Daraus entwickelte sich dann unser heutiger Adventskranz mit den vier Kerzen für die vier Adventssonntage.

Einen grünen Kranz können wir in der Familie aus Tannenzweigen selber binden und mit vier Kerzen schmücken. Wer möchte, verziert ihn noch mit Bändern, Tannenzapfen Äpfeln o.Ä. Wir können auch in der Gärtnerei oder auf einem Adventsbasar einen Kranz besorgen.

Der Adventskranz spricht für sich: Er ist grün, rund, ohne Anfang und Ende, Zeichen des Lebens, Zeichen der Hoffnung. Ein besonderer Augenblick: wenn am ersten Adventssonntag die erste Kerze entzündet wird und an jedem Sonntag eine weitere.

Das Licht der Kerzen deutet auf Jesus hin. Er ist das Licht der Welt. Er kommt in das Dunkel und macht die Finsternis hell.

Vielleicht fühlen wir uns vom Adventskranz mit dem wachsenden Licht persönlich eingeladen zum Innehalten: Nimm dir ein paar Minuten Zeit, sorge für Ruhe, versuch einfach mal abzuschalten! Mach das Radio, den Fernseher oder Computer aus! Leg Zeitung, Buch oder Arbeit weg! Werde still und entzünde die Kerzen am Adventskranz!

Um mich herum ist es ganz still geworden.
Aber die Stimmen in mir sind noch ganz laut:
Dies und das müsste ich noch tun,
schnell erledigen.
Wenn ich in das leise flackernde Licht
der Adventskerzen schaue, spüre ich:
Guter Gott, du schenkst mir Ruhe,
Zeit zum Innehalten.

Ritual zum Entzünden des Adventskranzes

- Wir versammeln uns um den Adventskranz und schalten das elektrische Licht ab.
- Wir nehmen die Dunkelheit wahr und werden still.
- Wir entzünden die Kerze bzw. die Kerzen mit dem Spruch:

    Wir zünden die Kerzen an,
    dass ein jeder spüren kann:
    Fürchte dich nicht!
    Gott kommt, unser Licht.

- Kleine Kinder mögen es, wenn wir uns die Hände reichen und unsere Gemeinschaft im Kreis, in der Familie spüren.
- Wir singen ein Adventslied, z.B. »Wir sagen euch an den lieben Advent« (Gotteslob 115/Evangelisches Gesangbuch 17) oder »So wie einer Kerze heller Schein«.

So wie einer Kerze heller Schein

© Kathi-Stimmer-Salzeder, D-84544 Aschau a. Inn

1. So wie einer Kerze heller Schein strahlt in unsre Nacht Dein neues Sein.

KV: Du bist bei uns wie ein Licht, das die Angst uns nimmt und den Weg bestimmt. Du bist bei uns und wir sehn nun die Welt in Deinem Licht.

2. Aus der Nacht der Hoffnungslosigkeit
   hat Dein Kommen, Herr, uns neu befreit.

3. Wie der Kerze heller, warmer Glanz,
   so erfüllst Du unser Leben ganz.

→ CD 20

Wenn wir mit der Familie am Adventskranz zusammensitzen, gemeinsam singen oder eine Geschichte erzählen, ist dies ein schöner Brauch, bei dem auch Freunde oder Nachbarskinder gern mitmachen.

Im Kreis der Familie lässt sich dies auch mit der Tagesrückschau am Abend verbinden.

Guter Gott
jede Woche zünden wir eine Kerze mehr an.
Das Licht leuchtet immer heller
und Weihnachten rückt immer näher.
Jetzt am Abend denken wir zurück an die Ereignisse
des Tages, was wir alles gemacht,
wen wir heute alles getroffen haben.
Wir danken dir für den Tag und für dein Licht.
Hilf uns, anderen Menschen ein Licht zu schenken,
denen es nicht so gut geht. Amen.

Die Adventswurzel

In manchen Kirchen findet man statt des Adventskranzes eine Adventswurzel. Es ist eine Baumwurzel, auf der vier Kerzen wie beim Adventskranz angebracht sind. Dieses fast vergessene Symbol erinnert an eine bekannte Aussage, die wir im Advent in den Gottesdiensten hören: »Aus der Wurzel Jesse wächst ein Reis hervor, ein junger Trieb« (Jes 11,1). Mit diesen Worten kündigt der Prophet Jesaja einen neuen König, einen Retter für Israel an. Die Christen haben diese Worte schon bald auf Jesus hin gedeutet. Es will uns sagen: Gott schenkt Leben, wo scheinbar keine Hoffnung mehr besteht.

Auch zu Hause können wir eine solche Adventswurzel gestalten. Wir gehen im Wald auf die Suche nach einer losen Baumwurzel. Zu Hause befestigen wir vier Kerzen darauf und verzieren unsere Wurzel evtl. noch mit einem Band.

**Mit einem Ritual am ersten Advent
stimmen wir uns auf den Advent ein:**

- Wir betrachten die Adventswurzel:
Was könnte die Wurzel von sich selbst erzählen und uns fragen? (Antworten der Kinder abwarten.) – »Aus dem Wald habt ihr mich mitgebracht. Ich sehe ganz dürr aus. Wisst ihr eigentlich, was in mir steckt?«
- Wir hören aus der Bibel: »*Aus der Wurzel Jesse wächst ein Reis hervor, ein junger Trieb*« (Jes 11,1). Im bekannten Weihnachtslied singen wir: »*Es ist ein Ros entsprungen aus einer Wurzel zart*« (Gotteslob 132/Evangelisches Gesangbuch 30). Gott hat uns Jesus geschickt. Er hat den Menschen immer wieder gesagt: Auf Gott könnt ihr euch verlassen. Er gibt uns immer Hoffnung. Die Adventswurzel will uns einladen, daran zu glauben.
- Zum Abschluss hören oder singen wir das Lied »Aus der Wurzel« (siehe S. 88).

Wenn wir uns jede Woche einmal um die Adventswurzel versammeln, können wir dem nachspüren, wo etwas Neues gewachsen ist. Was war in dieser Woche ein ganz besonderes Erlebnis für uns (Plätzchen backen, Probe für die Kinderchristmette, Winterspaziergang ...)?

Der Adventskalender

Wie oft muss ich noch schlafen, bis das Christkind endlich kommt? Diese Frage ist alt, und deshalb war es schon früher in vielen Familien ein guter Brauch, den »langen Weg« bis Weihnachten für Kinder in 24 Etappen bis Heiligabend zu versinnbildlichen, zum Beispiel mit einer Kerze, die man Stück für Stück abbrennen ließ, einer Himmelsleiter oder Kreidestrichen an der Zimmertür.

Eine kleine Geschenkidee

In eine Wurzel stecken wir mithilfe eines mit Moos umwickelten nassen Steckschwammes eine Rose (evtl. auch eine dünne Kerze dazu). Diese Adventswurzel können wir verschenken.

Aus der Wurzel

© Kathi-Stimmer-Salzeder, D-84544 Aschau a. Inn

1. Aus der Wur - zel wächst ein Zweig, blüht in kal - ter Dun - kel - heit, blüht dem Glau - ben, blüht dem Licht, weckt uns neu - e Zu - ver - sicht in die Un - rast, in die Not, in die Här - te, in den Tod. Aus der Wur - zel wächst ein Zweig, blüht in kal - ter Dun - kel - heit, blüht in kal - ter Dun - kel - heit.

2. Aus der Wurzel wächst ein Reis, kommt zum Leben klein und leis,
wächst und wird zum starken Baum, baut der Liebe einen Raum.
Für die Wärme, die da teilt, für die Güte, die da heilt.
Aus der Wurzel wächst ein Reis, kommt zum Leben klein und leis,
kommt zum Leben klein und leis.

→ CD 19

3. Aus der Wurzel wächst ein Glanz, gibt sich selber, gibt sich ganz,
wird zur Antwort dem, der fragt, wird zur Brücke dem, der wagt.
Wie ein Leuchten in der Nacht, Herz und Hände aufgemacht.
Aus der Wurzel wächst ein Glanz, gibt sich selber, gibt sich ganz,
gibt sich selber, gibt sich ganz.

Eine kreative Mutter malte auf eine große Pappe 24 Felder auf und steckte jeweils eine Süßigkeit darauf fest. So konnte ihr Sohn jeden Tag ein wenig naschen und die Tage bis Weihnachten zählen. Dieser Brauch gefiel dem Jungen, der *Gerhard Lang* hieß, so gut, dass er später nach seiner Lehrzeit als Buchhändler in seiner lithografischen Firma in München um das Jahr 1900 wunderschöne, liebevoll gestaltete Adventskalender drucken ließ, später sogar richtige Türchenkalender. Auch heute sind die Türchenkalender sicherlich noch am ursprünglichsten: Tag für Tag darf das Kind ein Türchen öffnen als Zeichen dafür, dass wir unsere Türen öffnen und uns auf Weihnachten vorbereiten.

Das Sweatshirt im Adventskalender

Lars ist völlig aufgelöst, als er mittags von der Schule nach Hause kommt. Es ist der Tag nach dem ersten Advent.

»Mama, weißt du, was der Jens am ersten Advent in seinem Adventskalender gehabt hat?

Du glaubst es nicht: ein Sweatshirt!«

Gut, denke ich mir, manche Leute gestalten die Adventskalender etwas üppiger. Als ich gerade zu einer Erklärung ansetzen will, unterbricht mich Lars. »Mama! Ein Geschenk bekommt man doch an Weihnachten – oder? Wissen die denn nicht, was Advent bedeutet?«

Claudia Pfrang/Marita Raude-Gockel

Adventskalender einmal anders

Hier noch etwas andere Adventskalenderideen, die sicher allen Freude machen.

Sternenhimmel: Mit den Kindern schneiden wir aus Tonpapier, Transparent- oder Goldpapier Sterne aus und sammeln sie in einem Körbchen. Jeder darf morgens einen Stern herausnehmen und – evtl. mit einem guten Wunsch oder Spruch beschriftet – ans Fenster heften oder über dem Jahreszeitentisch aufhängen, sodass bis Weihnachten ein ganzer Sternenhimmel entsteht.

Sternschnuppen: Wenn eine Sternschnuppe vom Himmel fällt, darf man sich was wünschen. Jedes Familienmitglied bekommt Sternschnuppen von den anderen Familienmitgliedern geschenkt (Papa verteilt die gelben, Martina die weißen Sternschnuppen etc.). Nun darf man auf diese Sternschnuppen Wünsche schreiben, die man gern vom anderen erfüllt bekommen möchte, die aber nichts kosten dürfen, z.B.: Ich wünsche mir heute Abend eine heiße Schokolade ans Bett (gelbe Sternschnuppe, also von Papa).

Adventspäckchen für die ganze Familie: Wir besorgen uns 24 kleine Säckchen oder Papiertütchen, die wir mit den Kindern bemalen, bekleben etc. Diese werden nun mit Kleinigkeiten gefüllt, vor allem aber mit Gutscheinen, mit denen wir uns gegenseitig eine Freude machen: Essensgutscheine für die Kinder zum Einlösen, Vorleseabend, Spielenachmittag, Einladung zu einer Nachtwanderung, Bastelanleitung für einen Stern aus Transparentpapier … Auch die Kinder können für die Eltern einige Päckchen füllen. An einer Leine hängen wir die verschnürten Päckchen oder Tütchen mit einer Wäscheklammer auf.

Sinnvolle Adventskalender

- Einen Adventsbegleiter zur bewussten Gestaltung der Adventszeit in der Familie mit Impulsen, Gebeten und Anregungen für jeden Tag gibt die Kath. Landvolkbewegung Bayerns heraus: KLB, Kriemhildenstr. 14, 80639 München, Tel.: 089/179989-02, Fax: -04; www.klb-bayern.de
- Das Bonifatiuswerk der deutschen Katholiken bietet jedes Jahr einen Adventskalender mit Türchen zum Basteln und Gestalten an. Er ist gleichzeitig Teil einer Bausteinaktion der Diaspora-Kinderhilfe: Bonifatiuswerk der deutschen Katholiken, Diaspora-Kinderhilfe, Postfach 1169, 330998 Paderborn; Bestellung unter Tel.: 05251/2996-54, Fax: -83; www.bonifatiuswerk.de
- Für Familien mit Kindern von 5 bis 12 Jahren bietet der Kalender »Wir sagen euch an: Advent« vom Seelsorgeamt des Bistums Essen für jeden Tag ein neues Blatt mit Geschichten, Liedern, Gebeten und zündenden Ideen zum Spielen und Basteln. Zu beziehen ist er beim Deutschen Katecheten-Verein, Preysingstr. 97, 81667 München, Tel.: 089/48092-1245, Fax: -1237; www.katecheten-verein.de

Der Adventsweg:
Wir machen uns auf den Weg zur Krippe

Beginnend mit dem ersten Dezember können wir gemeinsam die Weihnachtsgeschichte mit Krippenfiguren lebendig werden lassen: Den Kindern macht es viel Freude, im Advent Schritt für Schritt die Krippenlandschaft mit den Schafen, Hirten, Josef und Maria und dem Esel als Weg nach Betlehem aufzubauen, bis an Weihnachten das Jesuskind geboren wird.

Die erste Krippe überhaupt war eine ganz und gar lebendige mit echten Tieren und Menschen, natürlich auch mit Vater, Mutter, Kind. Franz von Assisi ließ zu Weihnachten 1223 im Wald von Greccio eine mit Heu gefüllte Futterkrippe aufstellen mit Ochs und Esel und den anderen Darstellern. Schon bald entwickelte sich daraus ein lebendiger Volksbrauch mit Krippenspielen, fantasievollen Krippendarstellungen und schließlich eine hohe Krippenkunst.

Vorbereitung

- Wir benötigen Tannenzapfen, Moos, Steine, Rinde, Wurzeln, kleine Äste, alles Dinge, die die Kinder übers Jahr oder in den Wochen vor dem ersten Advent in Feld und Wald gesammelt haben.

- Aus einer kleinen Holzkiste können wir selbst einen Krippenstall bauen.
- Wir können vorhandene Krippenfiguren nehmen. Figuren können auch aus Knete oder selbsttrocknendem Ton geformt oder aus fester Pappe (zum Aufstellen) ausgeschnitten und mit Wolle, Stoff- und Lederresten verziert werden.
- Wir legen ein dunkles Tuch (braun, grün oder blau) auf den Jahreszeitentisch oder auf den Boden, je nachdem, wo der Adventsweg entstehen soll. Bei der Platzsuche ist zu bedenken, ob der Christbaum später neben Krippe bzw. Adventsweg stehen soll.
- Wer möchte, kann außerdem nach einem Platz an der Wand oder Zimmerdecke schauen, um Tag für Tag einen Stern am Faden über der Krippenlandschaft zu befestigen. Oder wir können auch Sterne mit Windowcolor-Farbe gestalten und jeden Tag einen Stern ans Fenster kleben.

Adventsweg-Ritual

Nun stellen wir vier Adventskerzen auf das dunkle Tuch, für jeden Adventssonntag ein Licht, oder 24 Teelichter, die den Weg nach Betlehem darstellen. So können wir den Adventsweg wie einen Adventskalender gestalten und Tag für Tag ein Licht mehr entzünden. Man kann den Weg auch mit kleinen Kieselsteinen einfassen oder mit Sand sichtbar machen.

Unser Adventsweg wächst nun langsam von Tag zu Tag. Wir nehmen uns jeden Tag ein paar Minuten Zeit, um die Lichter auf dem Adventsweg zu entzünden, gemeinsam zu erzählen, zu singen und zu beten. Schritt für Schritt machen wir uns mit den Krippenfiguren auf den Weg zur Krippe. Mit den folgenden Anregungen bzw. 24 Schritten sollen besonders die Kinder angesprochen werden, auch selber am Adventsweg zu bauen und eigene Ideen einzubringen. Die Gestaltung dieses Adventswegs lässt sich Tag für Tag in ein festes Ritual einbetten.

> **Unser Adventsweg-Ritual**
>
> - Wir entzünden die Lichter auf unserem Weg und betrachten den Weg nach Betlehem.
> - Wir singen ein adventliches Lied.
> - Wir bauen an unserem Adventsweg (konkrete Vorschläge s. u.).
> - Wir können dieses Ritual mit einem Gebet beschließen:
>   *Guter Gott, es gibt viele Wege zu dir.*
>   *Auf unserem Adventsweg begegnen wir vielen Menschen. Wir betrachten Tiere und Pflanzen, Dinge aus der Natur. Sie alle haben für uns eine Botschaft: Sie erzählen von dir, von deiner Liebe zu uns Menschen und allen Geschöpfen. Immer wieder begegnest du uns auf unseren Wegen, auch in anderen Menschen. Amen.*
> - Zum Abschluss eignet sich gut das Lied: »Unter einem guten Stern« (siehe S. 94).

Die 24 Stationen

1. Dezember: Ein Esel wird auf den Weg gestellt. Esel gelten zwar manchmal als störrische Tiere, sind aber sehr genügsam und klug. Sie sind die ältesten Haustiere im Alten Orient. Der Packesel ist sehr belastbar und kann viel aushalten, war in Friedenszeiten aber auch das Reittier der Könige. Bei der Herbergssuche oder auf der Flucht nach Ägypten werden Maria und Josef oft mit einem Esel dargestellt.

Anregung zum Spielen: Gib dem Esel doch einen Namen: Wie könnte er heißen? Vielleicht Benjamin oder Bileam, so wie der Prophet im Alten Testament, der auch eine sehr kluge, sprechende Eselin besitzt. Mit dem Esel kannst du nun die Gegend und den Weg nach Betlehem erkunden.

2. Dezember: Heute steht eine Hirtenfigur auf dem Weg. Hirten leben tagein, tagaus bei ihren Schafen. Sie tun harte, schwere Arbeit, doch die Menschen schauen auf sie herab. Sie leben am Rande der Gesellschaft.

Unter einem guten Stern

© Kathi Stimmer-Salzeder, D-84544 Aschau a. Inn

→ CD 21

2. Unter einem guten Stern gehn und loben wir den Herrn,
der selbst arm wird und gering, um uns nah zu kommen.

3. Unter einem guten Stern gehn und danken wir dem Herrn,
dass er uns die Liebe bringt, die uns wärmt zum Leben.

4. Unter einem guten Stern gehn und bitten wir den Herrn
um den Glauben, der uns trägt, über alle Zeiten.

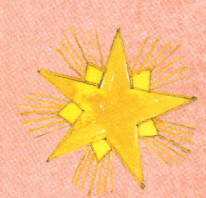

3. Dezember: Nach und nach stellen wir verschiedene Hirtenfiguren auf die Weiden: den alten Hirten, der seit Jahrzehnten auf den Retter wartet, eine Hirtenfrau, den kleinen Hirtenjungen, der auf sein Lamm aufpassen muss. Hirten kennen sich in der Natur gut aus. Sie können an den Gräsern und Pflanzen auf der Weide erkennen, ob sie gut oder schlecht ist.

Anregung zum Spielen: Spielt, wie die Hirten sich umschauen, um einen guten Weideplatz zu finden. Überlegt, wonach sie sich sehnen und was sie sich wünschen.

4. Dezember: Am 4. Dezember, dem Barbaratag, stellen wir ein Gefäß mit Kirsch-, Apfel- oder Pflaumenzweigen zur Krippe.

5. Dezember: Kiefernzapfen und kleine Ästchen, in eine Knetkugel gesteckt, stellen Bäume dar. Wir gestalten die Landschaft mit Moos oder grünen Tüchern.

6. Dezember: Am 6. Dezember, dem Nikolaustag, legen wir drei runde glitzernde Steine oder drei kleine Säckchen auf den Weg. Diese erinnern uns, dass der hl. Nikolaus vielen Menschen geholfen hat: So warf er den Töchtern eines verarmten Nachbarn drei Goldklumpen durch das Fenster, damit sie eine Aussteuer bekamen für ihre Hochzeit. Einer armen Familie schenkte er heimlich und in Säcke verpackt Schuhe und Kleider, Brot und Spielsachen für die Kinder.

7. Dezember: Ein Engel wird in die Krippenlandschaft gestellt. *Angelos* ist das griechische Wort für Engel und heißt übersetzt Bote. Wir bezeichnen jemanden, der uns etwas Gutes tut, eine gute Nachricht bringt, als Engel. So ist es auch mit den Engeln, den Boten Gottes: Sie bringen den Menschen gute Nachrichten von Gott. In der Weihnachtsgeschichte sind sie ganz wichtig: Es ist der Engel Gabriel, der Maria verkündete, dass sie Jesus bekommen wird (Lk 1,26–38), und die Engel berichten den Hirten von der Geburt des Messias.

8. Dezember: Am 8. Dezember stellen wir die Figur der Maria auf den Weg. Der Name Maria (Mirjam) bedeutet »ich bin von Gott geliebt«. Maria wurde von Gott auserwählt, die Mutter von Jesus zu werden. Sie ist zunächst erschrocken, als der Engel Gabriel ihr die wunderbare Botschaft von ihrer Schwangerschaft überbringt. Doch sie ist offen, überhört Gottes Ruf nicht und sagt Ja. Der heutige Tag heißt in der katholischen Kirche »Hochfest der ohne Erbsünde empfangenen Jungfrau Maria«. Der Name mag für uns heute etwas seltsam klingen. Aber das Fest soll ausdrücken: Vom ersten Moment ihres Lebens an, schon seit der Empfängnis im Mutterschoß, hat Gott sie vor der Macht des Bösen beschützt – weil er etwas ganz Besonderes mit ihr vorhatte.

9. Dezember: Wir begegnen Josef. Josef ist der Verlobte Marias, ein Zimmermann aus Nazaret. Er stammt aus dem Geschlecht Davids, aus königlichem Haus und muss wegen der Volkszählung nach Betlehem ziehen. Auch Josef erfährt von einem Engel im Traum, dass Maria Jesus erwartet, ein ganz besonderes Kind, den Erlöser (Matthäus 1,20–24). Josef nimmt diese Botschaft an, denn er liebt Maria und das Kind.

Anregung zum Spielen: Heute und an den folgenden Tagen stellen wir Maria und Josef jeden Tag ein Stückchen weiter auf dem Weg nach Betlehem.

10. Dezember: Schafe sind genügsame und gutmütige Tiere. Geduldig lassen sie sich vom Hirten leiten. Beim Propheten Jesaja wird der Erlöser mit einem Lamm verglichen, das zur Schlachtbank geführt wird (vgl. Jesaja 53,7). Johannes der Täufer spricht von Jesus als dem »Lamm Gottes«, »das die Sünde der Welt hinwegnimmt« (Johannes 1,29).

11. Dezember: Jeden Tag können wir nun ein Schäfchen mehr auf die Weide stellen, bis vielleicht sogar eine ganze Schafherde entstanden ist.

12. Dezember: Einen großen Stein stellen wir als Felsen oder Berg in die Landschaft. Es kostet viel Kraft, auf einen Berg zu steigen. Aber von oben hat man eine gute Aussicht und Überblick. In der Bibel sind Berge oft Orte der Begegnung mit Gott.

13. Dezember: Hagebuttenzweige und kleine, immergrüne Thujazweige stecken wir in eine Knetwachskugel und stellen sie in die Landschaft. Immergrüne Zweige sind Zeichen der Hoffnung und des Lebens.

14. Dezember: Vielleicht hast du in deinen Spielsachen einen kleinen Hund, vielleicht einen Schäferhund? Er hilft den Hirten dabei, die Schafherden zusammenzuhalten und zu führen.

Anregung zum Spielen: Heute geht es auf eine andere Weide. Magst du den Weideumtrieb spielen?

15. Dezember: Wir stellen eine kleine Schale mit Wasser auf oder bauen mit kleinen Steinen einen Brunnen, der innen mit Alufolie ausgelegt ist. Ohne Wasser können Menschen und Tiere nicht leben. Es ist lebensnotwendig. Jesus hat einmal gesagt: »Ich bin lebendiges Wasser für euch.« Wir überlegen: Was ist für uns lebensnotwendig?

Anregung zum Spielen: Wir lassen nun die Schafe mit den Hirten zur Wasserstelle bzw. zum Brunnen kommen.

16. Dezember: Bestimmt haben die Sterndeuter sich schon auf den Weg nach Betlehem gemacht, weil sie den Stern am Himmel entdeckt haben, der die Geburt eines neuen Königs ankündigt.

Anregung zum Spielen: Vielleicht findest du für die Hl. Drei Könige einen Platz in deinem Zimmer, z.B. auf deiner Fensterbank, von wo sie immer näher zum Stall nach Betlehem kommen (erst am 6. Januar, dem Fest der Hl. Drei Könige, sollen sie ankommen).

17. Dezember: Weißt du, mit welchen Tieren die Sterndeuter nach Israel gekommen sind? Es sind Kamele, die auch gern als »Wüstenschiffe« bezeichnet werden, weil sie das wichtigste »Verkehrsmittel« in der Wüste sind, denn sie sind so gut an das Klima der Wüste angepasst, dass sie sehr lange Strecken laufen können, ohne Wasser zu trinken und ohne zu straucheln. Typisch für sie ist dabei der schaukelnde Gang, sodass einem beim Reiten leicht ein wenig mulmig werden kann, wenn man es nicht gewöhnt ist – so ähnlich, wie wenn man seekrank ist. Vielleicht hast du eine Kamelfigur in deinen Spielsachen? Stell sie zu den Hl. Drei Königen dazu.

18. Dezember: Mit kleinen Stöcken und Stoff- oder Lederresten bauen wir kleine Zelte. Die Stöckchen können wir in eine Knetwachskugel stecken und das Zelt damit befestigen. Zelte dienten den Hirten als Unterschlupf und Schlafplatz. Da sie umhergezogen sind, mussten sie die Zelte immer wieder auf- und abbauen. Sie hatten kein festes Zuhause wie wir. Wann haben wir schon einmal so etwas erlebt, z.B. im Urlaub?

19. Dezember: Mit blühenden Pflänzchen in Töpfen können wir die Landschaft kurz vor Weihnachten noch verschönern.

20. Dezember: Am Ende des Weges bauen wir den Stall.

Anregung zum Spielen: Josef und Maria kommen nach Betlehem. Sie gehen von Tür zu Tür, sie suchen nach der langen Reise eine Unterkunft. Magst du die Herbergssuche spielen?

21. Dezember: Heute stellen wir die leere Krippe in den Stall.

22. Dezember: In der Weihnachtsgeschichte in der Bibel kommen Ochse und Esel gar nicht vor, nur die Krippe. Dass der Ochse neben dem Esel an der Krippe aber nicht fehlen darf, geht eigentlich auf den Propheten Jesaja zurück, der schreibt: »Der Ochse kennt seinen Besitzer und der Esel die Krippe seines Herrn; Israel aber hat keine Erkenntnis, mein Volk hat keine Einsicht« (Jes 1,3). Der Prophet möchte uns Menschen Ochs und Esel zum Vorbild geben. Sie wissen, wo sie hingehören – und wir Menschen?

Noch heute wird der Ochse in vielen Gegenden der Welt als Arbeitstier eingesetzt.

23. Dezember: Hast du noch mehr Engelfiguren? Dann stell sie mit dem Verkündigungsengel vom 7. Dezember auf die Weiden oder etwas erhöht auf einen großen Stein in die Nähe der Hirten. Du kannst dir auch sehr leicht eine Engelfigur basteln (Bastelanleitung für Engel siehe S. 265).

24. Dezember: Die Krippe wird mit Heu und Stroh ausgelegt. Wir machen uns bewusst, Gott kommt als armes Kind zur Welt.

Der Adventsweg lädt die Kinder auch tagsüber immer wieder zum Spielen ein. Am Heiligabend können wir unseren Adventsweg vor der Bescherung vollenden.

Der unheimlich breite Weihnachtsochse

Die Krippe war alt, wertvoll, ein Erbstück. Und deshalb verstand es sich von selbst, dass nichts daran geändert werden durfte, nein, keinesfalls. Eine solche Krippe ist etwas Schönes, etwas Wunderbares, und sie erfreute uns an Weihnachten oft mehr als der Christbaum. Wenn am Heiligen Abend das Glockenzeichen erklang und die Kinder zur Bescherung ins Wohnzimmer drängten, knieten sie zuerst vor der beleuchteten Krippe nieder und beteten, und die Eltern hatten dafür gesorgt, dass kein neugieriger Blick auf die Geschenke fiel, die waren in der anderen Ecke aufgestapelt. Und wenn die Weihnachtslieder gesungen waren, dann erst durfte an das Auspacken der Geschenke gedacht werden.

Harmonie war im festlich beleuchteten Zimmer, vollkommene Harmonie, das soll ja auch so sein, an Weihnachten ist man milde gestimmt, da werden Freude und Liebe großgeschrieben, und Kummer und Ärger und Streit haben da keinen Platz.

Auch der Streit wegen der Krippe. Ich sagte ja schon, es war eine wunderbare Krippe, kunstvolle Figuren, Maria und Josef und dann die Hirten, der eine hatte ein Lämmlein auf dem Arm, ein anderer blies auf der Flöte, und ein Alter hatte seinen breiten Hut gezogen und kniete vor der Heiligen Familie. Ja, drei Hirten waren es, mehr nicht, denn der Platz war beschränkt, zur Krippe gehörte ein Stall, auch der war wertvoll und durfte nicht verändert werden.

Und dieser Stall war auch das Problem, das Ärgernis, der Streitgrund. Pünktlich zur Vorweihnachtszeit schlich sich der Ärger in die Stube und hockte sich vor die Krippe, und schuld daran war der Stall. Und warum gerade der Stall? Weil dort Ochs und Esel ihren Platz finden mussten, wohin sollte man sie denn sonst platzieren? Nun gut, das wäre alles einfach gewesen, wenn nicht der Ochse so unheimlich breit gewesen wäre. Ein Prachtexemplar von einem Ochsen, könnte man sagen, aber –. Stellte man ihn längs, hatte das Esel ein kaum mehr Platz, wurde geradezu erdrückt von der Macht des Ochsen.

Wenn man wollte, könnte man darüber meditieren, beispielsweise über das Verhältnis von Kraft und Einfalt. Stellte man ihn dagegen quer, musste der Esel seinen Platz zu dicht an der Krippe finden. Andere Stellungen waren ausprobiert worden, aber sie befriedigten niemanden. Angemessen wäre es gewesen, Ochs und Esel blieben im Hintergrund, aber das ging eben nicht; mit dem Grautier hatten wir keine Scheren, das hätte sich überall eingefügt, allein der Ochse war es, der sich ins Blickfeld drängte, einfach zu viel Raum in Anspruch nahm und für Ärger sorgte.

Einmal hatte Ursula ihn ganz herausgenommen, weil sie seine Aufdringlichkeit satt hatte, stellte ihn einfach hinter den Stall und holte ein paar Hühner aus ihrem Bauernhof und gruppierte sie um den Esel. Aber da gab es erst recht Streit, denn das passte ja nun wirklich nicht, eine Schnapsidee von Ursula, die daraufhin beleidigt war.

Paul, der Bastler, schlug sogar vor, in den Stall noch ein Stockwerk einzuziehen und die beiden Tiere gleichsam auf zwei Ebenen unterzubringen. Aber wen hätte man da in den ersten Stock gestellt, den Ochsen etwa? Dann wäre ja das eingetreten, was man vermeiden wollte: Der Ochse wäre zur beherrschenden Figur der ganzen Krippe avanciert. Und auch die umgekehrte Anordnung mit dem Esel oben hätte keinesfalls die rechte Lösung erbracht, wir fanden überhaupt keine, und die »Ochsenfrage« und damit auch der »Ochsenärger« blieben das Interieur unserer Krippe, die Beigabe zu unserer Weihnachtsfreude; eigentlich sollte bei jedem Glück eine herbe Prise dabei sein, das bringt die Freude in die rechte Relation. Bei uns war das, ist das der unheimlich breite Weihnachtsochse. Er erinnert uns daran, dass nichts vollkommen ist in dieser Welt. Mag er sich noch so wichtig nehmen, er ist und bleibt ein Ochse, und dass er überhaupt dabei sein darf, ich meine, bei all denen, die sich um die Heilige Familie postieren dürfen, das ist ohne Zweifel eine Vorzugsstellung, und die sollte man nicht so herausstreichen. Da wäre etwas gefragt, was heutzutage selten geworden ist, Demut zum Beispiel. Aber dies von einem Ochsen zu verlangen …

Karl Hochmuth

Die Adventssonntage

»Woher kommen eigentlich die Sterne am Himmel?«, fragte der kleine Junge den alten Mann. »Weißt du, Gott hat mit einer Nadel Löcher in das Himmelszelt gestoßen«, antwortete darauf der alte Indianer. »Warum hat er das denn wohl gemacht?«, wollte der Junge wissen. »Damit die Menschen etwas vom leuchtenden Glanz des Himmels sehen«, erwiderte der Alte. »Wie schade, dass Gott die Löcher nicht ein bisschen größer gemacht hat!«, sagte der Junge bedauernd.

Nach dieser Geschichte über den Ursprung der Sterne hat Gott mit den Sternen am Himmel Zeichen gesetzt, die seine Herrlichkeit durchscheinen lassen. Im Advent begegnen wir auch Menschen, die etwas von Gottes Herrlichkeit sichtbar machen, durchscheinen lassen.

Im Alten Testament sind es die Propheten, im Neuen Testament Maria, Josef und Johannes der Täufer, die uns begegnen und darauf hinweisen, dass der Retter und Messias, der Immanuel, bald kommt. Sie fordern uns auf, wachsam zu werden für uns selber und für andere. Die Bibeltexte der Adventssonntage helfen uns dabei, auf die wichtigen Dinge im Leben aufmerksam zu werden und Sternstunden nicht zu verpassen.

1. Adventssonntag:
Symbol Glocke

- Wir legen eine Glocke bereit.
- Wir versammeln uns um den Adventskranz und werden ruhig. Als Lied zum Beginn eignet sich »Wir sagen euch an den lieben Advent« (Gotteslob 115,1/Evangelisches Gesangbuch 17) oder der Adventsruf »Auf, werde hell« (siehe S. 104).
- Wir lesen die Geschichte »Dann gibt es eine Katastrophe« (siehe nebenstehende Seite).
- *Impuls:* Wir hören auf den Klang der Glocke. Woran erinnert uns ein Glockenschlag? – In der Schule beendet die Glocke die Stunde, endlich Pause! Die Kirchenglocke weckt mich am Morgen. Sie erinnert mich an den Gottesdienst. Ein kleines Glöckchen im Unterricht signalisiert uns: Seid leise! usw.
- Wir beenden unsere Ideen und Gedanken mit einem Glockenklang, um aufmerksam zu werden für den folgenden Bibeltext. Der Evangelist Markus ruft uns auf, den wichtigsten Moment, die Sternstunde sozusagen, nicht zu verpassen:

Seid also wachsam! Denn ihr wisst nicht, wann der Hausherr kommt, ob am Abend oder um Mitternacht, ob beim Hahnenschrei oder erst am Morgen. Er soll euch, wenn er plötzlich kommt, nicht schlafend antreffen. (Markus, 13,35 f.)

> **Wir basteln Glocken aus kleinen Tontöpfen**
>
> Dazu brauchen wir: kleine Tonblumentöpfe, eine Holzkugel oder eine Metallscheibe an einer Schnur festgebunden, einen kleinen Stab/ein Streichholz zum Hineinbinden der Kugel in den Tontopf. Die Tontöpfe bemalen wir mit Plakafarbe. Wir können sie außerdem mit Glitzerstreu oder mit Glitzersternen verzieren.

Dann gibt es eine Katastrophe

»Manuel, wovon träumst du denn schon wieder?« Mit ihrer deutlichen Stimme holte die Lehrerin Manuel aus seinen schönsten Träumen. Er befand sich gerade in einem spannenden Abenteuer im afrikanischen Urwald. Langsam hob er den Kopf und schaute auf Frau Lang, die vor ihm stand. »Am Ende der Stunde sprechen wir uns noch«, sagte sie und der Unterricht lief weiter. Eigentlich war Manuel zu müde, um mitzumachen, denn seine Lieblingssendung hatte gestern Nacht erst um viertel nach zehn angefangen.

»Mein kleiner Träumer«, so nannte seine Mutter ihn früher. Sein Vater schimpfte oft, wenn er so zerstreut und vergesslich war. Wenn er von der Schule heimkam, was hatte er dann groß zu erwarten? Immer dasselbe: Mittagessen, Süßigkeiten aus dem Geheimversteck, Hausaufgaben (auch total langweilig), spielen ... aber mit wem ... und wo ... und was überhaupt? Die Mutter sagte immer: »Du musst dir richtige Freunde suchen.« Wie soll er das machen? Der Vater meckerte wegen des Computerspielens mit ihm: »Mach was Vernünftiges!« Aber wie geht das?

Manchmal bekam Manuel es mit der Angst zu tun, so wie jetzt: Was wird Frau Lang wollen? Er hatte bestimmt nichts Gutes zu erwarten. Längst hatte es geklingelt und alle Mitschüler waren im Aufbruch. Frau Lang kam auf ihn zu.

»Wenn du nicht endlich aufwachst, Manuel, dann gibt es eine Katastrophe«, sagte sie. Frau Lang legte ihm freundlich die Hand auf die Schulter, sah ihm in die Augen und sagte: »Es ist Zeit, dass du endlich aufwachst, Manuel. Sonst bemerkst du nicht einmal, wenn jemand deinen Namen ruft.«

Nach Helmut Jaschke

Auf, werde hell

Nach Jesaja 60,1 / 35,1 und 4
© Kathi Stimmer-Salzeder, D-84544 Aschau a. Inn

KV 1: Auf, wer - de hell, dein Licht ist da,
KV 2: Hal - le - lu - ja, Hal - le - lu - ja,

freu dich, ja freu dich, denn Gott ist nah.

Instrument

1. Sag zu den Mut - lo - sen: Fürch - tet euch nicht!
2. Al - le die Finster - nis, die uns so quält,
3. Fest ist die Stra - ße, die er uns baut.

1. Gott selbst wird kom - men, als un - ser Licht!
2. er nimmt sie auf sich, er hat uns er - wählt.
3. Blühn soll die Wüs - te und Ju - bel wird laut.

104

Gebet
Guter Gott,
es gibt so vieles,
was auf uns einstürmt.
Manchmal ist es
gar nicht so einfach,
Wichtiges von Unwichtigem
zu unterscheiden.
Dann hilf du uns,
aufmerksam zu werden
für das,
was wirklich wichtig ist.

- Wir stellen die Glocke zu unserem Adventsweg oder auf den Jahreszeitentisch.

Wir backen »Berliner Brot«

Zutaten:
500 g Mehl
500 g Zucker
3 Eier
1 Päckchen Backpulver
3 Esslöffel dunklen Kakao
1 Teelöffel Zimt
1 Messerspitze gemahlene Nelken
1 kräftige Prise Salz
125 g Butter
250 g gehackte Mandeln
(Die angegebene Menge reicht für zwei Bleche.)

Die Zutaten vermengen, in einer großen Schüssel erst mit dem Knethaken, dann mit den Händen zu einem zähen Teig verarbeiten. Auf die vorbereiteten, mit Backpapier ausgelegten Bleche streichen. Bei 175 °C 25 Minuten lang auf der zweituntersten Schiene backen. Nach dem Backen noch heiß sofort in Streifen schneiden bzw. Stücke schneiden.

2. Adventssonntag:
Symbol Holz

- Ein Stück Holz wird bereitgelegt.
- Wir versammeln uns um den Adventskranz und werden ruhig. Als Lied zum Beginn singen wir die 1. und 2. Strophe von »Wir sagen euch an den lieben Advent« oder »Kündet allen in der Not« (Gotteslob 106/Evangelisches Gesangbuch 540).
- Wir lesen die folgende Wintergeschichte von Max Bolliger.

Eine Wintergeschichte

Es war einmal ein Mann. Er besaß ein Haus, einen Ochsen, eine Kuh, einen Esel und eine Schafherde.

Der Junge, der die Schafe hütete, besaß einen kleinen Hund, einen Rock aus Wolle, einen Hirtenstab und eine Hirtenlampe.

Auf der Erde lag Schnee. Es war kalt und der Junge fror. Auch der Rock aus Wolle schützte ihn nicht.

»Kann ich mich in deinem Haus wärmen?«, bat der Junge den Mann.

»Ich kann die Wärme nicht teilen. Das Holz ist teuer«, sagte der Mann und ließ den Jungen in der Kälte stehen.

Da sah der Junge einen großen Stern am Himmel.

»Was ist das für ein Stern?«, dachte er.

Er nahm seinen Hirtenstab, seine Hirtenlampe und machte sich auf den Weg.

»Ohne den Jungen bleibe ich nicht hier«, sagte der kleine Hund und folgte seinen Spuren.

»Ohne den Hund bleiben wir nicht hier«, sagten die Schafe und folgten seinen Spuren.

»Ohne die Schafe bleibe ich nicht hier«, sagte der Esel und folgte ihren Spuren.

»Ohne den Esel bleibe ich nicht hier«, sagte die Kuh und folgte seinen Spuren.

»Ohne die Kuh bleibe ich nicht hier«, sagte der Ochse und folgte ihren Spuren.

»Es ist auf einmal so still«, dachte der Mann, der hinter seinem Ofen saß. Er rief nach dem Jungen, aber er bekam keine Antwort.

Er ging in den Stall, aber der Stall war leer. Er schaute in den Hof hinaus, aber die Schafe waren nicht mehr da.

»Der Junge ist geflohen und hat alle meine Tiere gestohlen«, schrie der Mann, als er die vielen Spuren entdeckte.

Doch kaum hatte der Mann die Verfolgung aufgenommen, fing es an zu schneien. Es schneite dicke Flocken. Sie deckten die Spuren zu. Dann erhob sich ein Sturm, kroch dem Mann unter die Kleider und biss ihn in die Haut. Bald wusste er nicht mehr, wohin er sich wenden sollte.

Der Mann versank immer tiefer im Schnee. »Ich kann nicht mehr!«, stöhnte er und rief um Hilfe.

Da legte sich der Sturm. Es hörte auf zu schneien, und der Mann sah einen großen Stern am Himmel.

»Was ist das für ein Stern?«, dachte er.

Der Stern stand über einem Stall, mitten auf dem Feld. Durch ein kleines Fenster drang das Licht einer Hirtenlampe.

Der Mann ging darauf zu. Als er die Tür öffnete, fand er alle, die er gesucht hatte, die Schafe, den Esel, die Kuh, den Ochsen, den kleinen Hund und den Jungen.

Sie waren um eine Krippe versammelt. »Ich bin gerettet«, sagte der Mann und legte sich neben dem Jungen vor der Krippe nieder.

Am anderen Morgen kehrten der Mann, der Junge, die Schafe, der Esel, die Kuh, der Ochse und auch der kleine Hund wieder nach Hause zurück.

Auf der Erde lag Schnee. Es war kalt.

»Komm ins Haus«, sagte der Mann zu dem Jungen. »Ich habe Holz genug. Wir wollen die Wärme teilen.«

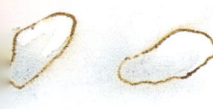

Max Bolliger

- *Impuls:* Wir legen das Stück Holz in die Mitte. Es erinnert uns an die Geschichte. (Antworten der Kinder abwarten.) Hätte der Mann das Holz teilen müssen? Was tut der Junge? Worauf vertraut er? Auch das Verhalten des Mannes ändert sich schlagartig!
- In einem Text aus dem Petrusbrief heißt es: *Dann erwarten wir einen neuen Himmel und eine neue Erde, in denen die Gerechtigkeit wohnt. Weil ihr das erwartet und darauf hofft, liebe Schwestern und Brüder, bemüht euch darum, von ihm ohne Fehler und in Frieden angetroffen zu werden. (2. Petrusbrief 3,13–14)*

Gebet Guter Gott,
wenn wir nicht mehr weiterwissen,
wenn wir mutlos und trostlos sind,
warten wir auf den Umschwung, auf Hilfe, auf Trost.
Manchmal kommt Hilfe von jemandem,
von dem wir es nicht erwarten.
Manchmal schenkt uns jemand ein gutes Wort,
mit dem wir nicht gerechnet haben.
Wir dürfen Vertrauen haben und ohne Angst
in die Zukunft schauen.
Dafür danken wir dir.
Und wir können selber offen werden
für die Nöte anderer Menschen.
Hilf du uns dabei.

> Ein Stück Holz ganz bewusst zur Gestaltung des Adventswegs oder des Krippenstalls verwenden. Wir können den Stall auch aus Holzstücken bauen.

3. Adventssonntag:
Symbol Stern

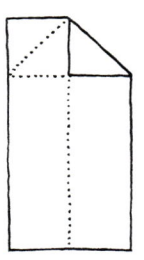

- Wir brauchen für jeden einen »Wegweiser«: Dazu wird ein rechteckiges Stück Transparentpapier (ca. 10 cm breit, 20 cm lang) auf einer schmalen Seite drei Mal zu einer Spitze gefaltet.
- Wir versammeln uns um den Adventskranz und werden ruhig. Als Lied zum Beginn eignet sich »Macht hoch die Tür« (Gotteslob 107/Evangelisches Gesangbuch 1) oder der Adventsruf »Auf, werde hell« (siehe S. 104).
- Wir lesen das Märchen vom Stern im Acker.

Das Märchen vom Stern im Acker

Es war einmal ein kleiner Stern. Eines Tages fiel er vom Himmel mitten auf einen Acker. Wie konnte er unentdeckt bleiben, da er doch so hell strahlte? Da kam ein Wolf herangeschlichen auf der Suche nach Beute. Er schlich sich heran und konnte den kleinen Stern einfach nicht fassen. Verärgert bedeckte er ihn mit Erde. Der Stern versuchte sich zu wehren und strahlte so hell, dass er den Wolf blendete. Da kam eine Frau des Weges. Sie war arm und sammelte gerade Holz, um ihr Haus zu wärmen. Der Wolf rannte davon und ließ den Stern zurück. Langsam kam die Frau näher. Sie erblickte das Strahlen und grub den Stern aus. Nun bekam der Stern wieder genug Luft und begann wunderschön gelb zu strahlen. »Oh«, rief die Frau, »den nehme ich mit nach Hause. Er wird meinem Mann den Weg nach Hause leuchten, wenn es dunkel ist.« Sie ließ alles Holz fallen, das sie gerade noch in Händen hielt, nahm den Stern und trug ihn nach Hause. Zu Hause angekommen, stellte sie den Stern auf der Gartenmauer ab.

»Was ist das denn für ein Ding?«, fragte der Mann abends seine Frau, als er müde von der Arbeit nach Hause kam.

Da erzählte sie ihm, wie sie den Stern gefunden habe und dass er ihnen doch nützlich sein könnte. »Ja, behalten wir diesen Stern für uns und stellen wir ihn ins Haus. Er wird uns leuchten und wärmen.« »Nein«, sagte die Frau, »wir stellen ihn nach draußen, damit er allen, die in unsere Nähe kommen, leuchtet.«

So redeten sie eine Weile hin und her. Und je mehr der Mann sagte: »Wir behalten den Stern für uns«, desto schwächer leuchtete er. Sobald aber die Frau sagte: »Wir stellen den Stern nach draußen für alle!«, begann er wieder zu strahlen.

Daraufhin baute der Mann einen Platz vor dem Fenster und stellte den Stern darauf. Seitdem ist der kleine Stern bei ihnen geblieben und er strahlte heller und heller.

Nach Regina Kraus

- *Impuls:* Auch Johannes der Täufer war für viele Menschen wie dieser Stern im Märchen. Er leuchtete allen, die selbst nach Licht im Leben suchten. Johannes der Täufer lebte vor 2000 Jahren in Palästina, in der Wüste am Jordan. Er hatte sich dorthin zurückgezogen, um ganz offen zu werden für Gottes Botschaft. Viele Menschen kamen zu ihm. Er war für sie wie ein Wegweiser, der ihrem Leben eine neue Richtung gab. Zum Zeichen ihrer Umkehr ließen sie sich von Johannes taufen. Wie ein Stern, der den Menschen den Weg weist, wirkte er, denn er wollte die Menschen auf ihre Sternstunde vorbereiten: auf die Ankunft des Retters.

Der Evangelist Johannes hat so über Johannes den Täufer geschrieben:
Es trat ein Mensch auf, der von Gott gesandt war ..., um Zeugnis abzulegen für das Licht. Er sagte: Mitten unter euch steht einer, den ihr nicht kennt und der nach mir kommt. Ich bin es nicht wert, ihm die Schuhe aufzuschnüren. (Johannes 1,6–7.26–27)

- Jeder bekommt einen »Wegweiser« (oder wir basteln sie gemeinsam). Die Wegweiser legen wir zu einem Stern, kleben ihn zusammen und heften ihn an ein Fenster. Er erinnert uns an den Wegweiser Johannes.

Gebet

Guter Gott,
es gibt Menschen, die lassen dein Licht
in ihrem Leben durchscheinen,
denn sie sind freundlich und liebevoll.
Sie können Angst und Dunkelheit vertreiben.
Sie sind wie ein Stern, der anderen den Weg weist.
Hilf uns, dein Licht und deine Liebe
in unserem Leben durchscheinen zu lassen.

- Zum Abschluss passt gut das Lied: »Unter einem guten Stern« (siehe S. 94).

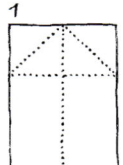 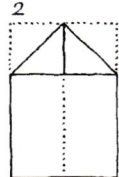 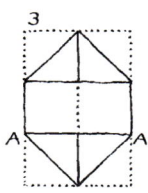 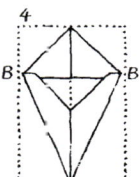 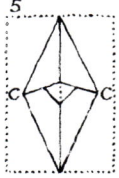 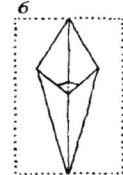 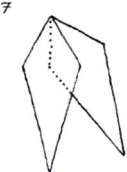

Faltsterne aus Transparentpapier:

Aus dem Transparentpapier werden 16 gleich große Rechtecke geschnitten (Länge zu Breite etwa im Verhältnis 3 : 2). Der Stern bekommt einen Durchmesser, der doppelt so groß ist wie die Längsseite des verwendeten Papiers.

Zuerst falten wir das Papier in der Mitte in Längsrichtung, klappen das Papier wieder auf und haben eine Mittellinie (1). Jetzt schlagen wir an einer Schmalseite die beiden Ecken nach innen (2), machen es an der anderen Seite genauso und erhalten Figur (3). Dann klappen wir die Ecken A nach innen zur Mittellinie, erhalten Figur (4), knicken die Ecken B nach innen zur Figur (5) und falten als letzten Vorgang die Ecken C zur Mittellinie.

Wenn alle 16 Zacken fertig sind (6), kleben wir sie zu einem Stern zusammen: Damit ein Kreis entsteht, kleben wir der Reihe nach einen Zacken auf den vorhergehenden so auf, dass die kürzere Seitenlinie an die Mittellinie des darunterliegenden Zackens angelegt wird, also den anderen Zacken teilweise überlappt. Die stumpfen Enden zeigen dabei zur Mitte, die spitzeren nach außen (7).

Wir schmücken damit unser Fenster und beobachten, wie sie das Licht in verschiedenen Nuancen durchscheinen lassen, wenn die Sonne plötzlich herauskommt.

> **Sternstunden auf Tonpapier**
>
> Aus Tonpapier Sterne ausschneiden, darauf dann die Sternstunden aufschreiben. Wenn alle von ihren Sternstunden erzählt haben, werden die Sterne aufgehängt, z.B. an einem besonderen Ort in der Wohnung oder in eurem Zimmer, an den Adventskranz oder an einen Tannenzweig.

4. Adventssonntag:
Symbol Flöte

- Eine Flöte wird bereitgelegt.
- Wir versammeln uns um den Adventskranz und werden ruhig. Zum Beginn singen wir die vierte Strophe von »Wir sagen euch an« oder den Adventsruf »Auf, werde hell« (s. S. 104).
- Wir lesen die Geschichte vom Tanz zur Flötenmusik.

Der Tanz zur Flötenmusik

Jeden Mittag nach den Hausaufgaben übten Jonatan und Simon fleißig. Denn sie wollten bei der Adventsfeier in der Schule ihre Flötenstücke zum Advent vortragen. Die Mutter konnte diese Zeit des Übens am Mittag wunderbar nutzen. Gemütlich ruhte sie sich auf dem Sofa aus, denn sie erwartete ein Baby. Das Baby schien die Flötenmusik sehr zu mögen, denn leise klopfte es, scheinbar im Takt, mit Händchen oder Füßchen mit. Die Mutter rief die beiden Flötenspieler zu sich, denn sie wollten auch gern einmal das Baby spüren. Erstaunt fühlten die beiden die sanften Tritte des Babys auf dem Bauch und sahen in das strahlende Gesicht ihrer Mutter. »Mama, tut das nicht weh?«, rief Jonatan. Die Mutter schüttelte den Kopf. Simon fragte: »Hast du dich über unsere Tritte auch so gefreut?« »Und wie«, erwiderte die Mutter, »auch wenn ich damals noch nicht so schöne Flötenmusik zu euren Tänzen hören konnte.«

Marita Raude-Gockel

- *Impuls:* Wir betrachten die Flöte. Vielleicht kann eines der Familienmitglieder ein kleines Flötenstück spielen.
- Der Evangelist Lukas berichtet in seinem Evangelium von einer ähnlichen Begebenheit, wie wir sie gerade in der Geschichte gehört haben. Es ist die Begegnung von Maria mit ihrer Cousine Elisabeth.

Maria macht sich auf den Weg und wandert in eine Stadt ins Bergland von Judäa. Sie will ihre Verwandten Zacharias und Elisabeth besuchen. Denn Elisabeth erwartet, wie sie auch, ein Baby und die Geburt steht bald bevor.

Drei Tage braucht sie für diese Reise. Als sie endlich dort ist, fallen sich Maria und Elisabeth in die Arme und begrüßen sich herzlich. Da spürt Elisabeth, wie das Kind in ihrem Bauch hüpft. Mit lauter Stimme ruft sie: »Die Mutter unseres Retters ist da. Maria, unter allen Frauen hat Gott dich auserwählt!« (Nach Lukas 1,39–45)

Gebet Guter Gott,
wir danken dir für unser Leben,
das du uns durch unsere Eltern geschenkt hast.
Wir freuen uns,
dass Jesus zu uns kommt als unser Bruder und Freund
und dass er unser menschliches Leben mit uns teilt.

- Wir legen die Flöte zu unserem Adventsweg dazu oder auf den Jahreszeitentisch und singen gemeinsam noch ein Lied. Weil bald Weihnachten ist, können wir heute auch einige andere Weihnachtslieder üben.

Wir begegnen Menschen auf dem *Weg* zur Krippe

Die hl. Barbara
(4. Dezember)

Was wir aus ihrem Leben wissen

Barbara war die Tochter eines reichen Kaufmanns und lebte um das Jahr 300 in Nikomedien in Kleinasien. Sie war sehr klug, gebildet und schön und ihr Vater liebte sie sehr. Da er oft auf Reisen war und er sie sicher wissen wollte, ließ er für sie einen Turm bauen, zu dem keiner Zutritt hatte.

Barbara hatte von einem ihrer Lehrer von Jesus gehört und seitdem wurde ihr Wunsch immer größer, mehr von Jesus zu erfahren und schließlich selbst Christin zu werden. Während einer Reise ihres Vaters ließ sie zwischen dem oberen und unteren Fenster im Turm noch ein drittes durchbrechen als Zeichen für ihre Taufe und ihren Glauben an den dreifaltigen Gott. Deshalb wird Barbara oft mit einem Turm mit drei Fenstern dargestellt.

Ihr heidnischer Vater konnte Barbaras Glaubensentscheidung nicht akzeptieren und zeigte sie selbst an. So wurde sie gefangen genommen und vor Gericht gestellt. Der Legende nach soll sich auf dem Weg ins Gefängnis ein Kirschzweig in ihrem Gewand verfangen haben, den sie ins Wasser stellte und der am Tag ihres Todes aufblühte. Barbara sah auf den Zweig und sagte: »Du schienst leblos, wie tot. Aber nun bist du erblüht, mitten im Winter zu neuem Leben erwacht. Das wird auch mit mir geschehen. Wenn ich sterbe, werde ich zu neuem Leben erblühen.«

Brauchtum

Barbara starb als Märtyrerin und wird heute als eine der 14 Nothelfer verehrt. Sie gilt als Helferin in der Todesstunde, als Schutzpatronin der Bergleute, der Gefangenen, der Glöckner und Glockengießer. Wir finden Darstellungen der hl. Barbara in Bergwerken oder an Tunnelröhren.

In Anlehnung an die Legende der hl. Barbara ist es Brauch, an diesem Tag Barbarazweige zu schneiden und ins Wasser zu stellen. Die Barbarazweige erinnern uns daran, dass alles Kalte und Abweisende in uns aufgebrochen wird und die Liebe stärker ist als Kälte und Tod.

Ein Barbara-Ritual

- Am 4. Dezember schneiden wir im Garten oder evtl. bei einem gemeinsamen Spaziergang Zweige von einem Kirschbaum oder auch anderen Obstbäumen ab und stellen sie in warmes Wasser an einen hellen Platz.
- Wir betrachten die Zweige, wie kahl sie aussehen und wie fest verschlossen die Winterknospen noch sind. Wenn wir die Zweige gut pflegen, am besten ab und zu die Knospen vorsichtig mit Wasser besprühen, damit sie nicht austrocknen, dann werden sich die Knospen langsam öffnen und an Weihnachten erblühen. Der blühende Zweig zeigt auf die Krippe: Jesus ist geboren. Gott schenkt uns durch seinen Sohn seine Liebe. Die Blüten, die aus dem scheinbar leblosen Zweig aufblühen, erinnern uns auch an das Osterfest, denn Gott hat Jesus vom Tod zu neuem Leben erweckt.

Körperübung

Mit einer Körperübung spüren wir der Erfahrung der aufbrechenden Knospen nach:
Wir stellen uns aufrecht hin und spüren, wie wir mit beiden Beinen fest auf dem Boden stehen.
Wir berühren ein Kind und »versteinern« es mit den Worten:
Wenn du jetzt berührt wirst, werde wie ein Stein.
Nach einer Weile berühren wir das Kind wiederum:
Lass dich berühren. Nun bist du wieder lebendig.
Mit den Händen formen wir jetzt einen Blütenkelch vor unserer Brust und blühen wie eine Blume auf. Wir strecken uns dem Himmel entgegen.

Wir basteln Barbara-Blüten

Aus buntem Papier schneiden wir Blüten aus. In die Blüten können wir mit Buntstiften schreiben oder malen, was uns froh macht. Wir können auch einen Segensspruch hineinschreiben oder eine Strophe aus einem Adventslied. Die Blüten legen wir auf den Jahreszeitentisch oder hängen sie an einem Zweig auf.

Wir können auch Barbara-Blüten falten:
1. Die Vorlage für die Blüte kopieren. Sie lässt sich aber auch in beliebiger Größe leicht mit dem Zirkel konstruieren (Abb. 1).
2. Die ausgeschnittene Blüte mehrfach nach innen falten, indem immer je zwei Blütenblätter nach innen geknickt werden (Abb. 2).
3. Danach die Blüte auf der Höhe der gegenüberliegenden Rundungen jeweils zur Mitte hin knicken (Abb. 3). Es ergibt sich ein Muster wie in Abb. 4.
4. Abschließend die Blütenblätter falten, indem Punkt A auf Punkt M und Punkt B auf Punkt C geführt wird. So wird es mit allen Blütenblättern gemacht, bis die Knospe entstanden ist (Abb. 5).

Wenn wir die gefalteten Blüten in eine Wasserschale legen, gehen sie zu einer Blüte auf. Wir können eine solche Barbara-Blüte jemandem als Dankeschön schenken oder auch als kleinen Trost und Zuspruch. Aus 24 solcher Blüten lässt sich auch sehr schön ein Adventskalender gestalten.

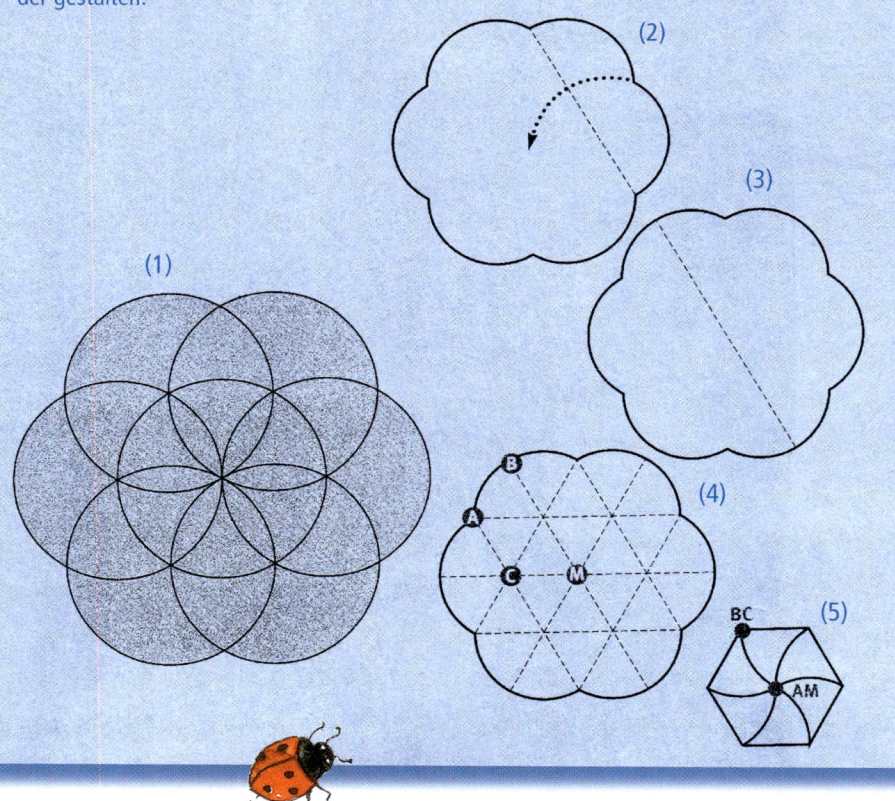

Der hl. Nikolaus
(6. Dezember)

Was wir aus seinem Leben wissen

Wir haben nur wenige Daten aus dem Leben des hl. Nikolaus. Er wurde um das Jahr 270 als Sohn wohlhabender Eltern in Patara in Lykien in Kleinasien geboren. Als junger Mann wurde er zum Bischof von Myra, einer bedeutenden Hafen- und Handelsstadt am östlichen Mittelmeer (heute Türkei) geweiht. Er hat wohl noch die letzte Welle der Christenverfolgung im Römischen Reich miterlebt. Sein Todesjahr liegt zwischen 345 und 351. Schon bald wurde er zu einem der meistverehrten Heiligen. Im Jahr 1087 haben während Kriegswirren Kaufleute die Gebeine des hl. Nikolaus nach Bari in Italien gebracht, wo eine prächtige Kirche dafür erbaut wurde.

Brauchtum

Nikolaus muss ein Mensch gewesen sein, der die persönliche Not seiner Mitmenschen besonders gespürt hat und zugepackt hat, um Kindern, Müttern, Vätern, ganzen Familien, den Hungernden zu helfen. Unzählige Legenden erzählen uns davon.

In aller Welt wird der 6. Dezember, der Nikolaustag, als sein Todestag gefeiert. Kein Heiliger wurde jemals so beliebt wie der hl. Nikolaus. Er gilt als Schutzpatron der Kinder, der Studenten und Bettler, der Seeleute, Kaufleute und Notare, der Reisenden, Fischer und Bäcker. Vielerorts wurde er auch zum Gaben- und Geschenkebringer.

Noch heute ist bei den Kindern der Brauch beliebt, am Vorabend des Nikolaustages einen Stiefel, einen Nikolausstrumpf oder einen Teller vor die Türe zu stellen und ihn voll Freude am Morgen gefüllt vorzufinden.

In seinem Stiefel findet Tobias am Nikolausmorgen einen Brief ...

Lieber Tobias,

ich weiß, wie lange Du schon auf diesen Tag gewartet hast! Heute ist endlich Nikolaustag. Und ich dachte mir, Du freust dich bestimmt, wenn Du einen Brief von mir persönlich bekommst. So können wir beide uns auch besser kennenlernen: Du, Tobias, und ich, Nikolaus.

Manchmal merke ich nämlich, dass viele Kinder und auch Erwachsene mich gar nicht mehr richtig kennen. Kein Wunder, denn in diesen Tagen steht vor jedem Kaufhaus so ein roter Weihnachtsmann, der Geschenke an die Kinder verteilt. Doch hast Du Dir diesen Mann schon einmal genau angeschaut? Er trägt ein rotes Gewand – fast so wie ich, und eine Mütze – fast so wie ich. Doch nur fast. Was ist denn der Unterschied?, fragst Du. Es ist ein ganz wichtiger. Ich sehe nicht nur anders aus mit meiner Bischofsmütze und meinem Bischofsstab in der Hand. Ich bin auch ein ganz anderer: Ich bin nicht der Weihnachtsmann, der euch jeden Wunsch erfüllen und jedes neue Spielzeug bringen kann. Ich bin der Bischof Nikolaus.

Als ich klein war, vor vielen hundert Jahren, da war ich ein ganz reicher Junge. Denn meine Eltern hatten viel Geld, Silber und Gold. Damals gab es noch keine Computer, kein Playmobil und kein Lego-Technik. Wir Kinder hatten ein tolles Paddelboot, eine prächtige Pferdekutsche und sogar Kugeln aus Gold.

Aber mir hat das keinen großen Spaß gemacht, im Garten damit zu spielen. Denn unsere Nachbarskinder hatten nichts zum Essen und nichts zum Spielen, nicht einmal Schuhe an den Füßen. Ich dachte, sie können die Goldkugeln doch besser gebrauchen als ich. Deshalb habe ich ihnen die Kugeln geschenkt. Auch als ich später Bischof wurde, habe ich immer versucht, mit den Menschen zu teilen. Wenn jemand in Not war, habe ich ihm gegeben, was er brauchte – und die Menschen in meiner Bischofsstadt Myra waren damals sehr arm. Ich glaube, dass sich deshalb viele Menschen bis heute an mich erinnern.

Ich bin sehr froh, wenn ihr Menschen heute an mich denkt und euch an meinem Namenstag gegenseitig eine kleine Freude oder ein kleines Geschenk macht. Versuch doch einmal, so wie ich damals, zu überlegen: Wo gibt es in meiner Nähe Menschen, die mich brauchen? Vielleicht kennst Du ein Kind, das nicht so viele Freunde hat und keine tollen Spielsachen. Bestimmt freut es sich, wenn Du es einlädst zum Spielen! Und Du wirst bald merken: Anderen Freude zu schenken, kann auch Dir selbst Freude machen – eine andere und größere Freude als die, wenn man selbst großartige Geschenke und Spielsachen bekommt.

Denk einmal darüber nach: Was ist es, was Du wirklich brauchst? Und ich wünsche Dir, dass es Menschen in Deiner Nähe gibt, die Dir das schenken, was wir uns nicht kaufen können.

Dein Bischof Nikolaus

Wir feiern Nikolaus

Vielleicht können wir den Nikolausabend oder den Vorabend mit Familien aus dem Freundeskreis, auch mit den Großeltern zu Hause feiern. Alle bereiten etwas dafür vor:

- Jede Familie steuert etwas bei: ein Advents- oder Nikolauslied oder ein Gedicht.
- Vorher können wir überlegen, wie wir uns mit *kleinen* Überraschungen Freude machen wollen. Dabei kann uns wieder einmal bewusst werden, dass auch kleine Geschenke viel Freude machen. Ein kleiner Brief, ein schönes Lesezeichen drückt oft viel deutlicher die Botschaft aus, die für jeden lebensnotwendig ist: »Gut, dass es dich gibt.« Alles kommt in den großen Nikolaussack hinein.
- Einer der Erwachsenen spielt den Bischof Nikolaus.
- Die Kinder suchen eine Nikolauslegende aus, spielen sie oder lesen sie mit verteilten Rollen vor, etwa »Nikolaus und die Hungernot«, S. 121; weitere Legenden finden Sie bei Hermine König, *Das Große Jahresbuch für Kinder*, München 2007.
- Für die Feier können wir aus süßem Hefeteig Nikolausbrot backen, das wir anschließend mit Tee bei einem gemütlichen Nikolausmahl verzehren.
- Zum Abschluss erhält jede Familie einen »Glitzerstein« in Anlehnung an die Legende von den drei Beuteln mit Goldstücken, die Nikolaus in das Haus eines armen Mannes warf, damit er genug Aussteuer für seine drei Töchter hatte und sie nicht wegschicken musste. Dieser Glitzerstein darf in der Familie im Advent »wandern«: Der Glitzerstein wird zum Beispiel vom Vater dem Kind unters Kopfkissen gelegt. Beim Frühstück lädt der Vater das Kind am Nachmittag zu einem Schwimmbadbesuch ein. Am nächsten Tag überrascht das Kind seine Mutter mit dem Glitzerstein und hilft ihr beim Abspülen, und so wandert der Stein weiter …

Nikolaus, der heil'ge Mann

Weise: Hans Poser / Text: Liselotte Holzmeister
© Fidula-Verlag, Boppard/Rhein

Ni - ko - laus, der heil' - ge Mann, ist den Kin - dern zu - ge - tan.
Komm und seg - ne un - ser Haus, gu - ter, heil' - ger Ni - ko - laus!

2. Im Dezember, im Advent,
wenn das erste (zweite) Lichtlein brennt,
kommt als Gruß vom Christkindlein
Nikolaus zu uns herein.

Nikolaus und die Hungersnot

Nikolaus war Bischof der Stadt Myra. Eines Sommers brannte die Sonne viele Monate lang heiß auf die Erde.

Das Gras färbte sich braun. Auf Feldern vertrocknete das Korn. Keine Wolke zeigte sich am Himmel. Es wollte und wollte kein Regen kommen. Viele Wasserstellen waren schon ausgetrocknet. Nur einige sehr tiefe Brunnen spendeten noch Wasser. So kam eine große Hungersnot über das Land. Die Vorratskammern waren bald leer. Die Kinder konnten abends vor Hunger nicht einschlafen. Sie riefen nach Brot, aber die Mütter hatten kein Brot.

Manchmal sangen die Mütter ein Lied, damit die Kinder den Hunger vergaßen. Bischof Nikolaus ging am Abend oft durch die Straßen und hörte das laute Weinen der Kinder.

Er sah durch die Fenster und spürte die Not der Menschen. Gern hätte er geholfen, jedoch er hatte weder Brot noch sonstige Nahrung. So betete er zu Gott immer wieder bei Tag und Nacht: »Lieber Gott, lass die Menschen nicht sterben. Hilf uns allen, denn wir wissen nicht mehr ein noch aus.« Da näherte sich eines Tages ein großes Schiff dem Hafen von Myra.

Das Schiff kam vom fernen Ägypten und war schwer beladen mit Getreide. Die Menschen liefen alle zum Hafen, auch Bischof Nikolaus.

Die Menschen blickten alle aufs Meer hinaus.

Die Menschen von Myra waren ganz still. Sie sahen das große Schiff, vollbeladen mit vielen Säcken Getreide. Ein Schiff mit Getreide, das konnte ihr Leben retten. Bischof Nikolaus ging zum Kapitän und bat ihn: »Gib uns von dem Korn, sonst müssen wir alle sterben.« Der Kapitän aber antwortete: »Das Getreide gehört dem Kaiser, ich kann davon nichts abgeben. Alles ist genau gewogen und gezählt. Der Kaiser bestraft mich, wenn die Ladung nicht vollständig ist.«

Da sagte Bischof Nikolaus: »Kennst du nicht die Geschichte von Jesus, der mit nur fünf Broten fünftausend Menschen satt gemacht hat, und dabei sind noch zwölf Körbe voll übrig geblieben? Hilf uns, und kein Körnchen wird an deiner Ladung fehlen.« Da sah der Kapitän die weinenden Kinder, er dachte an die Geschichte mit Jesus und hatte Mitleid mit den Menschen. Er ließ einige starke Männer aufs Schiff kommen, und sie durften von dem Korn nehmen. So schleppten die Männer viele Säcke vom Schiff und füllten damit die Vorratsspeicher.

Das Schiff aber wurde nicht leichter, es blieb vollbeladen mit Getreide. Da rief Bischof Nikolaus: »Es ist genug, wir haben wieder für lange Zeit etwas zu essen, und es reicht auch noch zur Aussaat im Frühling. Die Hungersnot ist nun zu Ende!« Alle staunten und lobten Gott, der solch Großes und Wunderbares durch den Bischof Nikolaus getan hat.

(Entnommen aus: Burkhard Schönwälder, *Wir sagen euch an ... Hausbuch zur Advents- und Weihnachtszeit,* München 2003, S. 86f. Dort sind auch Vorschläge für eine Umsetzung als Spielgeschichte zu finden.)

Wir feiern
Weihnachten

In der Dunkelheit der Nacht wird den Hirten durch die Engel verkündet: »Heute ist euch in der Stadt Davids der Retter geboren, welcher ist Christus der Herr. Und das habt zum Zeichen: Ihr werdet finden ein Kind in Windeln gewickelt in einer Krippe liegen« (Lukas 2,12).

Licht in dunkler Nacht ist für uns Menschen eine der elementarsten Erfahrungen. So war es auch für die Hirten damals. Sie, die am Rande der Gesellschaft stehen, erfahren zuerst die frohe Botschaft.

In dieser heiligen Nacht erscheint kein Star, sondern der Sohn Gottes ganz klein, als Baby in ärmliche Verhältnisse hineingeboren, der sich in seinem Leben ganz auf die Seite der Kleinen und Bedrängten schlagen wird. Gott schenkt uns seinen Sohn, den Retter. Er bricht mit seinem Licht in unser Leben ein – dies ist die Botschaft des Weihnachtsfestes.

Heiliger Abend

Der Heilige Abend ist ein besonderes Fest und jede Familie hat hier ihre eigenen Traditionen und Rituale. In den meisten Familien ist er Höhepunkt des bald zu Ende gehenden Jahres, verbunden mit vielen – oft hohen – Erwartungen und Wünschen.

Für die Kinder ist es oft ein ganz langer Tag des Wartens, mit unendlich vielen Minuten und Stunden, für die meisten Erwachsenen zuweilen der Tag, der noch einige Stunden mehr haben könnte. Der Tag steht ganz im Zeichen der Vorbereitung des Weihnachtsfestes. Seinen Namen hat dieser Tag von der Nacht, in der Jesus geboren wurde.

Vorbereitung

Damit das Fest und die Feier zu Hause gelingen, ist es wichtig, im Vorfeld abzuklären:

- Wie möchten die Kinder sich bei der Gestaltung des Festes, bei der Krippenfeier und Bescherung zu Hause beteiligen? Die meisten Kinder tragen gern ihr Weihnachtslied oder Gedicht aus Kindergarten oder Schule vor.
- Welchen Ablauf soll die gemeinsame Feier, »die Bescherung« zu Hause haben und wer möchte sich wo beteiligen (Vorlesen, Musizieren usw.)?
- Manche Kinder möchten vielleicht im Krippenspiel in der Kirchengemeinde eine kleine Rolle übernehmen. Vielerorts werden in den Gemeinden Kinderkrippenfeiern oder Familienchristmetten angeboten. Zusammen überlegen wir, ob und wann wir gemeinsam einen Gottesdienst besuchen und wann die gemeinsame Feier zu Hause stattfinden kann.

Gerade weil die Erwartungen an das Weihnachtsfest oft so hoch sind, führt dies leicht zu Enttäuschungen. Da kann es hilfreich sein, wenn v.a. die Erwachsenen vorher miteinander sprechen und ihre Erwartungen und Wünsche klären. Oft ist weniger mehr: An einem schlichteren, aber bewussten Fest, das alle einbezieht, aber niemand überfordert, wird die Freude größer sein.

Gestaltungsvorschläge

- Am Vorabend oder Morgen des Heiligabends stellen wir den Tannenbaum auf: Der immergrüne Baum, dem auch Schnee und Eis nichts anhaben können, ist ein uraltes Symbol für Leben, Wachstum und Hoffnung.
- Wir stecken Kerzen an den Baum: Wir feiern in dieser Weihnacht, dass Jesus geboren wird, das Licht, das alle Dunkelheit vertreibt.
- Der Christbaum bekommt neben der Krippe oder dem Adventsweg einen Ehrenplatz. In Anlehnung an den Paradiesbaum wurde der

Christbaum früher mit Äpfeln, Lebkuchen und Süßigkeiten, eingewickelt in Gold- oder Silberpapier, geschmückt und durfte nach Weihnachten von den Kindern geplündert werden.

- Am schönsten ist es für die Kinder, wenn sie beim Schmücken des Baumes helfen dürfen und ihren selbst gebastelten Christbaumschmuck daran aufhängen.
- Wir können auch die Kinder anregen, sich zu überlegen, was sie dem »Jesuskind« schenken könnten. Das vertreibt vielleicht ein wenig ihre Ungeduld.
- Wenn wir noch keinen Adventsweg aufgebaut haben, dürfen die Kinder die Krippenfiguren jetzt auspacken: Maria und Josef, die Engel und Hirten, Ochs, Esel und Schafe. Wenn wir mehrere Engelfiguren besitzen, können sie als Engelschor zu den Hirten gestellt werden. Es muss nicht immer eine wertvolle, teure Krippe sein. Wir können die Krippenfiguren auch selbst aus einfachen Materialien wie Pappe und Papier basteln. Kinder funktionieren auch gern mit viel Fantasie ihre Spielzeugfiguren zu Krippenfiguren um.
- Wir legen noch einen Weihnachtsstern mit Schweif bereit oder schneiden ihn ggf. aus Goldpapier aus. Ihn können wir über der Krippe aufhängen.
- Die Figur des Jesuskindes bleibt noch versteckt: Sie soll erst bei der Feier in die Krippe gelegt werden.
- Gemeinsam bereiten wir das Essen für den Abend vor, damit es später ohne viel Aufwand fertig gemacht werden kann.

Eine Krippenfeier zu Hause

Wenn wir eine kleine Feier zu Hause machen wollen, bietet sich vielleicht vorher noch ein kleiner Spaziergang an. Wir gehen mit den Kindern erst ins Haus, wenn wir am Fenster die leuchtenden Kerzen des Christbaums sehen. Ein Erwachsener muss das natürlich vorbereiten.

Wir bewundern den strahlenden Baum. Zu Flötenmusik entzünden wir nun die Lichter unseres Adventsweges. Wenn wir sie an den Kerzen des Adventskranzes entzünden und diese dann ausblasen, wird besonders deutlich: Heute beginnt eine »neue« Zeit, heute ist ein besonderer Abend.

Nun ist es Heiliger Abend.
Wir zünden die Kerzen an,
dass Weihnachtsfreude ein jeder spüren kann.
Wir haben unsere Stuben geschmückt mit Zweig und Stern.
Wir machen einander Geschenke und sagen:
»Ich hab dich gern.«
Zuvor aber gehen wir zur Krippe mit Schafen, Esel und Rind,
mit Josef, den Engeln, den Hirten, der Mutter und dem Kind.

Quelle unbekannt

Die Krippenfigur des Jesuskindes wird nun feierlich von den Kindern (z.B. aus einem selbst gebastelten Stern) ausgepackt, in die Krippe gelegt und evtl. mit Wolle oder einem Tüchlein zugedeckt. Dazu können wir das Lied »Unter einem guten Stern« (siehe S. 94) oder ein anderes weihnachtliches Lied singen. Die Weihnachtsgeschichte aus dem Lukasevangelium wird vorgelesen (Lk 2,1–20), und wir singen ein weiteres Weihnachtslied oder hören ein Flötenstück.

Gebet Lieber Jesus,
heute feiern wir dein Geburtstagsfest.
Wir stehen an der Krippe und freuen uns
schon so auf die schönen Geschenke,
die unter dem Christbaum liegen.
Wir freuen uns auch auf das gemeinsame Essen.
Wir wollen aber die Menschen nicht vergessen,
denen es nicht gut geht
und die heute nicht feiern können
und auch die, die uns heute besonders fehlen:
Die Großeltern, die heute nicht bei uns sein können …
Hilf uns, immer wieder Wege zu finden,
wie wir unsere Weihnachtsfreude
mit anderen teilen können.

Anschließend feiern wir unsere Bescherung und bewundern die Geschenke, die reihum ausgepackt werden, damit alle an der Freude teilhaben können.

Danach halten wir ein einfaches, aber festliches Mahl.

Jesus wird geboren

In jenen Tagen erließ der römische Kaiser Augustus den Befehl: Alle Bewohner des Landes müssen sich in Steuerlisten eintragen. Da ging jeder an seinen Heimatort, um sich aufschreiben zu lassen.

Auch Josef, der von David abstammte, ging aus Nazaret in Galiläa hinauf nach Judäa in die Stadt Davids, die Betlehem heißt. Er wollte sich eintragen lassen mit seiner Frau Maria, die ein Kind erwartete. Als sie dort waren, kam für Maria die Zeit der Geburt und sie brachte ihren ersten Sohn zur Welt. Sie wickelte ihn in Windeln und legte ihn in eine Futterkrippe, da ihnen im Gasthaus kein Platz gegeben wurde.

In der Gegend lagerten Hirten auf freiem Feld. Sie bewachten die Herde in der Nacht. Da trat ein Engel Gottes zu ihnen und der helle Glanz Gottes umstrahlte sie. Starr vor Schreck standen sie da, doch der Engel sprach: Fürchtet euch nicht, denn ich erzähle euch von einer großen Freude für das ganze Volk. Heute ist euch in der Stadt Davids der Retter geboren: der Messias, der Erlöser, Christus, der Herr! Und so erkennt ihr ihn: Ihr werdet ein kleines Kind finden, in Windeln gewickelt in einer Krippe. Und plötzlich war der ganze Himmel voll von einer unüberschaubaren Zahl von Engeln, die lobten Gott und riefen: Herrlich ist Gott in den Höhen und Frieden ist bei den Menschen auf Erden, die Gott erwählt hat.

Als die Engel verschwunden waren, sprachen die Hirten: Kommt, wir gehen nach Betlehem, um dieses Ereignis selbst zu schauen. Sie eilten hin und fanden Maria und Josef und das Kind in der Krippe. Als sie es sahen, erzählten sie weiter, was ihnen über das Kind gesagt worden war. Und alle staunten über ihre Worte. Maria aber behielt alles, was geschehen war, tief im Herzen und erinnerte sich an alles, was sie gehört hatte. Die Hirten kehrten heim und lobten Gott für das, was sie gehört und gesehen hatten. Alles war wie angekündigt.

Lukas 2,1–20, aus: »Die Bibel für Kinder und alle im Haus« von Rainer Oberthür

Wir spielen die Weihnachtsgeschichte

Wenn Sie keinen Adventsweg aufgebaut haben, bietet es sich an, mit den Kindern die Weihnachtsbotschaft nachzuspielen. Diese Geschichte können Sie auch mit den Verwandten, z.B. Cousinen und Cousins der Kinder am 1. Feiertag spielen.

Ohne viel Material können Sie mit den Kindern zusammen eine Krippenlandschaft gestalten: Einen Stall können wir beispielsweise aus einem Karton, aus Steinen, Ästen und Moos, aus einer Baumwurzel bauen oder auch aus einer Wolldecke formen. Braune Tücher oder Servietten davor stellen die Äcker dar. Tannenzapfen am Rande sind die Wälder.

Außerdem brauchen wir: einen Stern, grüne, weiße, rote Tücher (auch Papierservietten), Kieselsteine für den Weg nach Betlehem, ein Teelicht für jedes Familienmitglied, evtl. ein mit Stroh o.Ä. ausgelegtes Körbchen, falls vorhanden Krippenfiguren.

Nach diesen Vorbereitungen beginnt die Erzählung. Während Vater oder Mutter den Erzähltext sprechen bzw. frei erzählen, dürfen die Kinder legen und gestalten.

Die Hirten sind draußen auf der Weide. (*Kinder breiten grüne Tücher für die Weiden aus.*)

Sie leben bei den Schafen. Die Schafe geben ihnen, was sie zum Leben brauchen: Milch, Fleisch, Fell, Wolle. (*Falls vorhanden stellen die Kinder Hirten und Schafe auf die Weiden.*)

Wenn die Nacht kalt ist, zünden sie ein Feuer an. (*Ein Kind legt ein rotes Tuch für Feuer auf die Weide.*)

Sie sitzen dann ganz eng beisammen, um sich zu wärmen. Manchmal spielt ein Hirte auf einer Flöte. (*Evtl. kleines Flötenstück eines Familienmitglieds.*)

Heute Nacht sind die Hirten und Schafe ganz unruhig. Es ist eine besondere Nacht. Was wird geschehen?

Maria und Josef sind unterwegs. Sie müssen nach Betlehem gehen. Die Nacht ist dunkel und der Weg ist weit. (*Mit Steinen legen die Kinder einen Weg zur Krippe und stellen, falls vorhanden, Maria und Josef auf den Weg.*)

Maria weiß: Heute Nacht wird ihr Kind geboren. Endlich sind Maria und Josef in Betlehem angekommen. Sie sind müde und klopfen an viele Türen. (*Ein Kind klopft an der Tür.*) Doch vergebens – keiner will sie haben. Sie finden einen Stall – eine Höhle. (*Falls vorhanden stellen die Kinder die Figuren Maria und Josef in den Stall.*)

In der Nacht bekommt Maria ihr Kind – Jesus. Weil sie kein Bett für Jesus hat, legt sie ihn in eine Futterkrippe. (*Die Kinder legen Jesus in die Krippe oder stellen ein kleines, mit Stroh gefülltes Körbchen in die Höhle.*)

Ein heller Stern leuchtet am Himmel auf. (*Stern über der Krippe aufhängen.*)

Draußen auf dem Feld bei den Hirten wird es ganz hell. Ein Bote Gottes, ein Engel steht plötzlich bei ihnen. (*Die Kinder stellen evtl. einen Engel zu den Hirten oder legen ein weißes Tuch auf die grünen Weideplätze.*)

Die Hirten haben große Angst. Der Engel sagt: »Habt keine Angst, freut euch! Ein helles Licht ist in die Welt gekommen! Es ist jemand geboren, der euch in eurem Leben Licht und Helfer sein wird. Geht und sucht ihn. Er liegt als Kind in einer Krippe.« Auf einmal sind viele Engel da und singen ein Lied. »Ehre sei Gott im Himmel und Friede den Menschen auf Erden! Gott hat alle Menschen lieb.« Dann sind die Engel wieder fort.

Die Hirten sind ganz aufgeregt und rufen: »Kommt! Kommt schnell! Wir gehen nach Betlehem. Wir wollen sehen, was da geschehen ist.« Und sie laufen schnell und finden den Stall. Sie finden Maria und Josef. Sie finden das Kind in der Krippe. Sie spüren: Jesus ist etwas ganz Besonderes. Er bringt Licht in unser Leben. (*Jedes Familienmitglied zündet ein Teelicht an und stellt es zur Krippe.*)

Die Weihnachtsfeiertage

Wir feiern den Geburtstag Jesu in der Heiligen Nacht und am 25. Dezember. Der zweite Feiertag, der 26. Dezember, ist der Tag des hl. Stephanus, des ersten Märtyrers, der als Diakon in Jerusalem für seinen Glauben an Jesus gestorben ist. Die orthodoxen Christen feiern das Weihnachtsfest am 6. Januar.

Familienrituale

Für Familienbesuche an den Festtagen gibt es in den meisten Familien Absprachen und Rituale über gemeinsame Aktivitäten und gemeinsame Mahlzeiten. Damit alle sich freuen können und nicht einer allein die Arbeit hat, ist es gut, wenn z.B. jeder etwas für das gemeinsame Essen oder das Fest vorbereitet.

Wer möchte, kann am Nachmittag oder in der Dämmerung am Weihnachtsbaum und an der Krippe Weihnachtslieder singen, eine Weihnachtsgeschichte vorlesen oder ein kleines Krippenspiel mit verteilten Rollen lesen oder spielen.

Unsere Krippenlandschaft mit dem Adventsweg kann in unsere Aktivitäten mit einbezogen werden: Wir können die Lichter auf dem Weg entzünden und schauen, wer zum Kind in der Krippe kommt: die Hirten mit ihren Frauen und Kindern ..., auch die Weisen aus dem Morgenland sind auf dem Weg.

Wozu die Liebe den Hirtenknaben veranlasste

In jener Nacht, als den Hirten der schöne Stern am Himmel erschienen war und sie sich alle auf den Weg machten, den ihnen der Engel gewiesen hatte, da gab es auch einen Buben darunter, der noch so klein und dabei so arm war, dass ihn die anderen nicht mitnehmen wollten, weil er ja ohnehin nichts besaß, was er dem Gotteskind hätte schenken können.

Das wollte nun der Knirps nicht gelten lassen. Er wagte sich heimlich ganz allein auf den weiten Weg und kam auch richtig in Betlehem an. Aber da waren die anderen schon wieder heimgegangen, und alles schlief im Stall. Der heilige Josef schlief, die Mutter Maria und die Engel unter dem Dach schliefen auch, und der Ochs und der Esel, und nur das Jesuskind schlief nicht. Es lag ganz still auf seiner Strohschütte, ein bisschen traurig vielleicht in seiner Verlassenheit, aber ohne Geschrei und Gezappel, denn es war ja ein besonders braves Kind, wie sich denken lässt.

Und nun schaute das Kind den Buben an, wie er da vor der Krippe stand und nichts in den Händen hatte, kein Stückchen Käse und kein Flöckchen Wolle, rein gar nichts. Und der Knirps schaute wiederum das Christkind an, wie es da liegen musste und nichts gegen die Langeweile hatte, keine Schelle und keinen Garnknäuel, rein gar nichts.

Da tat dem Hirtenbuben das Himmelskind in der Seele leid. Er nahm das winzig kleine Fäustchen in seine Hand und bog ihm den Daumen heraus und steckte ihn dem Christkind in den Mund.

Und von nun an brauchte das Jesuskind nie mehr traurig zu sein, denn der arme, kleine Knirps hatte ihm das Köstlichste geschenkt, was einem Wickelkind beschert werden kann: den eigenen Daumen.

Karl Heinrich Waggerl

Wie wir die Weihnachtstage miteinander gestalten und verbringen können:

- Eltern oder Großeltern (evtl. mithilfe von Fotos) erzählen, wie bei ihnen Weihnachten gefeiert wurde, welches für sie das schönste Ereignis an Weihnachten war ...
- Geschichten/Krippenspiel mit verteilten Rollen vorlesen.
- Gemeinsam musizieren.
- Aus der (Kinder-)Bibel lesen.
- Miteinander basteln, malen, kreativ werden – eine Weihnachtskerze gestalten.
- Krippen der Pfarrei, der Umgebung anschauen, eine Krippenausstellung besuchen.
- An einer Krippenfeier, Weihnachtsandacht mit Kindersegnung teilnehmen.
- Zu den Gräbern von Familienangehörigen, Freunden gehen, ein Licht anzünden, einen selbst gebastelten Stern auf einem Tannenzweig hinlegen.
- Jemandem schreiben/anrufen, an den man in der letzten Zeit viel gedacht hat, der an Weihnachten auf ein Wort von uns wartet.

Tag der Unschuldigen Kinder und Fest der *Heiligen Familie*

Am **28. Dezember** gedenken wir der unschuldigen Kinder, der kleinen Jungen, die Herodes in Betlehem umbringen ließ, nachdem er von Jesus, dem neugeborenen König der Juden, gehört hatte. Auf Geheiß eines Engels, der Josef in einem Traum erscheint, fliehen Maria und Josef mit Jesus rechtzeitig vor diesem Mordanschlag. Dies ist nachzulesen im Matthäusevangelium 2,13–18.

Am **ersten Sonntag nach Weihnachten** feiert die Kirche das Fest der Heiligen Familie. Was stellen wir uns unter einer »heiligen« Familie vor? Dass sie besonders vorbildlich und perfekt ist? Die Geschichten aus der Bibel, die an diesem Fest in der Kirche vorgelesen werden, führen uns keine »Traumfamilie« vor, sondern erzählen uns vom Leben einer Familie mit Höhen und Tiefen, mit Glück, aber auch voller Sorgen und Bedrohung.

In vielen Kirchengemeinden wird an diesem Fest bzw. in den Tagen zwischen Weihnachten und Neujahr eine besondere Kindersegnung im Gottesdienst oder in einer Andacht gefeiert.

Die Flucht nach Ägypten – Eine Spielgeschichte

- Wenn wir einen Adventsweg aufgebaut haben, entzünden wir die Lichter auf dem Weg – oder die Kerzen am Weihnachtsbaum.
- Die Eselsfigur von der Krippe oder vom Adventsweg stellen wir in die Mitte: Die Geschichte kann beginnen: Es wird vorgelesen, was der kleine Esel von der Flucht nach Ägypten erzählt, und die Kinder spielen die Geschichte mit Krippenfiguren mit.

Die Flucht nach Ägypten –
Was der kleine Esel erzählt:

Vielleicht erinnert ihr euch noch an mich? Ich heiße Benjamin. Ich habe Josef und Maria auf dem Weg nach Betlehem begleitet. Oft habe ich Maria auf meinem Rücken getragen. Ihr fiel es schwer, den ganzen Tag zu laufen, weil sie doch ein Kind erwartete. Zum Glück haben wir nach langem Suchen endlich eine Herberge gefunden. (*Esel wird in den Stall an die Krippe gestellt zu Jesus, Maria und Josef.*) Was heißt hier Herberge? Es war ein einfacher Stall, aber warm und mit einer Futterkrippe. Hauptsache, wir waren am Ziel. Ich konnte nichts mehr fressen, ich kuschelte mich ins Stroh und schlief sofort ein. Im Traum hörte ich einen wunderbaren Gesang und sah glänzende Lichter rundherum. Ich riss die Augen auf und schaute mich um. Da lag Maria auf dem Stroh und in ihrem Arm hielt sie das kleine Kind. Das war Jesus. (*Ochse, Schaf, Hund etc. werden an die Krippe gestellt*). Wir Tiere im Stall spürten sofort: Jesus ist ein besonderes Kind und alle Besucher bemerkten das auch: die ganz einfachen Hirten von der Schafweide und die Sterndeuter, die auf Kamelen aus dem Morgenland angeritten waren. Die Hirten sagten: Jesus ist der Heiland, das haben die Engel uns verkündet. Die Sterndeuter lobten Jesus als neuen König. Ich habe das nicht so ganz verstanden: Dieser Jesus war doch ein so winzig kleiner, hilfloser Retter und König!

Eines Nachts (*alle Figuren liegen/schlafen*) geschah etwas sehr Merkwürdiges: Ich hörte im Traum wieder so einen Gesang und schreckte auf, denn er klang wie eine sehr schwere Melodie, ganz traurig. (*Engel wird zu schlafendem Josef gestellt.*) Josef fuhr hoch, weckte Maria, packte alle Taschen zusammen und belud mich damit. (*Josef, Maria zum Esel stellen.*) Maria band sich das kleine Kind in einem Tuch vor den Bauch und wir brachen auf. (*Figuren werden auf den Weg gestellt.*) Ich war noch gar nicht richtig wach. Wohin sollte die Reise so plötzlich gehen? Ich hatte kaum Zeit, mich von meinen Freunden, dem Ochsen und den Schafen, zu verabschieden. Wir müssen nach Ägypten fliehen, sagte Josef, denn Herodes verfolgt Jesus und will ihn töten.

So machten wir uns wieder auf eine lange beschwerliche Reise durch die Wüste bis nach Ägypten. (*Figuren werden auf dem Weg vorangerückt.*) Ihr wisst bestimmt, dass wir mit Gottes Hilfe gut dort angekommen sind, weil Josef auf Gottes Engel vertraut hat, und dass wir nach langer, langer Zeit auch wieder gut in unserer Heimat Nazaret gelandet sind.

Bestimmt könnt ihr euch vorstellen, dass wir auf der Flucht viel erlebt haben: Ich habe mich mit Jesus in einem Stall versteckt und ihn beschützt, als die Soldaten von Herodes nach Jesus gesucht haben. Wir hatten so lange kein frisches Wasser mehr getrunken, da habe ich in der Wüste in einer Schlucht eine Wasserstelle gefunden. Vielleicht habt ihr Freude daran, diese Begebenheiten mit mir und mit den anderen Figuren nachzuspielen?

(Wer Interesse hat, mehr z.B. vom »faulsten Esel« in ganz Nazaret zu erfahren, der kann einige Geschichten finden in: Gunhild Sehlin: *Marias kleiner Esel und die Flucht nach Ägypten*, Stuttgart 1997.)

- Nach dem Spielen der Geschichte werden die Figuren auf dem Weg abgestellt. Wir halten einen Moment inne und denken gemeinsam über die Geschichte nach:

Heute denken wir besonders an die Familien, die auf der Flucht sind vor Krieg und Terror. (*Wir stellen ein Licht vom Adventsweg zu den Figuren oder zünden eine Kerze an.*)

Wir denken an die Kinder, die ihre Eltern verloren haben, und die Eltern, die ihre Kinder verloren haben. (*Wir stellen eine weitere Kerze zu den Figuren.*)

Wir denken an die Familien, denen es schwerfällt, miteinander zu reden, und die sich aus dem Weg gehen. (*Wir stellen eine weitere Kerze zu den Figuren.*)

Wir denken an die vielen Kinder, die auf der Straße leben und ein Zuhause suchen. (*Wir stellen eine weitere Kerze zu den Figuren.*)

Gebet
Jesus, du bist als kleines Kind gerettet worden, um anderen Menschen beizustehen. Du bist unser Retter! Sei allen Menschen in Not nahe mit deiner Hilfe. Wir bitten dich: Segne heute besonders alle Kinder und begleite sie auf allen ihren Wegen. Amen.

Jahreswechsel
Silvester

Bedeutung und Brauchtum

Den Namen hat dieser Tag von Papst Silvester, dessen Gedenktag der 31. Dezember ist. Silvester war während der Zeit der Christenverfolgung in Rom Christ geworden. Als er 314 Papst geworden war, soll er der Legende nach Kaiser Konstantin vom Glauben an Jesus Christus überzeugt haben, nachdem er ihn geheilt hatte. Tatsache ist, dass zu dieser Zeit die Christenverfolgungen im Römischen Reich ihr Ende fanden und Kaiser Konstantin der Große sich dem Christentum zuwandte. Mit Weitsicht und Wachsamkeit führte Papst Silvester die Kirche nach der Verfolgungszeit in die Freiheit und in den Frieden.

Aus alter Zeit stammt der Brauch, mit allerlei Krach und Lärm böse Geister zu vertreiben. Das alte Jahr mit Knallern und Sekt zu verabschieden und das neue zu beginnen, ist vielen Familien zu wenig. Man möchte zusammen feiern, Abschied nehmen vom alten Jahr und in das neue bewusst hineingehen.

Wir gehen in ein neues Jahr

Lustige Spiele

Viele Familien feiern den Jahreswechsel zusammen mit Freunden und Bekannten in fröhlicher Runde mit gemeinsamem Essen und Trinken. Dabei sind natürlich Spiele angesagt, die allen Spaß machen.
Ein Rezept für chinesische Glückskekse, mit dem sich ein fröhliches Orakel gestalten lässt, finden Sie auf Seite 141. Wir können uns auch selbst ein Quiz ausdenken mit Fragen zum vergangenen Jahr.

Das Mauselied vom neuen Jahr

Beginnt ein neues Mausejahr,
hörst du die Mäuse singen:
Das Altjahr war ein Lausejahr,
ein Mäuse-zwick- und -zause-Jahr,
ein flaues Flick- und Flause-Jahr.
Was wird das neue bringen?

Wie wünschen sich das neue Jahr
die Mäuse allerenden?
Sie wünschen sich ein Freue-Jahr,
ein Mäuse-Ringel-Reihe-Jahr
und Wurst- und Schinkenspenden.

Was ist das schönste Mausejahr,
wie alle Mäuse meinen?
Das ist ein fettes Speise-Jahr,
ein Wander-Fahrt- und Reise-Jahr,
dazu ein Becher-kreise-Jahr
mit feinen leckren Weinen.

Ja, alle Jahre Feier-Jahr,
das wär für sie das Beste:
Ein Schokoladen-Eier-Jahr,
ein lautes Freuden-Feuer-Jahr,
ein Lirum-Larum-Leier-Jahr
und Tanz, Gesang und Feste.

Doch meistens ist das ganze Jahr
wie viele Jahre eben:
Ein bisschen Trink-und-tanze-Jahr,
ein bisschen Schuft-und-schanze-Jahr,
ein bisschen Firle-fanze-Jahr;
denn, piep, so ist das Leben.

James Krüss

Jahresbilder

Gemeinsam mit den Kindern können wir das ganze Jahr mit allen Ereignissen, die es in diesem Jahr in der Familie gab, vorbeiziehen lassen. Am besten geht das mit vielen Fotos: von der Erstkommunion, vom Schulausflug, vom Urlaub, von der Taufe der Cousine, der Nikolausfeier ... Viel Schönes haben wir erlebt, aber es gab auch schmerzliche Erfahrungen: Der Opa ist sehr krank geworden, der beste Freund ist weggezogen ...

Zum neuen Jahr (Kanon)

Text: Rolf Krenzer
Musik: Robert Haas
© Robert Haas Musikverlag, D-87439 Kempten

Ein neues Jahr steht vor der Tür
und alles Liebe wünsch ich dir!
Und Glück und Segen
auf deinen Wegen.

Wenn wir zum Abschluss die wichtigsten Bilder gemeinsam auswählen, zu einem **Jahresbild** zusammenfügen und zu Hause aufhängen, haben wir eine bleibende Erinnerung an dieses Jahr. Wenn wir dies jedes Jahr tun, ergibt sich wie von selbst eine kostbare Familienchronik.

Dieses Zurückschauen kann zu einem wertvollen Familienritual werden. Es hilft uns, das Leben mit all seinen Höhen und Tiefen anzunehmen und dankbar zu sein für das, was uns alles geschenkt wurde. Dies lässt uns auch gelassener nach vorne schauen und in das neue Jahr gehen.

Abschiedsritual

Rituale helfen uns, Schritte in neues unbekanntes Land zu gehen. So kann es gut und hilfreich sein, an der Schwelle zu einem neuen Jahr, von dem wir nicht wissen, was es uns bringen wird, folgendes Ritual in der Familie zu begehen.

- Auf den Tisch (Jahreszeitentisch oder Wohnzimmertisch) stellen wir in die Mitte auf eine Decke eine Kerze.
- Für all das Gute, das wir erleben durften, legen wir eine Blüte (z.B. von den Barbarazweigen) oder einen Stern im Kreis um die Kerze ab. Wir können dies in der Stille tun. Wer möchte, darf von seinem Erlebnis auch erzählen.
- Danach legen wir für alles Schwere im vergangenen Jahr je einen Stein in die Mitte.
- Wenn das geschehen ist, können wir reihum einen Wunsch, eine Fürbitte an Gott richten im Blick auf das neue Jahr und dabei jeweils ein Teelicht an der Kerze in der Mitte anzünden und dann im Kreis abstellen.
- In der Stille betrachten wir das Kreisbild, das nun entstanden ist, mit dem wir das alte Jahr verabschieden und das neue beginnen möchten.

Mit dem Text, den der evangelische Theologe Dietrich Bonhoeffer 1944 in der Silvesternacht aus dem Gefängnis an seine Familie geschrieben hat, können wir unser Ritual beenden.

Von guten Mächten treu und still umgeben,
behütet und getröstet wunderbar,
so will ich diesen Tag mit euch leben
und mit euch gehen in ein neues Jahr.

Von guten Mächten wunderbar geborgen,
erwarten wir getrost, was kommen mag.
Gott ist mit uns am Abend und am Morgen
und ganz gewiss an jedem neuen Tag.

Dietrich Bonhoeffer

*Neu*jahr

Wissenswertes

Dass das neue Jahr am 1. Januar beginnt, geht noch auf den alten römischen Kalender zurück. Es war Julius Cäsar, der mit der Einführung des sogenannten Julianischen Kalenders den römischen Jahresanfang vom 1. März auf den 1. Januar vorverlegte. Obwohl der römische Kalender – unter Papst Gregor XIII. mit seiner Kalenderreform von 1582 etwas verbessert – bis heute die Grundlage unserer Jahreseinteilung ist, setzte sich dieser Jahresanfang im christlichen Abendland erst im Mittelalter endgültig durch. In Deutschland galt teilweise bis ins 16. Jahrhundert Weihnachten als Jahresbeginn.

Bereits Ende des 15. Jahrhunderts kam es in Mode, dass man sich kolorierte Holzschnitte mit Glückwünschen schenkte. Seit etwa 1800 gab es dann gedruckte Gratulationen mit Bildchen und Versen.

Wir begrüßen das neue Jahr

Zu diesem Festtag gehört, dass man sich in der Familie, im Freundeskreis und in der Nachbarschaft alle guten Wünsche zum neuen Jahr ausspricht.

In der Familie sprechen wir uns gegenseitig an diesem Tag Gottes Segen in besonderer Art und Weise zu. Wir können uns dazu gegenseitig ein

---

Wir backen chinesische Glückskekse

Die Kinder überlegen sich, was sie sich und anderen zum neuen Jahr wünschen: Ich wünsche dir Gesundheit. Ich wünsche dir Ruhe ... Diese Wünsche schreiben wir auf kleine Zettel und »verstecken« sie in einem kleinen Hefeteiggebäck.

Und so werden die Glückskekse zubereitet: Je nach Geschmack Pizzateig oder süßen Hefeteig herstellen, den Teig dünn ausrollen und Kreise mit 10 cm Durchmesser ausstechen. Die Papierstreifen zusammenrollen und in die Mitte der Kreise legen. Die Kreise erst zur Hälfte und dann zu Vierteln zusammenklappen. Mit verquirltem Eigelb bestreichen. Im vorgeheizten Backofen ca. 10–15 Minuten bei 175 °C backen.

Jeder nimmt sich um Mitternacht einen Glückskeks und darf gespannt sein, was er darin findet.

Kreuz auf die Stirn zeichnen oder uns die Hände stärkend auf den Kopf oder die Schultern legen und folgende Worte sprechen:

> Der Herr segne dich und behüte dich.
> Der Herr lasse sein Angesicht über dich leuchten
> und sei dir gnädig.
> Der Herr wende sein Angesicht dir zu und schenke dir Heil.
>
> *Numeri 6,24–26*

Das Fest der *Heiligen Drei Könige*
Erscheinung des Herrn

Bedeutung *und Brauchtum*

Dieses Fest hat zwei Namen und vollendet das Weihnachtsfest auf besondere Weise: Der eine Name dieses Festes erinnert eben an die Weisen, wie sie uns der Evangelist Matthäus vorstellt (Mt 2,1–12) und die auf sonderbaren Wegen zur Krippe finden. Sie sind Sternforscher aus dem Morgenland und bei ihren Erkundungen haben sie einen neuen Stern am Firmament entdeckt, der nach alten Weissagungen einen neugeborenen König verheißen soll.

Der andere Name »Erscheinung des Herrn« oder *Epiphanie* lässt nochmals mit anderen Worten die Botschaft des Weihnachtsfestes erklingen: Im kleinen Kind in der Krippe ist der wahre König für alle erschienen. *Epiphanie* ist das griechische Wort für Erscheinung.

Aus der Zahl und Kostbarkeit der drei Geschenke, die die Sterndeuter mitbringen – Gold, Weihrauch und Myrrhe –, schloss man auf ihre Anzahl und königliche Herkunft. Im Mittelalter gab man den Sterndeutern die Namen Caspar, Melchior, Balthasar. In den Gestalten der drei Könige als Vertreter für die damals bekannten drei Erdteile Europa, Afrika, Asien wollte man ausdrücken, dass alle Völker der Welt sich an der Krippe versammeln. Jesus ist für alle Menschen da.

Der Brauch des Sternsingens ist bereits im 16. Jahrhundert bekannt. Dreikönigsspiele sind altes Brauchtum, oft in Verbindung mit Weihnachtsspielen.

Das Kindermissionswerk und der Bund der Deutschen Katholischen Jugend (BDKJ) haben den Brauch des Sternsingens Ende der 1950er-Jahre neu belebt: Zwischen Weihnachten und Dreikönig ziehen Kinder und Jugendliche als Könige verkleidet mit einem Stern durch die Straßen, schreiben den Segen Jesu Christi mit Kreide an die Türen und erbitten Spenden für Kinder in der sogenannten Dritten Welt. In vielen Dörfern ziehen die Kinder mit jugendlichen oder erwachsenen Begleitern von Haus zu Haus und von Tür zu Tür. In manchen größeren Gemeinden und Städten muss man sich für diesen Sternsingerbesuch vorher anmelden. Die Sternsingeraktion ist inzwischen zur weltweit größten Hilfsaktion von Kindern für Kinder geworden.

Sternsinger-Rituale
in der Familie

Kinder schlüpfen gern in andere Rollen und viele lieben es, bei der Sternsinger-Aktion mitzumachen. Erkundigen Sie sich doch in Ihrer Pfarrei danach. Die »Könige« wiederum freuen sich, wenn sie freundlich ins Haus aufgenommen werden und sich bei einem heißen Tee und Gebäck aufwärmen können.

Mit Kindern singen oder sprechen wir das Sternsingerlied »Wir kommen daher aus dem Morgenland« (siehe S. 144).

Wir kommen daher aus dem Morgenland

Text: Maria Ferschl
Musik: Heinrich Rohr
© Verlag Herder, Freiburg

1. Wir kom-men da-her aus dem Mor-gen-land, wir kom-men ge-führt von Got-tes Hand. Wir wün-schen euch ein fröh-li-ches Jahr. Kas-par, Mel-chior und Bal-tha-sar.

2. Es führt uns der Stern zur Krippe hin,
   wir grüßen dich, Jesus, mit frommem Sinn.
   Wir bringen dir unsere Gaben dar:
   Weihrauch, Myrrhe und Gold fürwahr.

3. Wir bitten dich: Segne nun dieses Haus
   und alle, die gehen da ein und aus!
   Verleihe ihnen zu dieser Zeit
   Frohsinn, Frieden und Einigkeit!

> **Ritual für eine Haussegnung,
> auch zum Einzug in ein neues Haus**
>
> - Wenn die Sternsinger an diesem Tag nicht bei Ihnen vorbeikommen, so können Sie in der Familie auch an diesem Tag zusammenkommen, um eine Haussegnung im neuen Jahr zu feiern:
> - Die Familie versammelt sich vor der Krippe und singt gemeinsam »Unter einem guten Stern« (siehe S. 94).
> - Wenn wir einen Adventsweg oder eine Krippe aufgebaut haben, stellen wir die Figuren der drei Weisen/Sterndeuter nun am Krippenstall auf.
> - Wir lesen aus dem Matthäusevangelium die Huldigung der Sterndeuter (Mt 2,1–12).
> - Wenn ein Rauchgefäß, ein Weihrauchfass o.Ä. vorhanden ist, wird die Kohle entzündet und jedes Familienmitglied legt einige Weihrauchkörner auf die glühende Kohle. Weihrauch ist eine Mischung verschiedener Harze (Säfte von Bäumen aus Afrika und Arabien). Die Weihrauchkörner haben ganz unterschiedliche Farben.
> - Wir beobachten, wie die Körner anfangen zu dampfen und zu duften, wie die feinen Rauchkringel nach oben an die Decke steigen.
> - Vorsichtig können wir mit dem Rauchgefäß durch unser Haus, von Zimmer zu Zimmer gehen und beobachten, wie der Rauch sich verteilt. Der Weihrauch, den wir ja aus der Kirche kennen, ist ein Symbol für Gottes Nähe, seinen Segen und Schutz.
> - Am Schluss versammeln wir uns an der Haustür. Vater oder Mutter schreibt mit Kreide an die Tür: 20 * C + M + B + 07 und spricht dazu: *Christus mansionem benedicat! Christus, segne dieses Haus und alle seine Bewohner und Besucher!*
> - Wir beenden das Ritual mit einem Weihnachtslied oder einem bekannten Dreikönigslied.

Sterndeuter kommen aus der Ferne und beten Jesus an

Als Jesus zur Zeit des Königs Herodes in Betlehem geboren war, kamen Sterndeuter aus dem Osten nach Jerusalem und fragten: Wo ist der neugeborene König der Juden? Wir haben seinen Stern aufgehen sehen und kommen, um ihn zu ehren. Da erschrak Herodes, denn er fürchtete um seine Macht. Er rief die Hohenpriester und Schriftgelehrten zu sich und erkundigte sich, wo denn wohl der Erlöser geboren werden solle. Sie antworteten: In Betlehem, denn so sagen die Propheten: Du Betlehem, bist nicht die geringste unter den wichtigen Städten Judäas. Aus dir kommt ein Herrscher, der mein Volk Israel führen wird wie ein Hirte seine Herde.

Da rief Herodes heimlich die Sterndeuter zu sich und fragte sie, wann der Stern genau erschienen war. Er sagte ihnen scheinheilig: Forscht nach dem Kind und meldet mir, wenn ihr es gefunden habt, damit ich es auch anbeten kann.

Die Sterndeuter gingen nach Betlehem. Der Stern ging ihnen voran und blieb über dem Ort stehen, wo das Kind war. Als sie den Stern sahen, brachen sie vor Freude in Jubel aus. Sie gingen in das Haus, sahen das Kind mit seiner Mutter Maria, fielen auf die Knie und beteten es an. Sie holten ihre Schätze hervor und schenkten dem Kind Gold, Weihrauch und Myrrhe. Im Traum aber erhielten sie eine Weisung vom Himmel, nicht wieder zu Herodes zurückzukehren, und sie zogen auf einem anderen Weg heim in ihr Land.

Matthäus 2,1–12, aus:
»Die Bibel für Kinder und alle im Haus« von Rainer Oberthür

Das Fest der Taufe *des Herrn*

Mit dem Fest der Taufe des Herrn, das am Sonntag nach dem Dreikönigstag gefeiert wird, endet der Weihnachtsfestkreis. Mit der Taufe Jesu am Jordan durch Johannes den Täufer beginnt Jesu öffentliches Wirken.

Wir können diesen Sonntag zum Anlass nehmen, für uns die Weihnachtszeit zu beschließen:

- Wir können uns nochmals am Christbaum, an der Krippe, an unserem Adventsweg versammeln und gemeinsam Weihnachtslieder singen.
- An diesem Tag schmücken wir gemeinsam den Baum ab. Wie das gemeinsame Schmücken des Baums kann auch das Abschmücken ein

schönes gemeinschaftliches Ritual sein, das zum Erinnern und Erzählen einlädt. Was war an diesem Weihnachtsfest für uns, für die Kinder ein besonderes Erlebnis? Die Kinder können wieder sorgsam die Krippenfiguren einwickeln und verpacken. Dabei laden wir sie ein zu erzählen, was die Figuren so alles erlebt haben.

Mariä Lichtmess
und Hl. Blasius

Bedeutung
und Brauchtum

Ein alter Mann begegnet dem kleinen Jesus und seinen Eltern im Tempel. Diese Begebenheit, die uns die Bibel überliefert hat, steht im Zentrum des Festes Darstellung des Herrn, volkstümlich auch **Mariä Lichtmess** genannt.

Was soll daran Besonderes sein? Der alte Simeon hoffte wie das ganze Volk Israel auf den Erlöser, der es aus aller Not und Unterdrückung durch die Römer befreien sollte. Er war sich ganz sicher: Eines Tages werde ich dem Heiland begegnen. Das hatte Gott ihm versprochen. Eines Tages kommt ein Ehepaar, Maria und Josef, in den Tempel. Sie bringen ihr Kind mit. Sie scheinen arme Leute zu sein. Denn sie bringen nach der Geburt ihres Kindes zum Dank an Gott nur ein Taubenopfer dar. Aber Simeon erkennt etwas Wunderbares, nicht mit seinen Augen, vielleicht mit dem Herzen. Denn das Wesentliche, worauf es ankommt, kann man nicht mit seinen Augen sehen. Der Erlöser ist kein prächtiger König, kein Star, sondern dieses kleine Kind bringt die Rettung für alle Völker (Lk 2,22–32): Er ist das Licht der Welt.

Die Ostkirche nennt es »Fest der Begegnung«. Früher endete die Weihnachtszeit mit diesem Fest.

Der alte Name Mariä Lichtmess beschreibt das Brauchtum dieses Tages. Schon im 5. Jahrhundert sind nämlich an diesem Tag in Rom Lichterprozessionen üblich. Bald gab es auch Kerzenweihen: Die Menschen lassen Kerzen segnen und nehmen sie dann mit nach Hause, um sie in wichtigen Lebens- und Notsituationen anzuzünden.

In den Gottesdiensten rund um den 3. Februar wird häufig ein besonderer Segen gespendet, in dem ebenfalls Kerzen eine Rolle spielen. In Erinnerung an den Bischof Blasius, dessen Gedächtnis am 3. Februar gefeiert wird und der wohl bei einer Christenverfolgung 316 gestorben ist, wird der **Blasiussegen** gespendet mit den Worten:

> »Auf die Fürsprache des heiligen Blasius
> bewahre dich der Herr vor Halskrankheit und allem Bösen.
> Es segne dich Gott, der Vater und der Sohn und der
> Heilige Geist. Amen.«

Dieser Segen ist entstanden aufgrund einer Legende, nach der der hl. Blasius einen Jungen im Gefängnis vor dem Ersticken an einer Fischgräte bewahrte. Diese Segenshandlung ist nicht als Zauberei zu verstehen, sondern als Zeichen dafür, dass wir in allen Lebenslagen auf Gott vertrauen dürfen: Durch Jesus hat er uns gezeigt, dass er sich immer um uns Menschen sorgt.

Lichtrituale
für die Familie

Wir besorgen uns neue Kerzen, die wir übers Jahr brauchen (z.B. auch eine Familienkerze, die wir bei Familienanlässen entzünden) oder die wir verschenken möchten, und lassen sie bei der Kerzenweihe segnen. Mit den Kindern nehmen wir an der Lichterprozession teil.

Zu Hause können wir in einem kleinen Ritual nochmals die Botschaft dieses Tages nachklingen lassen.

Wir versammeln uns und entzünden eine dicke Kerze (die evtl. im Gottesdienst geweiht worden ist).

- Jesus sagte einmal: »Ich bin das Licht der Welt. Wer an mich glaubt, braucht nicht im Finstern gehen.« (Joh 12,46). Das will uns diese Kerze sagen. Jesus hat uns aber auch aufgetragen selbst »Licht der Welt zu sein«. Dies wollen wir durch ein bekanntes Lied ausdrücken: Wir singen gemeinsam den Kanon »Mache dich auf und werde licht« (siehe S. 279) und bewegen uns dazu im Kreis.

Gebet Jesus,
du kommst von Gott.
Du schenkst uns dein Licht, das leuchtet und wärmt.
Es macht die Dunkelheit in uns und um uns hell.
Hilf uns, dass wir dein Licht weitertragen
und an andere Menschen weiterschenken.

Wir gestalten eine Familienkerze

Alle überlegen sich ein Symbol, das ihnen wichtig ist und das für ihre Person stehen könnte. Mit diesen Symbolen, die wir aus Wachsplatten schneiden oder formen, verzieren wir die Kerze.

Wir können auch eine Kerze gestalten, die wir z.B. demnächst zu einem Geburtstag oder einem anderen Anlass verschenken möchten:

Zur Taufe: Lebensbaum, Sonne, Taube, Herz, Regenbogen, Wasserwellen mit Taube als Symbol für den Heiligen Geist, Kreuz, Christuszeichen. Auf eine Taufkerze schreibt man auch den Namen des Täuflings und den Tauftag.

Zur Erstkommunion: Kreuz, Brot mit Ähre und Weintrauben, Kelch mit Hostie. Schön ist es auch, wenn sich das Symbol oder Motto der Erstkommunion auf der Kerze wieder-findet.

Zum Geburtstag: Ein Motiv wählen, das zur Lebenssituation des Kindes passt, z.B. Schultüte für das Schulkind, Luftballons mit der Anzahl der Jahre darauf, Stifte.

Wachsplatten gibt es in verschiedenen Stärken und Farben in fast jedem Bastelgeschäft. Zum Ausschneiden kann man ein scharfes, spitzes Küchenmesser benutzen, gut geeignet ist auch eine Nadel, die man zuvor mit der dicken Seite in einen Korken gedrückt hat. Denken Sie auch an eine geeignete Unterlage zum Schneiden.

Damit die Kerze gut gelingt und die Anordnung der Symbole passt, ist es gut, sich die Motive vorher auf ein Blatt in der Größe der Kerze zu zeichnen und sie an die Kerze hinzuhalten. So können sich auch die Kinder das Ganze besser vorstellen.

Außerdem ist es ratsam, sich für das Ausschneiden der Symbole zuvor eine Schablone aus Karton zu machen. Buchstaben können wir aus dünnen Wachsstreifen leicht formen.

Literaturhinweise

Zum Brauchtum im Jahreskreis und zu den Festen im Kirchenjahr

Beck, Eleonore/Hoppe-Engbring, Yvonne: Wir feiern das Kirchenjahr. Gebete für Kinder, Kevelaer: Butzon & Bercker 2004
Behringer, Hans Gerhard: Die Heilkraft der Feste. Der Jahreskreis als Lebenshilfe, München: Kösel 1997
Binotto, Thomas: Gewusst wie und woher. Christliches Brauchtum im Jahreslauf, Hitzkirch: Comenius 2001
Garritzmann, Herbert u.a.: Durch das Jahr – durch das Leben. Das christliche Hausbuch für die Familie, München: Kösel 2006
Grün, Anselm/Reepen, Michael: Heilendes Kirchenjahr, Münsterschwarzach: Vier Türme ⁹2001
Hofmann, Monika: Ein ganz besonderer Tag. Mit Kindern Feste neu entdecken, München: Kösel 2005
Kirchhoff, Hermann: Christliches Brauchtum. Feste und Bräuche im Jahreskreis, München: Kösel 2004
König, Hermine: Das große Jahresbuch für Kinder. Feste feiern und Bräuche neu entdecken, München: Kösel 2007
König, Hermine: Feste feiern – Bräuche neu entdecken. Arbeitshilfe zum großen Jahresbuch für Kinder für Grundschule, Hort, Kindergarten und Familie, München: Kösel 2007
Krenzer, Rolf/Haas, Robert: »Bei uns haust der Klabautermann …«. Lieder, Reime, Spiele und Geschichten – von Januar bis Dezember, München: Kösel 2006 (dazu auch eine gleichnamige CD)

Preuschoff, Gisela: Geborgen im Jahreskreis. Rituale mit Kindern, Zürich: Kreuz 2000

Schönfeldt, Sybil Gräfin: Feste und Bräuche durch das Jahr, Berlin: Urania 1999

Zum Weihnachtskreis

Fährmann, Willi: Ein Stern ist aufgegangen. Geschichten zur Advents- und Weihnachtszeit, Würzburg: Arena 2003

Fährmann, Willi: Folget dem Stern, München: Omnibus Taschenbuch 2004

Grün, Anselm: Weihnachten – einen neuen Anfang feiern, Freiburg i.Br.: Herder Spektrum 2003

Kamphaus, Franz: Komm mit zur Weihnachtskrippe, Freiburg i.Br.: Herder 2000

Krenzer, Rolf: Weihnachten ist nicht mehr weit. Werkbuch, Limburg: Lahn-Verlag 1992

Schönwälder, Burkhard (Hrsg.): Wir sagen euch an ... Hausbuch zur Advents- und Weihnachtszeit, München: Kösel 2003

Sehlin, Gunhild: Marias kleiner Esel und die Flucht nach Ägypten, Stuttgart: Urachhaus 1997

Steinwede, D./Ryssel, I. (Hrsg.): Weihnachten – spielen und erzählen, Gütersloh: Gütersloher Verlagshaus 2001

Tomberg, Markus (Hrsg.): Ein Stern führt uns zur Krippe hin. 33 Weihnachtsgeschichten zum Vorlesen in Kindergarten, Schule und Gemeinde, Freiburg i.Br.: Herder 2003

Es ist jedes Jahr wieder ein kleines Wunder: Nach der Ruhe des Winters beginnen Pflanzen und Bäume zu keimen und zu sprießen. Aus scheinbar Totem erwacht neues Leben. Mit allen Sinnen können wir jedes Jahr in der Natur Wandlungen erleben: das erste Vogelgezwitscher, das wir am Morgen beim Aufstehen schon hören können. Wir entdecken die ersten Schneeglöckchen, die nach dem langen, kalten Winter ihre zarten Blätter und Blüten durch den letzten Schnee schieben. Tulpen und Krokusse spitzen aus dem Boden. Es liegt Frühling in der Luft.

Jetzt fängt das schöne Frühjahr an

Fränkische Volksweise

2. Es blühen Blümlein auf dem Feld,
   sie blühen weiß, blau, rot und gelb,
   es gibt nichts Schönres auf der Welt.

3. Jetzt geh ich über Berg und Tal,
   da hört man schon die Nachtigall
   auf grüner Heid und überall.

Wir alle kennen diese »Frühlingsgefühle«. Diese Erfahrungen geben uns eine Spur an, um das zu verstehen, was wir an Ostern, dem Fest der Auferstehung Jesu feiern: Gott wandelt Tod in Leben, er schenkt neues Leben. An Jesus hat er es uns gezeigt.

Das Fest der Auferstehung sagt uns: Der Tod ist nicht das Letzte, er wandelt nur unser »altes« Leben. Diese Hoffnung auf neues Leben, das Gott uns schenkt, gibt uns eine neue Perspektive: Angst, Leid und Tod sind menschliche Erfahrungen, die wir nicht verdrängen können, doch wir dürfen darauf vertrauen, dass Gott sie und uns wandeln kann und wird – am Ende unseres Lebens, aber auch schon hier und heute. Denn mit Ostern richten wir unseren Blick nicht nur auf das Ende unseres Lebens, sondern auch auf die vielen kleinen Auferstehungen im Hier und Jetzt.

Die Auferstehung können wir nicht »begreifen«, sie ist Geschenk Gottes und »Geheimnis unseres Glaubens«. Auch unsere Kinder haben ein Gespür dafür, wenn wir aus diesem Gottvertrauen heraus leben: Gott wandelt Angst, Not und Tod. Dies gibt uns Hoffnung, unser Leben mit allen Schattenseiten mutig und hoffnungsvoll anzupacken, uns selber verändern und wandeln zu lassen.

Ostern ist das älteste und höchste christliche Fest. Den ersten Christen war es von Anfang an am allerwichtigsten zu feiern: Jesus ist nicht im Tod geblieben. Gott hat ihm neues Leben geschenkt. So trafen sich die ersten Christen jeden Sonntag und feierten diesen Tag im Gedenken an Jesus und seine Auferstehung. Jeder Sonntag war für sie ein kleines Osterfest. Doch schon bald feierten sie in Verbindung mit dem jährlichen jüdischen Paschafest »Ostern«. Im 4. Jahrhundert wurde ein eigener Ostertermin festgesetzt – der Sonntag nach dem 1. Frühlingsvollmond – und das »Fest der Feste« mehrere Tage gefeiert.

Der »Osterfestkreis« hat seinen Höhepunkt im Osterfest und endet 50 Tage nach Ostern mit dem Pfingstfest. Dieser Festkreis beginnt mit der Fastenzeit, die dem Osterfest als Vorbereitungszeit vorangestellt wurde. Sie gibt uns Raum und Zeit, »neu aufzustehen«, neuen Mut und Kraft zu finden, unser Leben zu gestalten.

Fasching/*Karneval*

Bedeutung und Brauchtum

Diese Zeit ist die bunteste und tollste Zeit im Jahr. Freude und Ausgelassenheit stehen im Mittelpunkt, bevor die Fastenzeit, die österliche Bußzeit beginnt. Wir Christen haben auch allen Grund zur Freude, weil Gott uns nahe ist. Dies dürfen wir auch entsprechend ausdrücken und feiern. Andererseits werden im Fasching auch Teufelsmasken und dämonische Fratzen gezeigt, die uns die dunklen Seiten in unserem Leben vor Augen halten.

Lied des Faschingsprinzen

Aufzusagen mit einer Blechtrompete

Ich, Kinder, bin der Faschingsprinz.
Ich spiele Bass und Flöte
Und dudele für Kunz und Hinz
Auf meiner Blechtrompete.

Ich hab mir mein Kostüm geborgt.
Mit Schellen und mit Bändern
Und hundert Masken wohlversorgt,
Kann ich mich rasch verändern.

Auch euch verzaubre ich im Nu,
Wenn ich vorüberwandre.
Ich seh euch an, ich wink euch zu;
Und ihr seid plötzlich andre.

Seid König oder Königin,
Seid Seemann oder Bayer:
Es steckt ein Sinn im Unsinn drin,
Und Lachen macht euch freier.

Ich bringe euch die Narrenzeit.
Ihr dürft auf Händen laufen.
Auf meinem bunten Karren, Leut,
Sind Träume zu verkaufen.

Macht mit und tut, was euch gefällt.
Lasst keck und ohne Trauern
Die bunte Seifenblasenwelt
Bis Aschermittwoch dauern.

Dann nehmt die Maske vom Gesicht.
Seid wieder Hans und Grete.
Jedoch vergesst im Leben nicht
Den Ton der Blechtrompete!

James Krüss

Bunte Maskerade

Fasching oder Karneval wird überall anders gefeiert. Es gibt von Region zu Region ganz verschiedene Bräuche, Rituale und Umzüge.

Es macht Spaß, in die Rolle, die Kleider eines anderen zu schlüpfen. Besonders interessant sind selbst gebastelte Masken: Wir können uns dahinter verstecken, eine ganz lustige Gestalt darstellen (Clownmaske) oder z.B. ein furchterregendes Tier spielen (Tigermaske). Ob die anderen raten, wer wir in Wirklichkeit sind?

Masken können aus verschiedenen Materialien wie einfacher Pappe, großen Papiertüten, Eierkartons, mit Kleisterpapier beklebten Luftballons hergestellt werden, mit Federn, Stoff- und Fellresten verziert werden.

Kleinen Kindern macht es besonders viel Spaß, sich in die Rolle von Tieren zu versetzen. Miteinander überlegen wir, welches Tier ihnen besonders gefällt. Dann können wir mit ihnen einfache Masken aus Moosgummi basteln.

Die Kinder können ihre Masken in den Faschingstagen tragen und dabei erleben, wie es ist, eine Maske aufzuhaben. Sie spüren dabei, dass es anstrengend sein kann, sich hinter einer Maske zu verstecken, denn sie behindert auch beim Sehen oder beim Sprechen. Wie von selbst erfahren sie dabei, dass ich nicht so sein kann, wie ich wirklich bin, wenn ich mein Gesicht hinter einer Maske verberge.

Lieber Gott,
du liebst mich so, wie ich bin.
Ich brauche mich nicht zu verstellen.
Das ist sehr schön.

Tipp: Eine Reihe von Spielliedern über Fasching und das Verkleiden finden sich in:
Rolf Krenzer/Robert Haas: *Bei uns haust der Klabautermann. Lieder, Reime, Spiele und Geschichten – von Januar bis Dezember,* München 2006.

Wir basteln Masken

Einfache Papiermasken

Einfache und stabile Masken lassen sich leicht gestalten, wenn wir den Kindern Papiertüten oder Schachteln geben, die sie dicht über den Kopf ziehen können. Wenn wir Masken aus Papier schneiden, die wir hinter den Ohren mit Gummiband befestigen, empfiehlt es sich, die Befestigungspunkte mit doppeltem Karton oder Klebefilm zu verstärken.

Jetzt kann die Gestaltung beginnen: Wir legen das Papier ans Gesicht und markieren die Stellen für Augen und Nase, die wir später ausschneiden (die Maske wirkt besser, wenn wir auch ein Loch für die Nase vorsehen). Wir können die Maske mit Farben kunterbunt gestalten, Bärte und schreckliche Zähne ankleben, mit den unterschiedlichsten Materialien fantasievoll ausschmücken.

Gipsmasken

Eine besondere Erfahrung für größere Kinder ist es, eine Gipsmaske vom eigenen Gesicht herzustellen. Dazu benötigen wir: Gipsbinden (aus der Apotheke), Schüssel mit Wasser, Fettcreme, Kosmetiktücher oder Papiertaschentücher. Am besten die Kleidung durch eine Schürze, ein altes Tuch o.Ä. schützen.

Zuerst das Gesicht dick mit Fettcreme einreiben. Besonders die Haaransätze (Augenbrauen, Stirn) sehr gut eincremen. Über die Augen Kosmetiktücher legen. Man kann nur eine Augenmaske oder auch eine komplette Gesichtsmaske machen, mit oder ohne Augenlöcher. Bitte aber unbedingt darauf achten, dass die Nasenlöcher frei bleiben!
    Die eingecremte Person setzt sich mit zurückgelegtem Kopf auf einen Stuhl oder legt sich auf den Boden, während die Maske gestaltet wird. Dafür die Gipsbinden in kleine Stücke schneiden, kurz in Wasser einweichen und Schicht um Schicht auf das Gesicht legen. Der weiche Gips lässt sich gut nacharbeiten, sodass die Konturen des Gesichts modelliert werden können. Etwa drei bis vier Schichten Gipsbinden auftragen, damit die Maske stabil wird. Einige Minuten trocknen lassen, dann kann die Maske abgenommen werden: Dazu unter der Gipsschicht das Gesicht bewegen. Die Gips- und Cremereste lassen sich mit Wasser und Seife einfach wieder abwaschen. Die Maske sollte einen Tag lang trocknen, bevor wir damit weiterarbeiten und sie nach Belieben bekleben, bemalen usw.

Wenn wir die Maske fertiggestellt haben, betrachten wir die Masken gemeinsam. Ein interessantes Abbild unseres Gesichtes ist entstanden oder – je nach Technik und Ausführung – eine sehr lustige oder auch furchterregende Maskerade.
    So komisch, lustig oder schrecklich – bin ich das wirklich? Vielleicht erkennen wir auch die unverwechselbaren Gesichtszüge im Gipsabdruck.
    Auf die Außenseite der Maske können wir schreiben, welche Seite von uns wir gerne zeigen, und auf die Innenseite schreiben wir, was wir nicht so gerne zeigen oder an uns mögen.

Fastenzeit

Bedeutung

Die Fastenzeit, die am Aschermittwoch beginnt ist die Vorbereitungszeit auf Ostern. Sie wird auch *Quadragesima* genannt, was »Zeit der 40 Tage« heißt. Jedes Jahr will sie uns in einem überschaubaren Zeitraum von 40 Tagen anstoßen, das Leben, so wie es ist, »unter die Lupe zu nehmen«. 40 ist in den Erzählungen der Bibel eine symbolische Zahl, die für Umkehr und Neuanfang, für Vorbereitung und Erwartung auf Neues steht. 40 Jahre waren die Israeliten, das Volk Gottes, in der Wüste unterwegs, bevor sie ins Gelobte Land kamen, 40 Tage lang war der Prophet Jona in der Stadt Ninive und bewegte die Menschen dazu, ihr Verhalten zu ändern, 40 Tage lang fastete Jesus in der Wüste und bereitete sich auf seine große Lebensaufgabe vor.

Fasten ist heute wieder »in«, nicht nur, um schlanker und fitter zu werden. Viele Menschen lassen sich auf die verschiedenen Formen des (Heil-)Fastens ein und erleben seine befreiende Wirkung auf Körper und Seele.

Das Wort »fasten« kommt vom Althochdeutschen *vasten* und bedeutet »festmachen«. Die Fastenzeit lädt uns ein über das eigene Leben nachzudenken und zu fragen: Woran mache ich mein Leben fest? Fasten meint also mehr als »sich einschränken«, »verzichten«. In den Tagen der Fastenzeit können Rituale uns helfen, innezuhalten, unser Leben und unseren Alltag bewusst wahrzunehmen. Es tut gut, eine »Auszeit« zu nehmen, den Alltagstrott zu unterbrechen, durchzuatmen und Kraft und Energie zu tanken.

Die Fastenzeit bewusst gestalten: kleine Vorsätze

Am Aschermittwoch oder in den Tagen bis zum 1. Fastensonntag können wir uns gemeinsam überlegen, was wir uns in der Familie für die Fastenzeit vornehmen wollen. Wir fragen uns: Was bedeutet Fasten und Verzichten für uns? Was ist »eigentlich« überflüssig? Was ist uns wichtig, was wollen wir neu für uns »festmachen«? Hier einige Gedankenanstöße:

- Da in der Fastenzeit das Kreuz im Mittelpunkt steht, können wir ein Kreuz an einen zentralen Platz in der Wohnung stellen, indem wir es beispielsweise auf den Jahreszeitentisch legen oder eine besondere »Kreuzecke« einrichten.
- Vielerorts gibt es den Brauch, am Freitag, dem Todestag Jesu, in der Gemeinde den Kreuzweg zu beten. Gemeinsam können wir in der Fastenzeit auch an einem Kinderkreuzweg in der Gemeinde teilnehmen.
- Wir nehmen uns vor, sparsamer, einfacher zu kochen und zu essen, Süßes oder Fettes wegzulassen, Zucker und Butter nur sparsam zu verwenden.
- Wir achten beim Einkaufen auf regionale Produkte und »gesunde« Nahrungsmittel.
- Wir verzichten auf Bequemlichkeit: öfter laufen oder Rad fahren, statt mit dem Auto zu fahren, die Treppe benutzen, statt mit dem Aufzug zu fahren.
- Wir schauen weniger fern: Lieber spielen wir gemeinsam.
- Wir können auf einen Teil des Taschengeldes verzichten, einen Teil des Haushaltsgeldes – beispielsweise für eine Projektpartnerschaft – spenden und damit unsere Solidarität mit leidenden Menschen ausdrücken. Die Kollekte des kirchlichen Hilfswerks Misereor findet in den katholischen Kirchengemeinden am 5. Fastensonntag statt. Meistens bekommen die Kinder in der Kirche oder in der Schule ein Misereor-Opferkästchen. Dazu gibt es eine Geschichte, die erzählt, wie Kinder in der sogenannten Dritten Welt leben und für welchen Zweck die gesammelten Spenden sind.
- Mit einem Ritual kann sich jeder Erwachsene auch persönlich fragen: Was bedeutet Fasten für mich? Diese Zeit der 40 Tage ist eine Zeit, um meine Wege zu überprüfen und neue einzuschlagen: Deshalb nach dem Frühstück oder Abendessen Zeit für mein persönliches Fastenritual, z.B. für einen Spaziergang, einplanen.
- In vielen Gemeinden werden in der Fastenzeit »Exerzitien im Alltag« angeboten. Diese laden ein, mit einer täglichen Meditationszeit einen neuen Blick auf unser Leben zu gewinnen.

Wir sammeln Farben für unser Leben

Wir hören oder erzählen die Geschichte von *Frederick* (aus dem bekannten Bilderbuch von *Leo Lionni*):
Die kleinen Feldmäuse sammeln Körner, Nüsse, Stroh, Getreide für den Winter. Frederick dagegen scheint nichts zu tun, er arbeitet nicht, er liegt nur da und träumt. Er sammelt ganz andere Vorräte für den langen, kalten Winter: Sonnenstrahlen, Farben und Wörter – Dinge, von denen die anderen meinen, man brauche sie nicht. Doch als alle Nahrungsvorräte aufgebraucht sind, geschieht etwas ganz Wunderbares. Da beginnt Frederick seine Vorräte auszuteilen.

Eine Traumreise:
- Eines der Kinder oder Vater/Mutter darf *Frederick* spielen.
- Die anderen dürfen die Augen schließen und träumen von den Vorräten, die *Frederick* verschenkt.
- *Frederick* sagt zum Beispiel: Ich schicke euch warme und goldene Sonnenstrahlen. Spürt ihr, wie sie euch wärmen? Ich schenke euch Frühlingsfarben: grüne Wiesen, gelbe Narzissen, rote Tulpen, violette Hyazinthen und eine strahlend helle Frühlingssonne am blauen Himmel.
- Nun dürft ihr die Augen wieder aufmachen und erzählen, wie sich die Sonnenstrahlen und Farben anfühlen.

Kleine Vorsätze, die unserem Leben Farbe geben:
- *Frederick* wusste: Man braucht zum Leben nicht nur etwas zu essen und zu trinken. Wir brauchen auch andere Dinge (Kinder erzählen lassen): Liebe, ein Dach über dem Kopf, Wärme, Freunde. Das ist es, was Farbe in unser Leben bringt.
- Wenn wir nur Dinge wie Geld oder Spielsachen sammeln würden und keine Freunde hätten, mit denen wir spielen und unsere Spielsachen gemeinsam benutzen, dann wäre unser Leben bald langweilig und grau. In der Fastenzeit können wir miteinander überlegen:
Was kann ich mit anderen teilen? Was möchte ich in der Fastenzeit besonders tun? Was möchte ich dafür weglassen und worauf verzichten?
- Auf buntes Papier können wir unsere »Fastenvorsätze« schreiben. Ich möchte mehr Zeit mit meinem Freund verbringen, dafür will ich weniger fernsehen. Ich möchte meine Freizeit teilen und Mama beim Abspülen helfen, da können wir uns immer so toll unterhalten.
- Wir können die Vorsätze an einem Strauß aus Zweigen – aus dem Wald oder Garten – aufhängen.

Impulse für die Fastenzeit

- Immer wieder gibt es auch Fastenaktionen der Pfarrgemeinde: Hungermarsch, Fastenessen, Früh- oder Spätschichten, bei denen wir mitmachen können.
- In der evangelischen Kirche gibt es die Aktion »7 Wochen ohne« zur Gestaltung der Fasten- und Passionszeit, in der die Teilnehmer mit einem Fastenkalender Anregungen bekommen, ihr Leben in der Fastenzeit neu zu überdenken: www.7-wochen-ohne.de
- Ein guter Wegbegleiter durch die Fastenzeit mit Anregungen für jeden Tag ist der Misereor Fastenkalender. Bestelladresse: Misereor, Postfach 1450, 52015 Aachen, telefonische Bestell-Hotline: 0180/5 20 02 10; www.misereor.de.
- Seit einigen Jahren gibt die Erzdiözese Freiburg Impulse für die Fastenzeit auf einer Homepage heraus, unter dem Motto »Auszeit-Impulse«. Diese können auch per Mail abonniert werden: www.erzbistum-freiburg.de
- Sein Leben in den Blick zu nehmen, dazu lädt der Fastenbegleiter ein, der unter dem Titel »(M)ein Weg durch die Fastenzeit« von der Katholischen Landvolkbewegung Bayerns herausgegeben wird. Bestelladresse: KLB, Kriemhildenstr. 14, 80639 München, Tel.: 089/17 99 89-02, Fax: -04; www.klb-bayern.de

Unser Weg durch die Fasten- und Osterzeit

Jesu Weg durch das Leben bis hin zu Leid, Tod und Auferstehung steht im Mittelpunkt der Fasten- und Osterzeit. Sein Leben war geprägt von all dem, was auch wir kennen: krank sein und gesund werden, Mitleid haben und helfen, sich allein gelassen fühlen und sich auf seinen Freund verlassen können, Streit haben und sich versöhnen, Angst haben und traurig sein, mutig und froh werden, leben und sterben. Wir können es wagen, uns darauf mit unseren Kindern einzulassen, denn die Geschichten, die uns erzählt werden, kennen wir selbst, wir brauchen nur in uns hineinhorchen. Im Erzählen der Jesusgeschichten kommen wir unseren eigenen »Geschichten« auf die Spur.

Die Kinder identifizieren sich meist schnell mit Jesus oder mit den Menschen, denen Jesus begegnet. Oft sind sie beeindruckt von der Art, wie Jesus auf Menschen zugeht. Kinder haben unmittelbaren Zugang zu den Jesusgeschichten und empfinden oft eine große Nähe zu Jesus. Dabei muss sein Leiden und sein Tod nicht ausgeklammert werden. Der Tod ist eine Realität, die zu unserem Leben dazugehört. Jesus hat ihn durchlitten und dabei die Erfahrung gemacht, die für uns und die Kinder elementar ist: Gott lässt uns nie im Stich. Deshalb endet ja der Weg durch die Fastenzeit nicht im Karfreitag, sondern er mündet in das Osterfest.

Zur Gestaltung der Fasten- und Osterzeit in der Familie möchten wir Ihnen verschiedene Wege und Impulse vorstellen. Diese Rituale möchten Sie einladen mit Ihren Kindern je nach Zeit, Neigung, Alter und Familiensituation kreativ durch diese Zeit zu gehen. Dazu gehören:

- die Fastensonntage als Wegweiser (S. 166–167),
- die Karwoche mit ihren Festen und Ritualen (s. S. 178–185),
- das Osterfest mit seinen Bräuchen (S. 186–190),
- die Gestaltung eines Ostergartens durch die Fastenzeit bis Ostern und Weißen Sonntag (S. 191–219),
- die Feste Christi Himmelfahrt (S. 220) und Pfingsten (S. 223) zur Vollendung des Osterfestes.

Aschermittwoch

Bedeutung

Mit dem Aschermittwoch beginnt die Fastenzeit. Wenn wir die Faschingstage bunt und lustig erlebt haben, dann steht der Aschermittwoch mit seiner Symbolik im krasse Gegensatz zum kunterbunten Faschingstreiben.

In der katholischen Kirche gehört der Aschermittwoch mit dem Karfreitag zu den strengen Fast- und Abstinenztagen, an denen Erwachsene auf reichhaltiges Essen verzichten sollen. Mit der Asche aus den Palmzweigen des letzten Jahres wird allen Mitfeiernden im Gottesdienst ein Kreuz auf die Stirn gezeichnet – ein ungewöhnlicher Ritus. Doch er stellt uns eindrucksvoll vor Augen: Alles Leben ist vergänglich, auch das unsrige. Alles, was abstirbt oder verbrennt, wird zu Asche. Dieses Zeichen will uns anstoßen, darüber nachzudenken: Wer bin ich? Was macht mein Leben aus? Wo ist es wie Asche, die ich wegblasen kann? Wo entsteht Neues?
Früher wurden die Menschen, die eine schwere Schuld auf sich geladen hatten, vor allen Leuten in der Kirche mit Asche bestreut und bis zum Gründonnerstag aus der Gemeinschaft ausgeschlossen.

Die Asche erzählt uns:
Ich bin ganz grau und staubig.
Du erkennst nicht einmal mehr,
was ich früher gewesen bin: Ein Zweig?
Ein Blatt? Eine Luftschlange?
Das Feuer hat mich ganz verwandelt.
Nimm mich einmal in die Hand.
Wie fühlen deine Finger sich jetzt an?
Staubig und schmutzig?
Aber ich bin ganz leicht.
Du kannst mich wegblasen
und ich husche mit dem Wind davon.

Aus Asche wächst Leben

Die Palmzweige sind im Aschermittwochsfeuer verbrannt. Es ist nur noch dunkle, graue Asche zurückgeblieben, die nutzlos und wertlos scheint. Wenn wir die Asche aber in kleine Blumentöpfe streuen und Körner einsäen, hilft sie mit, dass aus den Körnern kleine Pflänzchen sprießen und gedeihen. Die Asche wirkt mit am Wunder des Lebens.

Aschen-Ritual

- Wir legen ein violettes Tuch und ein Kreuz auf den (Jahreszeiten-)Tisch oder hängen es darüber auf.
- Wenn wir noch Palmzweige (z.B. Buchsbaumzweige) vom letzten Palmsonntag haben, dann legen wir sie in eine alte Schüssel und verbrennen sie. Dunkle, graue Asche bleibt zurück. Stattdessen können wir auch Luftschlangen und Girlanden vom Fasching verbrennen (Vorsicht: Mancher Faschingsschmuck ist nicht brennbar!).
- Wir stellen die Schale mit Asche auf unseren (Jahreszeiten-)Tisch.
- Jeder nimmt sich etwas von der Asche in die Hand und fühlt die Asche an.
- Wir überlegen, was die Asche uns von sich erzählen könnte.
- Die Asche ist ein Zeichen: Sie erinnert uns daran, dass wir auch sterben werden, so wie Pflanzen und Tiere. Als Christen aber glauben wir: Das ist nicht das Ende. Gott verwandelt auch unser Leben.
- Wir legen die Asche aus unseren Händen zurück in die Schale.
- Zum Abschluss können wir das Lied »Kratz an deiner Schale« singen (siehe S. 167).

Wenn wir gemeinsam mit der Familie den Gottesdienst besuchen, empfangen wir dort das Aschenkreuz. Der Priester oder jemand aus der Gemeinde teilt das Aschenkreuz aus mit den Worten: »Staub bist du und zum Staub kehrst du zurück« oder »Kehrt um und glaubt an das Evangelium!«

Die Fastensonntage
als Wegweiser

Die Einladung, unser Leben in der Fastenzeit in den Blick zu nehmen, gilt zunächst uns Erwachsenen. Die Aufforderung, umzukehren, wo wir etwas falsch gemacht haben, ist zuallererst ein Aufruf an uns. Aber auch Kinder kommen in Konfliktsituationen, machen etwas falsch und fühlen sich schuldig. Wie wichtig ist da die Erfahrung von Vergebung und Versöhnung! Denn sie ermutigt das Kind, sich selbst anzunehmen, seine Talente einzusetzen auch für andere, mit anderen zu teilen und sich selber weiterzuentwickeln. Die Fastenzeit gibt die Gelegenheit, mit den Kindern genauer hinzuschauen: Wie sieht unser Leben aus? Wo gelingt es, wo misslingt es? Woran können wir uns orientieren?

Auf dem Weg durch die Fastenzeit, auf der Suche nach den Quellen, aus denen wir leben, gibt es Wegweiser, die uns die Richtung zeigen. Solche Wegweiser sind die Fastensonntage mit ihren biblischen Botschaften. Sie erzählen von Entscheidungen, wichtigen Einsichten, von Umkehr, Heilung und Versöhnung, schließlich von Tod und Neuanfang.

Mit Symbolen können wir die biblische Botschaft der Fastensonntage auch für Kinder begreifbar machen, da sie gleichzeitig eine Brücke zum Leben der Kinder herstellen. Finden alle Symbole z.B. auf dem Jahreszeitentisch ihren Platz, so entsteht ganz von selbst ein Weg, unser Weg durch die Fastenzeit. Vielleicht haben wir schon am Aschermittwoch ein violettes Tuch (für die Fastenzeit) auf den Jahreszeitentisch gelegt und die Asche dazugestellt. Jeden Sonntag bis Ostern kommt ein neues Symbol dazu. Für jeden Fastensonntag finden Sie im Folgenden einen Impuls. Dazu schlagen wir folgendes Ritual-Ablauf vor:

Kratz an deiner Schale

© Kathi Stimmer-Salzeder, D-84544 Aschau a. Inn

1. Kratz an deiner Schale, schau mal, wo du bist,
such doch nach dem guten Kern, der da in dir ist.
Sei einfach du selber, ganz von innen raus.
Nimm dich an und sag dir: Ja, so seh ich aus.
La la la la la la la ...

2. Tu dir etwas Gutes, hab dich selber gern.
Du bist eine Welt für sich, grad so wie ein Stern.
Und so darfst du leuchten, ganz von innen raus.
Nimm dich an und sag dir: Ja, so seh ich aus!
La la la la ...

3. Schenk dir mal ein Lachen, schau, wie gut das tut.
Spür den tiefen Atem und den neuen Mut.
Lass die Seele leben ganz von innen raus.
Nimm dich an und sag dir: Ja, so seh ich aus!
La la la la ...

→ CD 8

- Wir versammeln uns um den Jahreszeitentisch, auf dem ein bestimmtes Symbol liegt.
- Wir betrachten gemeinsam das Symbol. Was will es uns sagen? Wir lassen es in der Ich-Form sprechen.
- Mutter oder Vater greifen die angegebene Erzähl- bzw. Gesprächsanregung auf und lesen sie vor. Wer möchte, äußert sich dazu.
- Wir beten gemeinsam.
- Wenn möglich setzen wir die Anregung zum Tun um.

1. Fastensonntag: In Versuchung geführt

Kleine und große Versuchungen – jeder von uns kennt sie. Auch Kinder kennen diese Versuchungen, z.B. Schokolade zu naschen, obwohl das Essen schon auf dem Tisch steht, den Fernseher anzuschalten, obwohl ja noch Hausaufgaben zu machen wären. Sie kennen ebenso das innere Hin und Her: »Soll ich, soll ich nicht?«

In der Bibel wird erzählt, wie auch Jesus Versuchungen ausgesetzt war. 40 Tage zieht er sich in die Wüste zurück und fastet. Als er am Ende vom Teufel in Versuchung geführt wird, weist Jesus ihn zurück (Mt 4,1–11; Mk 1,12–13; Lk 4,1–13). Er entscheidet sich für ein Leben mit Gott.

Einen Hampelmann oder eine Marionette hängen wir über dem Jahreszeitentisch auf. Wir bewegen die Puppe. Was sagt sie uns? »Ich bewege mich so, wie du es willst. Du kannst mich steuern. Ich kann nur das tun, was du mir befiehlst, etwas Eigenes kann ich nicht ...«

Sich alles wünschen können?

Einmal kamen drei Zauberer in eine Stadt und erfreuten die Kinder mit lustigen Zauberstücken. Zum Abschied hatten die Kinder einen Wunsch frei, der sich dann prompt erfüllen würde. Die Kinder – nicht dumm – wünschten sich, dass sich jeder ihrer Wünsche erfüllen solle. Das wurde ihnen gewährt, und die Kinder waren sich sicher, guten Zauberern begegnet zu sein. Die Kinder wünschten sich alles, was ihre kleinen Herzen begehrten. Bald türmten sich kleine und große Dinge um sie auf. Aber ungefähr nach einem Jahr spürten sie, dass ihnen die Freude daran verloren ging. Denn *alles* zu bekommen, ist unausstehlich und langweilig.

Sie entschlossen sich, Boten hinter den Zauberern herzuschicken, um ihnen zu bestellen: Nehmt dieses Glück wieder zurück, denn wir können uns nicht mehr freuen. Aber nirgends wurden die drei gefunden. Da klagten die Kinder: Die drei waren bös!

Sie überlegten lange und wünschten sich dann die »Wünsche-Erfüllung« fort. Jetzt wurde ihr Leben wieder spannend und heiter. Und sie freuten sich wieder wie vor Jahr und Tag.

Waren die Zauberer nun gut oder bös?

Frei nacherzählt nach dem Gedicht »Die Geschichte vom Wunsch aller Wünsche« von Michael Ende aus seinem »Schnurpsenbuch«.

Gebet
Guter Gott,
manchmal will ich einfach alles haben:
Was ich bei meinen Freunden sehe
oder in der Werbung
oder in den Reklameblättern.
Ich bin wie geblendet. Ich weiß einfach nicht,
was ich wirklich brauche.
Worauf kann ich verzichten?
Hilf mir, guter Gott, dass ich spüre,
was ich wirklich brauche.
Hilf mir, dass ich von dem,
was ich habe, auch abgeben kann.

Wir bemalen Steine

Wir bemalen Steine. Jesus sollte in der Wüste aus Steinen Brot machen. Wir regen die Kinder an, auf einen Zettel zu schreiben, was sie unbedingt haben wollen. Den Zettel legen wir unter den Stein auf den Jahreszeitentisch. Wir überlegen uns während der Woche, ob wir das wirklich brauchen.

2. Fastensonntag: Loslassen können

Es gibt Momente im Leben, die einfach so himmlisch sind – so schön und beglückend, dass wir sie am liebsten festhalten würden. Kinder erleben diese Momente oft noch intensiver, da sie sich ganz in diese Glücksmomente hineinversenken können. Denken wir nur an so manches selbstvergessene Spiel. Einen solchen Moment im Leben haben wohl auch die Jünger erlebt, als sie mit Jesus auf einen Berg steigen und er vor ihren Augen verklärt wird. Ihnen wird klar, wer Jesus ist: »Dies ist mein geliebter Sohn. Auf ihn sollt ihr hören«, spricht eine Stimme aus der Wolke (vgl. Mt 17,1–9; Mk 9,2–10; Lk 9,28–36).

Ein Paar Wanderschuhe stehen auf dem Jahreszeitentisch und erzählen uns: »Viele anstrengende Wege haben wir hinter uns, aber auch viele schöne Wege und Wanderungen sind die Menschen mit uns gegangen. Wir sind ganz schön ausgetreten, denn jeder Schritt hat uns geformt. Wir haben schon viel aushalten müssen.«

Wir basteln eine Himmelsleiter

Dazu brauchen wir: 5 Rundhölzer mit ca. 2 cm Durchmesser und ca. 25 cm Länge, zwei Seile mit je 1,5 Meter Länge. Wir nehmen ein Rundholz und wickeln das erste Seil zweimal um das Ende und knoten es fest. Das zweite Seil bringen wir ebenso am anderen Ende an. Im Abstand von ca. 15 cm bringen wir nun die anderen Rundhölzer an.

Wir schneiden Wolken aus, darauf schreiben wir Situationen, die himmlisch waren, in denen wir uns wie im Himmel gefühlt haben. Die Wolken hängen wir mit einer Wäscheklammer an unserer Leiter fest.

Gebet Guter Gott,
wenn wir was Tolles erleben,
können wir nicht genug
davon bekommen.
Aber wenn wir
in Schwierigkeiten stecken,
sind wir froh,
wenn uns schnell jemand weiterhilft.
Es tut uns so gut,
wenn uns jemand beisteht.
Dann geht es wieder besser
und wir fassen neuen Mut.

Auf dem Gipfel bleiben

Sandra und Jochen sind in aller Frühe mit dem Vater aufgebrochen. Sie wissen nicht, wohin die Wanderung gehen soll. Jeder ist mit seinem Rucksack mit Proviant gerüstet. Sie schreiten rasch voran, der aufgehenden Sonne entgegen. Aber der Weg wird immer anstrengender, immer steiler. Sie kommen völlig aus der Puste. Sie wollen nicht mehr. Aber der Vater macht ihnen Mut. Das letzte Stück zum Gipfel schaffen sie noch. Plötzlich geschieht etwas Wunderschönes: Das Gipfelkreuz ist in goldenes Licht getaucht und sie selbst stehen mitten im Licht. Müdigkeit und Anstrengung sind vergessen. Im Nu sind sie oben und können sich nicht satt sehen an der herrlichen Landschaft.

Da weckt der Vater sie, wie aus einem Traum, als er sagt: »Wir müssen zurückgehen!«

Nach Helmut Jaschke

Habt ihr so etwas auch schon mal erlebt: Ihr wollt nicht weitergehen, nicht weiterarbeiten für die Schule, weil es so mühselig und anstrengend ist, weil es keinen Spaß macht? Wer oder was hat euch da geholfen?
Wann hattet ihr das Gefühl: Es ist so schön, dass es nie aufhören sollte?

3. Fastensonntag: Kraft schöpfen

Wie gut tut es doch, wenn wir richtig Durst haben, z.B. nach dem Sport, ein Glas Wasser zu trinken. An diese elementare Erfahrung können wir anknüpfen, wenn wir die Begegnung von Jesus mit der Frau am Jakobsbrunnen lesen. Doch er verspricht ihr nicht nur Wasser zum Trinken, sondern auch Wasser, das ihren Durst nach Leben stillt (Joh 4,1–42).

Wir basteln Wassertropfen

Wir können aus Tonpapier Wassertropfen ausschneiden und uns überlegen: Wer muntert uns immer wieder auf? Wer oder was gibt uns Kraft? Wer ist für mich wie eine Quelle? Diese Wassertropfen legen wir auf unseren Weg.

Macht mit der ganzen Familie einen Spaziergang an einen kleinen Bach in eurer Umgebung und begleitet den Bachlauf ein Stück, vielleicht sogar bis zur Quelle.

Ein Krug mit frischem Wasser spricht zu uns: »Wenn ihr durstig seid, möchte ich euch erfrischen und beleben. Versucht einmal einen Tropfen von mir auf eurer Haut zu spüren.«

Wir gießen jedem ein wenig Wasser in seine Hand und kosten davon.

Auf dem Weg zur Quelle

Ein Mann, der am Meer wohnte, liebte es, am Strand zu sitzen und in die Ferne zu schauen, wo Meer und Himmel am Horizont miteinander verschmolzen. Die Seeleute, die er alle danach befragte, wie es am Horizont wohl wäre, konnten ihm alle keine Antwort geben. So träumte er sehnsüchtig von der unerreichbaren Ferne des Wassers.

Einmal, als er wieder auf die tosenden Wellen blickte, fragte er sich, wie das Wasser wohl seinen Weg bis ins Meer gefunden hätte. Und so machte er sich auf den Weg, bis er schließlich an eine Flussmündung gelangte. Jetzt wollte er unbedingt den Weg des Flusses weiter verfolgen. So wanderte er tagelang, über Wochen und Monate am Fluss entlang. Er betrachtete die langsame, kräftige Strömung des Flusses in der Ebene, seinen schnellen Lauf am Hang und seine spärlichen Rinnsale im Gebirge. Der Mann fürchtete schon seinen Weg zu verlieren, denn Hitze und Wind hatten das Bachbett fast ausgetrocknet und er selbst war vom langen Wandern müde und kraftlos geworden. Da hörte er bei der Rast ein leises Glucksen und Murmeln. Er spürte, dass er seinem Ziel nahe war. Er hatte die sprudelnde Quelle erreicht. Sie sammelte sich in einer kleinen Mulde. Niemals würde die Quelle versiegen, die ihm vom Geheimnis des Wassers erzählen konnte, das in den fernen Horizont mündete.

Stelle dir das Murmeln der Quelle vor! Was erzählt sie dir von ihrem Geheimnis?

Gebet Lieber Jesus,
du hilfst uns in unserem Leben
den richtigen Weg zu finden.
Du hilfst uns unsere Sehnsucht nach Glück
und Geborgenheit zu erfüllen.
Hilf uns, dass unsere Familie ein Ort ist,
wo wir Kraft schöpfen können,
selbst Geborgenheit erfahren
und anderen schenken können.

4. Fastensonntag: Ans Licht kommen

»Das kommt schon noch ans Licht« sagen wir und meinen damit: Die Wahrheit wird sich irgendwann zeigen. Um Dinge, die ans Licht kommen, um das Sehen von Wahrheit und Licht, um Jesus, der die Menschen sehend macht, geht es in den Texten dieses Fastenssonntags: Lukas erzählt das Gleichnis vom barmherzigen Vater (Lk 15,11–32), Johannes vom blind geborenen Mann, den Jesus wieder sehend macht (Joh 9,1–41), und von Gott, der seinen einzigen Sohn in die Welt gesandt hat, damit jeder, der an ihn glaubt, nicht zugrunde geht, sondern das ewige Leben hat (Joh 3,1–21).

Eine kleine Kerze wird entzündet und spricht zu uns: »Ich schenke euch mein Licht. Ihr sollt nicht im Finstern sein. Kommt in die Nähe meiner Flamme! Dann könnt ihr meine Wärme spüren.«

Ans Licht kommen

Matthias liegt abends im Bett. Er wälzt sich hin und her, denn er kann gar nicht einschlafen. Immer muss er an »die Sache« von heute Nachmittag denken: Die Mutter hatte ihm Geld für neue Schulhefte gegeben, aber er hatte sich lieber Süßigkeiten davon gekauft. »Hast du die Schulhefte gekauft?«, fragte die Mutter am Abend. »Ja sicher«, war Matthias' Antwort. Matthias weiß: Die Wahrheit muss ans Licht kommen.

Könnt ihr euch vorstellen, wie Matthias sich fühlt? Was soll er tun?

Wir gestalten eine Kerze

Wir basteln eine Kerze für einen alten oder kranken Menschen aus der Nachbarschaft und schenken sie ihm zu Ostern. Gemeinsam überlegen wir, wann wir die Osterkerze für die Familie gestalten können, damit wir das Material dafür (Wachskerzen, Verzierwachsplatten oder Knetwachs) besorgen können. Unsere Osterkerze stellen wir an das »Ende« unseres Weges.

Gebet Guter Gott,
ohne die Wärme und den Schein
des Lichtes können wir nicht leben.
Die Wahrheit ist für uns auch so
lebensnotwendig wie das Licht.
Ohne Wahrheit gibt es kein Vertrauen
zwischen uns Menschen.
Herr, hilf uns immer wieder
diesen Wegweiser aus der Dunkelheit
ins Licht wahrzunehmen
und zu beachten.

5. Fastensonntag: Verwandlung erleben

Im Frühling staunen wir jedes Jahr darüber, wie die Natur neu zu leben beginnt, und erleben hautnah die Wandlungen der Natur mit. Dass Wandlungen und Verwandlungen von Menschen durch Gott geschehen, ist das gemeinsame Thema der Evangelien des letzten Fastensonntags.

Johannes erzählt von der Ehebrecherin, die gesteinigt werden soll, und von Jesus, der sagt: »Wer von euch ohne Sünde ist, der hebe den ersten Stein« (Joh 8,1–11). Er erzählt auch das Gleichnis vom Weizenkorn, das in die Erde fällt und stirbt und reiche Frucht bringt (Joh 12,24–26). Und er berichtet von der Auferweckung des Lazarus (Joh 11,1–45).

Jeder bekommt **ein kleines Weizenkorn** in die Hand, das zu uns spricht: »Ich bin klein und hart. Großes steckt in mir. Der ganze Bauplan und alle Anlagen für eine kräftige Weizenähre.«

Geschichte vom Weizenkorn, das nicht sterben wollte

Es war einmal ein kleines Weizenkorn das versteckte sich in einer Scheune. Es wollte sich nicht opfern. Es wollte nicht sterben. Es wurde nie gesät. Es keimte nie auf. Es wurde nie zur Ähre. Es wurde nicht gemäht oder gedroschen oder gemahlen. Es wurde nie zu Brot. Es wurde nie ausgeteilt von einer Mutter. Es versteckte sich in der Scheune. Und eines Tages kam der Bauer und kehrte es mit dem ganzen Schmutz und Unrat weg.

Wo lebe ich wie das Weizenkorn, verstecke mich, will mich auf nichts Neues einlassen, mich nicht verändern?

Gebet Lieber Jesus,
das Weizenkorn fällt in die Erde und wandelt sich zur Ähre: Geheimnis des Lebens.
Du bist dem Weizenkorn gleich gestorben und auferstanden: Geheimnis des Glaubens.
Hilf mir für andere zu leben, etwas zu opfern von mir, von meiner Zeit.

Wir säen Weizenkörner

An den Weizenkörnern kann das Kind selbst das Wunder des Lebens beobachten. Legen wir sie in eine Schale mit Erde, gießen wir sie regelmäßig und stellen sie ans Licht, so können wir bald entdecken, dass sie aufquellen, keimen, kleine Wurzeln und kleine Blättchen entwickeln. Wenn wir die Weizenkörner (oder Kresse) heute am 5. Fastensonntag einsäen, so wächst aus der Schale bis Ostern ein lebendiges Osternest. Eine Schale mit eingesäten Weizenkörnern stellen wir auf unseren Weg.

Das Samenkorn

Ein Samenkorn lag auf dem Rücken,
die Amsel wollte es zerpicken.

Aus Mitleid hat sie es verschont
und wurde reich dafür belohnt.

Das Korn, das auf der Erde lag,
das wuchs und wuchs von Tag zu Tag.

Jetzt ist es schon ein hoher Baum
und trägt ein Nest aus weichem Flaum.

Die Amsel hat ein Nest erbaut:
dort sitzt sie nun und zwitschert laut.

Joachim Ringelnatz

Das Wunder des Samenkorns

Wir können das Wachsen der Samenkörner auch in Bewegungen darstellen:

- Wir gehen in die Hocke und machen uns ganz klein: Den Oberkörper legen wir auf die Knie, die Hände um die Knie.
- Wir heben langsam den Kopf und strecken die Arme nach oben. Dabei richten wir den Oberkörper auf und erheben uns langsam aus der Hocke.
- Wir wiegen im Stand hin und her. Wir strecken die Hände nach oben, bleiben aber mit den Füßen fest auf dem Boden.
- Wir formen mit den Händen vor dem Körper einen großen Kreis und führen sie vor der Körpermitte zu einer Schale zusammen.

Die Teekanne

Eine Teekanne, der übel mitgespielt worden war, erzählt: »Ihr hättet mich in meiner vollen Schönheit sehen sollen, als ich noch ganz war – mit Deckel, Henkel und vor allem meinem geschwungenen Ausguss, der Tülle. Sie machte mich zur Königin auf dem Tisch. Was waren dagegen denn auch die Tassen und Untertassen, die Zuckerdose, das Sahnekännchen und die Löffelchen? Ohne mich verblassten sie doch. Und ich gebe zu: Ich habe sie das auch spüren lassen.

Dann passierte es! Eines Tages ließ mich eine feine Hand versehentlich fallen. Seitdem sehe ich so aus wie jetzt. Da lag ich nun halb ohnmächtig. Und das Gelächter der Teller und Tassen höre ich noch heute in meinen Ohren. Sie lachten nicht über die ungeschickte Hand, nein, sie spotteten über mich, dass mir das geschehen war!

Ich wurde weggestellt und schließlich einer Bettlerin mitgegeben. Sie machte das Furchtbarste, was einer Teekanne passieren kann: Sie füllte mich mit Dreck! Überlegt mal, Dreck, wo einmal die edelsten Teesorten ihr Aroma entfalteten! Doch dann drückte sie in diese Erde eine Blumenzwiebel. Ich spürte, wie sie wuchs; sie wurde mein neues, lebendiges Herz – statt meines bisherigen stolzen aus Stein. Und dann brach aus der Zwiebel eine wunderbare Blüte hervor. Weil sie so schön war, kamen wir aufs Fensterbrett. Und alle, die vorübergingen, schauten auf diese Blüte – nicht auf mich. Aber ich wusste, wie wichtig ich war: Ich hielt die Feuchtigkeit und gab ihren Wurzeln Halt. Ich muss euch sagen, ich war noch nie im Leben so zufrieden wie damals, als ich ganz für diese Blume da war – als ich mich ganz für diese Blume vergaß. Das wollte ich euch sagen!«

Nach einem Märchen von Christian Andersen

Die Karwoche

Die Karwoche wird auch »große Woche« oder »heilige Woche« genannt, denn am Ende steht ein so großes, gewaltiges Ereignis, das wir ebenso wie die Jünger damals kaum fassen, nur glauben können: Gott hat Jesus nicht im Tod gelassen, er hat ihm neues Leben geschenkt.

In dem Wort »Karwoche« steckt das alte Wort *kara*, das Kummer und Sorge bedeutet, gehen wir doch in diesen Tagen den letzten Weg Jesu mit durch Leid und Tod. Die Karwoche beginnt mit dem Palmsonntag.

Palmsonntag

In der Kirche feiern wir an diesem Tag den Einzug Jesu in Jerusalem mit einer Palmprozession und denken an seinen Leidensweg, wenn wir die Leidensgeschichte hören. Der Name Palmsonntag erinnert daran, dass die Menge Jesus mit Palmzweigen, die damals ein Siegeszeichen waren, als ihren Retter und König empfing.

In unserer Familie können wir einfache Palmsträußchen, z.B. aus Buchs, Haselnuss- und Birkenzweigen etc. binden, und mit bunten Bändern aus Krepppapier schmücken. In der Kirche werden die Palmzweige vor der Prozession gesegnet.

Zu Hause stecken wir Zweige aus den Palmbuschen an die Kreuze in unserer Wohnung. Kranke in unserer Nachbarschaft, die selbst nicht zum Gottesdienst kommen können, freuen sich, wenn wir ihnen einen Palmzweig bringen. Die gesegneten Palmzweige können wir auch auf die Gräber legen und dabei an unsere Verstorbenen denken.

Auch auf unserem Jahreszeitentisch kann der Palmstrauß seinen Platz finden.

Gründonnerstag

Bedeutung und Brauchtum

Am Gründonnerstag hat Jesus beim Abendmahl seinen Jüngern seine Freundschaft und Liebe in besonders schönen Zeichen gezeigt. Er hat Brot und Wein mit seinen Freunden geteilt und gesagt: »Das bin ich für euch! Das ist mein Leib und das ist mein Blut. Esst und trinkt und tut dies zu meinem Gedächtnis!«

Vor dem Mahl hat er seinen Freunden die Füße gewaschen, was damals ein Sklavendienst war, und zu ihnen gesagt: »Ein Beispiel habe ich euch gegeben: Was ich euch getan habe, das sollt ihr auch für andere tun.« (Joh 13,15) Das Ritual der Fußwaschung im Gottesdienst, das in vielen Gemeinden Tradition hat, erinnert daran: Der Pfarrer wäscht zwölf Menschen aus der Gemeinde die Füße.

In manchen Familien gibt es den Brauch, am Gründonnerstag etwas Grünes zu essen, z.B. eine Kräutersuppe oder Spinat. Der Name des Gründonnerstags hat aber ursprünglich nichts mit »grün« zu tun, sondern mit »greinen«: Früher wurden an diesem Tag die »Greinenden« (mittelhochdeutsch für »die Weinenden«), also die am Aschermittwoch ausgeschlossenen Büßer, wieder in die Gemeinschaft aufgenommen.

Nach dem gemeinsamen Mahl geht Jesus mit seinen Jüngern in den Garten Getsemani und betet dort. Seine Jünger schlafen immer wieder ein. In vielen katholischen Pfarrgemeinden halten Gemeindemitglieder in dieser Nacht Wache – anstelle der Jünger, die es damals im Garten Getsemani *nicht* getan haben (vgl. Mt 26,36–46). Sie kommen zur Anbetung vor dem Allerheiligsten in Stille zusammen, denn nach dem Gottesdienst wird das gewandelte Brot vom Tabernakel an einen Nebenaltar oder in eine Kapelle übertragen.

In manchen Pfarreien versammelt man sich nach der Abendmahlsmesse zu einem einfachen, gemeinsamen Mahl, einer Agapefeier (Liebesmahl), zu der jeder etwas von daheim mitbringt.

Unser Gründonnerstagsmahl

Zusammenzusitzen, Zeit zu haben, gemeinsam zu essen, das ist in der Familie immer wichtig. Dies auch einmal bewusst mit einer Feier in Erinnerung an das besondere Mahl Jesu mit seinen Freunden zu »zelebrieren«, kann ein besonderes Erlebnis für alle werden. Je nach Alter der Kinder und den Wünschen der ganzen Familie können wir den Rahmen gestalten. Zu dem festlichen, aber dennoch einfachen Mahl können wir auch Freunde oder Nachbarn einladen.

Traubensaft, Fladenbrot und Kräuterquark für das Essen können wir schon am Morgen besorgen bzw. backen und zubereiten. Den Tisch schmücken wir evtl. schon am Nachmittag, beispielsweise mit Blumen und den Kommunionkerzen der Kinder.

Rezept für Fladenbrote

Zutaten: 1 P. Trockenhefe, ½ EL Zucker, ca. 1–1 ½ Tassen lauwarmes Wasser, 500 g Weizenmehl, ½ EL Salz, evtl. Eigelb zum Bestreichen, nach Belieben Sesamkörner, Mohn oder grobes Salz.

Zubereitung: Mehl, Zucker, Salz und Trockenhefe in eine Schüssel geben. Wasser unter ständigem Rühren hinzufügen. Die Schüssel mit einem Tuch abdecken und Teig an einem warmen Ort gehen lassen, bis er etwa doppelt so hoch ist (ca. 2 Stunden).
Teig auf einer mit Mehl bestreuten Fläche gut durchkneten, bis er schön glatt ist. Aus dem Teig etwa 9 Kugeln formen und jede Kugel etwa 2 cm dick ausrollen. Die Brote mit genügend Abstand aufs Backblech legen, zudecken, gehen lassen (ca. 1 Stunde).
Mit Eigelb bestreichen, mit Mohn, Sesam oder grobem Salz bestreuen und bei 200 °C backen, bis die Fladen hellgelb sind.

Ritual für eine Agapefeier in der Familie

- Wir versammeln uns um den gedeckten Tisch. Zum Beginn können wir singen: »Wo zwei oder drei in meinem Namen versammelt sind« (Evangelisches Gesangbuch 568).
- Wir beten: *Jesus, wir sind am Tisch versammelt und freuen uns auf das gemeinsame Essen. Wir denken heute Abend an das Abschiedsmahl, das du mit deinen Freunden gefeiert hast. In den Zeichen von Brot und Wein hast du deinen Jüngern gezeigt, dass du bei ihnen bist über den Tod hinaus. Du bist auch bei uns. Wir sind mit dir und miteinander verbunden. In unserer Gemeinschaft spüren wir, wie nahe du uns bist. Amen.*
- Wir hören die Geschichte von Jesu letztem Abendmahl aus der Sicht eines Jüngers, wie er diesen Abend mit Jesus erlebt hat (siehe S. 182).
- Wir halten Fürbitte:
  Hilf den Menschen, die hungern und dürsten nach Brot und Wasser.
  Hilf den Menschen, die hungern und dürsten nach Gerechtigkeit und Frieden.
  Hilf uns, dass wir nicht nur von unserem Überfluss abgeben, sondern wirklich teilen.
  Hilf uns, dass wir füreinander da sind und uns Zeit füreinander nehmen.
  Jeder kann reihum eine Bitte vortragen.
- Vater/Mutter sprechen die alten Segensworte, die uns schon aus der Urkirche überliefert sind, über Brot und Wein/Saft. Dabei nehmen sie Brot und Wein in ihre Hände:
  Wie dieses Brot, aus vielen Körnern bereitet, jetzt ein Brot ist, und wie dieser Wein/Saft, aus vielen Beeren gewonnen, jetzt ein Trank ist, so will Gott Menschen zueinanderführen, in dieser Gemeinschaft und auf der ganzen Welt. Kommt und esst von diesem Brot, das uns eint! Jesus, der Herr, gebe uns seinen Frieden.
- Wir essen und trinken gemeinsam. Wir erinnern uns damit in besonderer Weise an Jesus und spüren, dass er uns dabei ganz nahe ist.

Dankgebet nach dem Essen

Herr, wir danken dir
für das gemeinsame Mahl, die guten Gedanken
und Gespräche, die du uns geschenkt hast.
Hilf uns, das Gute, das wir empfangen haben,
auch an andere weiterzugeben.
Segne uns, wenn wir nun aufstehen und auseinandergehen,
und segne alle, die heute Abend nicht bei uns sein können.

Das letzte Abendmahl

Wir waren in Jerusalem angekommen. Jesus wollte noch einen ganz besonderen Abend mit seinen Freunden, also mit uns verbringen. Ich werde diesen Abend nie vergessen.

Jesus bat uns alle an den Tisch. Jetzt weiß ich, dass es das letzte Mal war, dass wir alle so zusammensaßen. Damals wusste ich das nicht.

Als wir alle unsere Plätze eingenommen hatten, nahm Jesus Brot, dankte Gott für das Brot, brach das Brot in Stücke und sagte: »Das ist mein Leib für euch. Tut dies zu meinem Gedächtnis.« Danach reichte er das Brot an uns weiter, sodass jeder etwas davon bekam.

Genauso nahm er nach dem Essen den Kelch mit Wein, dankte Gott dafür und sagte: »Durch mein Blut, das vergossen wird, schließe ich einen neuen Bund mit euch. Trinkt, wenn ihr zusammenkommt, aus diesem Kelch zu meinem Gedächtnis. Denn immer, wenn ihr von diesem Brot esst und aus diesem Kelch trinkt, verkündet ihr meinen Tod, bis ich wiederkomme.« Dann gab er den Becher weiter, bis wir alle davon getrunken hatten.
Ich spürte, dass Jesus uns bald verlassen würde. Aber ich fühlte auch die Gewissheit, dass er mit seiner Liebe immer bei uns bleiben würde.

Frei nach Paulus im 1. Korintherbrief 11,23–26

Karfreitag

Bedeutung

Am Karfreitag denken wir an das Leiden Jesu und an seinen Tod. Katholische Gläubige versammeln sich um 15 Uhr, der Todesstunde Jesu, zum Gottesdienst, in dem die Leidensgeschichte aus dem Johannesevangelium vorgetragen wird. Das Kreuz, das seit dem 5. Fastensonntag verhüllt ist, wird enthüllt und besonders verehrt. In manchen Pfarrgemeinden sind alle eingeladen, Blumen und frische Zweige mitzubringen und bei der Kreuzverehrung am Kreuz abzulegen.

In anderen Pfarrgemeinden ist es Tradition, am Morgen des Karfreitags den Kreuzweg Jesu zu gehen, in der Gemeinde, mit Kindern, im Freien mit einem Holzkreuz oder in der Kirche mit der Betrachtung der einzelnen Kreuzwegstationen.

Da Glocken und Orgel von Gründonnerstagabend bis zur Osternacht verstummen, ziehen mancherorts die Ministranten mit Holzratschen bis zur Osternacht durch die Straßen und rufen zum Gebet und zum Gottesdienst.

In der evangelischen Kirche wird dieser Tag besonders feierlich begangen. Der Hauptgottesdienst findet meist schon morgens um 10 Uhr statt. Geistliche Konzerte spielen eine große Rolle. Die Passionen von Johann Sebastian Bach sind für die Aufführung am Karfreitag komponiert worden.

Ein Tag der Trauer und der Stille

Für viele Menschen ist dieser Tag einfach ein freier Tag. Gut ist es, die Kinder einzubeziehen, wenn wir überlegen, wie wir diesen Tag der Trauer bewusst gestalten. Denn wenn wir den Kindern bestimmte Dinge wie Fernsehen einfach verbieten, suchen sie sich bestimmt ein anderes Ventil für »action«, etwa Computerspiele usw.

»Kreuzwege« gehen

- Wir machen uns gemeinsam auf den Weg zu einem Kreuz in unserer Nähe. Die Kinderbibel und etwas Bast nehmen wir mit. Dort am Kreuz erzählen oder lesen wir die Leidensgeschichte. Jedes Kind kann mithilfe des Bastfadens ein Kreuz aus kleinen Ästen zusammenbinden. Wir können noch verweilen und an Menschen denken, die wie Jesus leiden müssen.
- Mit älteren Kindern können wir ein solches Naturkreuz aus Ästen noch mit Perlen (aufgefädelt auf einem Silberdraht) und schönen Bändern verzieren.
- Zu Hause stellen wir die selbst gebastelten Kreuze auf unseren Jahreszeitentisch. Dieses Kreuz kann uns durch das Jahr begleiten.
- Wir schreiben die Sorgen und Nöte von Menschen auf, die uns nahestehen, und von Menschen weltweit. Diese »nageln« wir an das Kreuz.
- Wir gedenken besonders der Menschen, die im letzten Jahr in unserer Nachbarschaft, in der Familie oder im Freundeskreis verstorben sind.
- Wir hören uns die Johannes-Passion oder die Matthäus-Passion von Johann Sebastian Bach an.

Karsamstag

Bedeutung

Dieser Tag ist der Tag der Grabesruhe. In manchen katholischen Gemeinden ist das Heilige Grab Jesu in der Kirche dargestellt und die Gläubigen kommen dorthin zum stillen Gebet. An diesem Tag wird, wie auch am Karfreitag, keine Eucharistie gefeiert.

Ein Tag des Übergangs

Auch wenn an diesem Tag noch viele Dinge für Ostern erledigt und eingekauft werden müssen, können wir ihn aber in Ruhe beginnen und bei der Planung beim Frühstück besprechen, wer welche Arbeiten übernimmt. Es ist wichtig, sich einen Freiraum zu schaffen, um mit den Kindern die Vorbereitungen für Ostern zu treffen, denn schon naht die Osternacht.

Ist in unserer Nähe ein Heiliges Grab aufgebaut, können wir nach getaner Arbeit ans Grab gehen.
Vom Jahreszeitentisch nehmen wir das violette Tuch und die Symbole der Fastenzeit weg. Wir legen ein gelbes Tuch darauf, ansonsten bleibt er leer – denn dieser Tag ist ein Tag des Verweilens und des Übergangs.

Ostereier färben

Im Garten sammeln wir kleine Frühlingsblumen, feine Gräser und Kräuter und reiben sie mit Speiseöl ein. Dann legen wir sie vorsichtig auf die sauberen Eier. Wir umwickeln jedes Ei mit einem alten Perlonstrumpf und binden mit einem Faden ab. Dann legen wir die Eier zum Kochen ins vorbereitete Farbbad.

Vorbereitungen für Ostern

Folgende Dinge können gemeinsam vorbereitet werden: Osterbrot, Osterlämmer backen, Eier kochen und färben, Osternester vorbereiten, einen Osterstrauß aus Zweigen ins Haus holen und mit verzierten Eiern behängen. Wer einen Garten hat, kann dort einen blühenden Strauch als Osterbusch schmücken.

Eine Tätigkeit, die wir in Stille tun können und die uns auf Ostern einstimmt, ist das Verzieren der Osterkerze. Diese kann uns dann das Jahr über auch als Familien-Jesuskerze (auf dem Ess- oder Jahreszeitentisch) begleiten.

Christliche Symbole für Osterkerze und -eier sind zum Beispiel ein Lamm, das Christusmonogramm als Zeichen für Christus, Ostersonne, Fisch (als Erkennungszeichen der ersten Christen), ein Kreuz mit den griechischen Zeichen für Anfang und Ende: Alpha und Omega.

Wir richten einen Osterkorb

Vielerorts werden in der Osternacht Speisen gesegnet, die dann zum Osterfrühstück auf den Tisch kommen. In den Speisen- und Weihekorb gehören:

- Osterbrot als Zeichen des Lebens,
- ein Osterei für jedes Familienmitglied als Zeichen für die Auferstehung,
- ein gebackenes Osterlamm als Zeichen für das ewige Leben und für Jesus,
- Kren bzw. Meerrettich als Zeichen für die Bitternis des Lebens,
- Salz als Zeichen für die Würze des Lebens,
- Schinken bzw. Geräuchertes als Zeichen für die Fülle des Lebens,
- Osterkerze als Zeichen für den auferstandenen Jesus.

Das Weihekörbchen legen wir mit einem weißen Leinentuch aus. Es gibt schön bedruckte Weihedeckchen, die man über das kirchliche Hilfswerk Missio (www.missio.de) beziehen kann. Selbstverständlich kann man ein Tuch selbst besticken oder bedrucken: mit einem Lamm mit Siegesfahne, mit einer Ostersonne oder mit dem IHS-Monogramm, das bedeutet **I**esus **H**ominum **S**alvator: Jesus ist der Erlöser der Menschen.

Wir backen Osterhasen

Ein einfaches Rezept für Osterhasen, bei dem auch Kinder gut mitbacken können:
Mürbteig herstellen aus 250 g Butter, 250 g Zucker, 1 Päckchen Vanillezucker, 2 ganzen Eiern und 1 Eigelb (oder 3 kleinen Eiern), 500 g Mehl, 1 Päckchen Backpulver.
Teig rasch kneten und etwas kalt stellen. Dann ausrollen und Osterhasen ausstechen. Mit Eigelb bestreichen. Für die Augen nehmen wir Rosinen. Bei 175–200 °C etwa 15 Minuten backen, bis die Häschen goldbraun sind.

Wir feiern *Ostern*

Ostern ist *das* Freudenfest der Christen, das Fest der Feste. Ohne Ostern, ohne die Auferweckung Jesu »wäre unser Glaube nutzlos«: So schreibt es schon der Apostel Paulus an seine Gemeinde in Korinth. In der Frühe, so wird uns berichtet, gehen die Frauen zum Grabe und erleben, was sie so gar nicht erwartet haben: Der Grabstein, der alles unter Verschluss hielt, ist weg. Jesus ist auferstanden, erklärt ihnen ein Engel. Sie erzählen die Botschaft weiter und bis heute wird diese Botschaft an Ostern weitererzählt.

Dieses Ereignis zu feiern und zu begreifen, braucht Zeit und so feiert die Kirche bis Pfingsten fünfzig Tage lang Ostern.

Osternacht

In der Nacht oder am frühen Morgen versammelt sich die Pfarrgemeinde in der Dunkelheit und in der Stille, um vor der Kirche das Osterfeuer anzuzünden. Am Osterfeuer wird die Osterkerze entzündet, die in einer feierlichen Prozession in das Dunkel der Kirche getragen wird mit dem dreimaligen Ruf »Lumen Christi. Deo gratias«. Dieser lateinische Ruf bedeutet »Christus, das Licht der Welt. Dank sei Gott«. Am Licht der Osterkerze werden nach und nach die Kerzen der Gläubigen in der dunklen Kirche entzündet. Es ist ein beeindruckendes Ritual, das ausdrückt: Jesus ist unser Licht. Wir geben es weiter. Viele nehmen dieses Osterfeuer mit nach Hause und bringen es auch als Zeichen für den Glauben an die Auferstehung an die Gräber ihrer verstorbenen Angehörigen.

Früher wurden in der Osternacht die neuen Christen getauft und noch heute wird in der Osternacht das Taufwasser geweiht und alle erneuern ihr Bekenntnis zum Glauben im Taufversprechen.

Ostergebet

Fröhlich sind wir Jesus Christ,
dass du auferstanden bist,
von dem Grab und von dem Tod.
Halleluja, großer Gott.

Schön ist es für die Kinder, wenn sie das Licht vom Osterfeuer mit ins Haus nehmen können und ihre selbst verzierte Osterkerze daran entzünden (am besten eine Laterne mitnehmen – dann müssen wir nicht mit dem Wind kämpfen und es wird kein Wachs verschüttet). Etwas Weihwasser von der Tauffeier in der Osternacht gießen wir zu Hause in eine Schale und stellen sie mit der Osterkerze auf den Jahreszeitentisch.

Ostersonntag

Ostern steht ganz im Zeichen der Osterfreude. Wenn wir uns mit Ostereiern und Osterhasen beschenken, drücken wir damit unsere Freude über das neue Leben aus, das uns durch Jesu Auferweckung geschenkt ist.

Osterfrühstück

Da die Osternachtsfeier in den frühen Morgenstunden ist, nehmen wir uns danach viel Zeit für das gemeinsame gemütliche Frühstück. Gern stellen die Kinder ihre Osternester oder Osterhasen auf den Jahreszeitentisch.

Zum Osterfrühstück am schön gedeckten Tisch gehören natürlich die brennende Osterkerze, unser Osterstrauß mit bunten Eiern und die geweihten Speisen aus unserem Osterkorb. Die Ostereier fürs Frühstück legen wir in unser lebendes Osternest (siehe 5. Fastensonntag, S. 176).

Tischgebet

Lebendiger Gott,
Du beschenkst uns mit den Gaben der Erde
und machst uns satt.
Du beschenkst uns mit dem neuen Leben,
das heute in der Auferstehung Jesu Christi sichtbar wird.
Wir sind voll Freude und Dankbarkeit.
Halleluja. Halleluja.

Rund ums Osterei

Ein zentrales Motiv der Osterevangelien ist das Suchen: Die Frauen und die Jünger suchen den Gekreuzigten, sie suchen den Auferstandenen bei den Toten.

Das Ei ist ein uraltes Symbol der Fruchtbarkeit und des Lebens. Im christlichen Verständnis ist es ein Symbol für die Auferstehung Christi, denn es ist mit seiner harten Schale wie ein toter Stein, aus dem ein lebendiges Wesen hervorgeht.

Wenn wir an Ostern Ostereier verstecken, kommt mit der Suche zum Ausdruck, dass wir auf der Suche sind nach dem neuen Leben und selbst etwas dazu tun, um es zu finden.

Ostereiersuche und allerlei Ostereierspiele sind beliebte Aktivitäten in der Familie am Ostertag. Beim Verschenken von Ostereiern an Freunde oder in der Familie können wir das folgende Ostereierlied singen:

Ich schenke dir ein Osterei,
das Osterei bricht bald entzwei.
Die Osterfreude ewig sei.

Nach der Melodie des Volksliedes:
»Jetzt fängt das schöne Frühjahr an« (siehe S. 154) zu singen.

Ein wunderschöner, bunter Schmetterling

Ich erzähle dir von einer Raupe *(eine grüne Socke wird über die Hand gezogen)*. Die Raupe liebt Blätter, saftige, grüne Blätter *(Raupe »frisst« Salatblätter)*. Sie frisst jeden Tag viele Blätter und wird immer dicker und dicker.

Eines Tages denkt sich die Raupe: Ach, ich bin so müde, ich mag nicht immer nur fressen, fressen, fressen … ich spüre, in mir steckt noch etwas ganz anderes. Ich weiß nicht, was. Da ist aber noch etwas.

Und die Raupe sucht sich einen guten Platz, um sich auszuruhen *(die Raupe legt sich auf ein braunes Tuch – Socke ausziehen und hinlegen)*.

Damit ich noch besser spüren kann, was in mir steckt, brauche ich viel Ruhe, ich brauche einen Platz ganz für mich allein … und sie beginnt sich einzuspinnen, einen Kokon zu bauen *(grüne Socke in ein braunes Tuch einwickeln)*.

Sie spinnt ihre Hülle ganz eng um sich herum. Sie spürt, wie eng die Hülle ist. Die Raupe ist fest eingeschlossen. Nichts an ihr kann sich mehr bewegen.

So eingeschlossen lebt die Raupe ein paar Tage. Eines Morgens fühlt die Raupe etwas Sonderbares: Es wird ihr plötzlich warm und die Hülle, die ist ja viel zu eng. Sie bewegt ihren Kopf und ihre Füße. Aber was ist das?

Sie öffnet ihre Augen und es ist auf einmal alles ganz hell geworden. Ihre Hülle ist eingerissen und jetzt ist es ihr nicht mehr zu eng. Die Raupe probiert, ob sie sich noch mehr bewegen kann. Sie streckt sich und nun fällt die Hülle ab *(aus dem eingerollten braunen Tuch langsam einen vorbereiteten und vorher im braunen Tuch mit eingerollten Schmetterling aus Seidentüchern und Pfeifenputzern herausziehen)*.

Aah, die Sonne tut gut. Ich fühle mich wie verwandelt, so leicht.

Sie hat Flügel bekommen! Sie streckt sich und breitet erst den einen und dann den anderen Flügel aus. Sie ist keine Raupe mehr. Sie hat sich in einen wunderschönen, bunten Schmetterling verwandelt.

Monika Hofmann

Ostermontag

Der Ostermontag ist der Emmaustag. An diesem Tag wird in der Kirche die Emmausgeschichte aus dem Lukasevangelium vorgelesen: Zwei Jünger machen sich auf den Weg von Jerusalem nach Emmaus. Sie sind sehr traurig, denn sie können nicht begreifen, was mit Jesus geschehen ist. Unterwegs erscheint ihnen Jesus, sie erkennen ihn aber nicht. Erst beim Essen, beim Brechen des Brotes spüren sie, dass es Jesus ist, dass er wirklich auferstanden ist (Lk 24,13–35).

Unser Emmausgang

Wir treffen uns mit Nachbarn oder Verwandten oder einer befreundeten Familie und machen einen Spaziergang, unseren Emmausgang, zu einem Ort, der uns wichtig ist. Das kann eine kleine Kapelle sein, ein Wegkreuz oder ein besonders schöner Platz im Wald. Dort können wir die Emmausgeschichte (nach Lukas 24, siehe S. 213) vorlesen und Osterlieder singen.

Der Gang durch die Natur kann uns auch helfen das Geschehen der Auferstehung zu erfassen. Die erwachende Natur lässt uns mit allen Sinnen begreifen: Was scheinbar tot war, erwacht zu neuem Leben.

Zu Hause genießen wir ein einfaches, gemeinsam vorbereitetes Mahl.

Tischgebet

Lebendiger Gott,
beim Brechen des Brotes
haben die Emmausjünger dich erkannt.
Sie haben deine Nähe gespürt und erfahren,
dass du auferstanden bist.
Wir danken dir für alle Freundschaft und Hilfe,
die wir erfahren. Wir bitten dich,
beschenke uns bei diesem Mahl mit deiner Nähe,
hilf uns, dass wir uns auch gegenseitig Mut machen
und uns bestärken können.

Wir gestalten einen *Ostergarten*

Eine besondere Art, Jesu Leben, seinen Leidensweg und seine Auferstehung darzustellen, sind die sogenannten *Passions- oder Osterkrippen,* die im Mittelalter in italienischen Klöstern geschaffen wurden und bei uns vor allem im süddeutschen Raum zu finden sind. Der Begriff ist in Anlehnung an den Brauch der Weihnachtskrippe entstanden und ähnlich wie dort werden in der Osterkrippe Szenen aus dem Leben Jesu dargestellt.

Auch wir können in der Fastenzeit zu Hause mit den Kindern – ähnlich wie an Weihnachten – verschiedene biblische Erzählungen spielen und so eine Osterkrippe entstehen lassen. Wir verwenden den Begriff *Ostergarten*, weil wir mit Naturmaterialien eine Landschaft gestalten, in der die Kinder mit Figuren und Bausteinen Stationen aus der Lebensgeschichte Jesu, seinen Kreuzweg, seinen Tod und seine Auferstehung nachspielen bzw. nachempfinden können. Der Ostergarten lädt die Kinder zum Spielen ein. Dabei werden sie immer wieder in neue Rollen schlüpfen, Neues an der Geschichte und den Personen entdecken und verschiedenste Erfahrungen und Gefühle nachempfinden. Im Hineinversetzen in die Personen erfahren sie den Reichtum der Erzählungen, spüren mehr und mehr, was das auch mit ihrem Leben zu tun hat.

Material für Osterkrippen

- In der Krippenstadt Bamberg ist das alte Brauchtum der Krippenkunst lebendig geblieben. Dort stellt der Verein Bamberger Krippenfreunde e.V. alljährlich in der Fastenzeit Passionskrippen mit Darstellungen aus verschiedenen Ländern in der Maternkapelle aus. Auch in der Advents- und Weihnachtszeit werden Krippenausstellungen und Führungen angeboten. Und es gibt eine Krippenbauschule, die Kurse anbietet. Informationen unter www.krippenfreunde-bamberg.de.
- Eine Kunsthandwerk-Manufaktur im Erzgebirge stellt eine Osterkrippe aus Holz her, die in der Fastenzeit bis Ostern mit den Kindern betrachtet und nach den biblischen Erzählungen der Passionsgeschichte auch umgestaltet wird. Eine Krippe mit entsprechendem Begleitheft ist erhältlich im Internet unter www.wortimbild.net (dort im »Shop« unter »Kirchenbedarf«)
- Eine Holzkünstlerin stellt auf Fastenkrippen mit Figuren, Stadtmauer, Kreuzigungsstätte, Grabeshöhle etc. her. Anfragen per E-Mail an christelhennen@web.de

Die Vorbereitung

- Weil der Ostergarten uns durch die ganze Fastenzeit bis Ostern begleitet, braucht man einen entsprechenden Platz: Wir können ihn auf einem Tisch oder auf unserem Jahreszeitentisch gestalten. Als Schutz legen wir eine Folie oder eine alte Decke darauf und darüber ein farblich passendes Tuch, z.B. violett für die Fastenzeit oder braun/sandfarben für die Landschaft.
- Für den Aufbau des Gartens benötigen wir Sand, verschieden große Steine und weitere Naturmaterialien wie Zapfen, Moos, Buchsbaumzweige, andere immergrüne Zweige.
- Holzfiguren von Jesus, den Jüngern und den Frauen können selbst gebastelt werden, z.B. aus schräg abgesägten Stücken eines dickeren Besenstiels. Die schräge Fläche bemalen die Kinder mit einem Gesicht. Die gerade Fläche ist die Standfläche. Aus Stoffresten kleben wir Kleider auf die Figuren. Aus Filz können wir Umhänge ausschneiden und sie mithilfe eines durchgezogenen Wollfadens unseren Figuren umhängen. Wollreste oder Schaffellreste können als Haare dienen.
- Viele Figuren kann man auch aus der Weihnachtskrippe nehmen, z.B. Schafe, Esel, Engel, Hirten (als Jüngerfiguren).
- Für die Soldaten-Figuren nehmen wir glatt abgeschnittene Besenstielstücke und stecken einen Aluminium-Teelichtbehälter als Helm darauf, Schaschlikspieße sind die Waffen der Soldaten.
- Für verschiedene Gebäude und die Stadt Jerusalem benötigen wir Bauklötze.
- Außerdem brauchen wir: lange dünne Kerzen oder Teelichter (Ölbergstunde am Gründonnerstag), Stein (z.B. Kalksandstein) mit Löchern, kleine Äste und Bast für die Kreuze (Karfreitag), ein Herz aus Tonpapier.

Gestaltung

An einem bestimmten Tag der Woche während der Fastenzeit treffen wir uns zur Gestaltung des Ostergartens. Die immer gleiche Gestaltung hilft den Kindern bald zu erkennen, was wann dran ist. Am schönsten wird der

Ostergarten, wenn die Kinder mitmachen dürfen, indem sie die Landschaft elbst gestalten, Häuser bauen und Figuren basteln.

Unser Gestaltungsvorschlag führt Sie mit Jesusgeschichten ausgehend von der ersten Woche der Fastenzeit hin zu Ostern. Weil die Karwoche – beginnend mit dem Palmsonntag – von den Feiertagen her »sehr dicht« ist, ist es sinnvoll, dort die angegebenen Tage für die Gestaltung des Rituals einzuhalten. Da wir jedes Mal andere Materialien zum Aufbau der Landschaft etc. benötigen, ist es wichtig, diese vorher zu beschaffen und bereitzulegen.

Ritual für die Gestaltung eines Ostergartens

- *Einstieg:* Wir versammeln uns am Ostergarten und »bereiten den Schauplatz«.
- *Bibeltext:* Wir hören eine Geschichte aus dem Leben Jesu (für jüngere Kinder kann man statt des hier vorgeschlagenen Bibeltextes auch zurückgreifen auf: Vreni Merz, Die Bibel an der Bettkante. Ein Familienbuch, München 2007; die Geschichten aus der Bibel sind dort für Kinder von 4 bis 8 Jahren nacherzählt, außerdem wird zu jeder Geschichte ein kleines Ritual vorgeschlagen).
- *Spielanregung:* Die Kinder spielen die Geschichte mit Figuren und bereitgelegten Elementen im Ostergarten nach.
- *Innehalten:* Wir stellen die Figuren im Ostergarten ab und betrachten die Szene.
- *Gebet und Lied:* Wir schließen das Ritual mit einem Gebet und einem Lied ab. Gut geeignet ist das Lied »Da ist einer unterwegs« (siehe S. 194).

1. Woche:
Jesus wendet sich den Menschen zu

Einstieg: Wir gestalten aus Bauklötzen oder anderen Materialien eine kleine Stadt. Jesusfigur, Figur für den kranken Mann (evtl. mit einem Pflaster oder einem Stück Verbandstoff, das man später – als Zeichen der Heilung – entfernen kann), Figuren für Pharisäer, Bauklötze für Synagoge (Gebetshaus) bereitlegen.

Bibeltext: »Die Heilung eines Mannes am Sabbat« (Mk 3,1–6) wird vorgelesen.

Die Heilung eines Mannes am Sabbat

Jesus ging in eine Synagoge. Dort versammelte sich die Gemeinde zum Gottesdienst am Sabbat, dem Ruhetag. An diesem Tag wurde nicht gearbeitet und es gab genaue Gesetze und Vorschriften, was man am Sabbat tun durfte und was nicht. In der Synagoge war auch ein Mann mit einer gelähmten Hand. Jesus forderte ihn auf: Steh auf und komm her zu mir. Einige Gesetzeslehrer beobachteten Jesus genau. Ob er es wagen würde, diesen behinderten Mann am Sabbat zu heilen? Da fragte Jesus die Anwesenden: Darf man einen Menschen gesund machen oder muss man ihn leiden lassen? Was darf man im Sinne des Gesetzes Gottes am Sabbat tun? Niemand antwortete ihm. Jesus sah alle der Reihe nach an und war traurig und zornig, weil sie so hartherzig und erbarmungslos waren. Dann sagte er zu dem Mann: Streck deine Hand aus! Er streckte sie aus und seine Hand war wieder gesund. Da gingen die Pharisäer und Schriftgelehrten hinaus und beschlossen, dass sie Jesus umbringen wollten.

Nach Markus 3,1–6

Spielanregung: Die Kinder bauen eine Synagoge (Gebetshaus) auf, spielen nach, wie Jesus dort dem kranken Mann begegnet und ihn heilt. Die Kinder stellen evtl. auch die Pharisäerfiguren dazu, die Jesus beobachten. Die Figuren werden dann im Ostergarten abgestellt.

Innehalten: Der Mann hat jetzt zwei gesunde Hände. Wir betrachten unsere Hände. Mit ihnen können wir vieles machen. (Die Kinder nennen, was ihnen einfällt: schreiben, malen, basteln, spielen, schlagen, helfen.) Es ist schön, zwei gesunde Hände zu haben. Spürt nach, wie sich der geheilte Mann mit seinen Händen nun fühlt. Er ist nicht mehr behindert. Er kann jetzt beide Hände wieder richtig benutzen. Er ist sehr glücklich, weil er sich nun in seinem Körper wohlfühlt. Wenn wir krank oder gehetzt oder müde sind, fühlen wir uns auch nicht wohl in unserem Körper. Wer oder was hilft uns dann? Wer hat mich schon einmal geheilt und wieder froh und glücklich gemacht?

Gebet
Jesus,
du hast offene Ohren und Augen gehabt
für die Not der Menschen.
Die Menschen waren dir wichtiger
als Vorschriften und Gesetze.
Mit deinen Händen hast du sie berührt und ihnen geholfen,
mit deinen Worten hast du sie getröstet und aufgerichtet.
Du hast sie geheilt. Du willst, dass wir heil und gesund sind.
Hilf uns, dass wir unsere Hände gebrauchen,
um anderen zu helfen.

Da ist einer unterwegs

© Kathi Stimmer-Salzeder, D-84544 Aschau a. Inn

2. Die Lahmen können gehen, die Blinden wieder sehn,
   Und die sonst keiner haben will, er sucht sie zu verstehn.

3. Er wandert nicht allein. Wie schön, sein Freund zu sein!
   Er zeigt, wie Gott uns Menschen liebt, uns, was wir brauchen, gibt!

→ CD 10

2. Woche:
Liebe deinen Nächsten

Einstieg: Wir gestalten die Straße zwischen Jerusalem und Jericho (mit kleinen Steinen Wegränder markieren, dicke, kantige Steine für Felsblöcke), Figuren für überfallenen Mann, evtl. Räuber, Priester, Levit, Freund (Samariter), Esel, evtl. Bauklötze für Herberge bereitlegen.
Bibeltext: »Das Gleichnis vom barmherzigen Samariter« (Lk 10,25–37) wird vorgelesen.

Das Gleichnis vom barmherzigen Samariter

Der Gesetzeslehrer fragte Jesus: Und wer ist mein Nächster? Da antwortete Jesus mit einer Geschichte: Ein Mann ging von Jerusalem nach Jericho hinab und fiel unter die Räuber. Sie raubten alles, was er bei sich hatte und was er anhatte, verprügelten ihn, ließen ihn halb tot liegen und machten sich aus dem Staub.

Zufällig kam ein Priester denselben Weg hinab. Er sah den Menschen liegen und ging weiter. Auch ein Mann aus dem Stamme Levi kam an die Stelle, sah ihn und ging weiter. Da kam ein Mann aus Samarien des Wegs, sah ihn und hatte Mitleid mit ihm. Der Samariter ging zu ihm hin, behandelte mit Öl und Wein seine Wunden und verband sie. Dann hob er ihn auf sein Reittier, brachte ihn in ein Gasthaus und umsorgte ihn. Am nächsten Morgen nahm er zwei Silbermünzen aus seinem Geldbeutel und gab sie dem Gastwirt mit dem Auftrag: Sorge für ihn! Solltest du noch mehr Geld brauchen, werde ich es dir zurückzahlen, wenn ich wieder vorbeikomme.

Was meinst du? Wer von den dreien ist der Nächste geworden für den, der unter die Räuber gefallen war? Der Gesetzeslehrer antwortete: Der sich seiner erbarmt hat, Mitleid hatte und half. Da sagte Jesus: Geh hin und handle genauso!

Lukas 10,25–37, aus:
»Die Bibel für Kinder und alle im Haus« von Rainer Oberthür

Spielanregung: Kinder spielen nach, wie sich Räuber hinter Felsen verstecken, den Mann überfallen. Der verletzte Mann liegt da, Priester, Levit gehen vorbei. Ein Freund (Samariter) hält an, hilft, bringt den Verletzten in eine Herberge. Die Kinder können ggf. Herberge aus Klötzen aufbauen.

Innehalten: Wo haben wir das schon erlebt? Wo habe ich selbst schon einmal auf Hilfe gewartet? Was ist das für ein Gefühl, wenn dann jemand kommt und hilft? Wo habe ich selbst schon geholfen?

Gebet
Guter Gott,
auch wir brauchen oft
Hilfe und Unterstützung von anderen.
Manchmal fällt es uns nicht leicht,
andere um Hilfe zu bitten oder anderen etwas zu geben.
Du weißt, dass wir Menschen einander brauchen,
und willst, dass wir uns gegenseitig helfen.

3. Woche:
Das verlorene Schaf

Einstieg: Landschaft evtl. mit Moos, Zapfen von Nadelbäumen, Dornen und Steinen ergänzen, Schafe und Figur des Schäfers bereitlegen. Evtl. Bauklötze für Haus des Schäfers.

Bibeltext: »Das Gleichnis vom verlorenen Schaf« (Lk 15,–17) wird vorgelesen.

Das Gleichnis vom verlorenen Schaf

Die Zöllner und andere, die dem Glauben fern waren, kamen mutig in die Nähe Jesu, um ihm zuzuhören. Manche Schriftgelehrten und Pharisäer waren darüber wütend und warfen Jesus vor: Er gibt sich mit Gottlosen ab und isst sogar mit ihnen.

Da erzählte Jesus ihnen ein Gleichnis: Stell dir vor: Du besitzt hundert Schafe und eins davon geht verloren. Lässt du dann nicht die neunundneunzig in der Wüste zurück und suchst das verlorene, bis du es findest? Und wenn du es dann gefunden hast, legst du es voll Freude auf die Schultern und rufst zu Hause alle Freunde und Nachbarn zusammen und sagst: Freut euch mit mir, ich habe mein verlorenes Schaf wiedergefunden. Es ist wieder da! Ich sage euch: Genauso freut sich Gott über einen einzigen Gottlosen, der umkehrt, mehr sogar als über neunundneunzig Gerechte, die keine Umkehr nötig haben.

Lukas 15,1–7, aus:
»Die Bibel für Kinder und alle im Haus« von Rainer Oberthür

Spielanregung: Kinder gestalten die Landschaft, in der das Schaf sich verirrt hat, mit Felsen, Gräben, Dornen etc. Ein Kind darf das Schäfchen verstecken. Die anderen suchen dann – wie der Schäfer – das verlorene Schaf. Evtl. können Kinder noch das Haus des Schäfers aus Klötzen bauen.
Innehalten: Wann habe ich mich schon mal verlaufen? Wie habe ich mich da gefühlt? Vielleicht haben Papa oder Mama mich gesucht oder ich habe sie gesucht? Wie war es, als wir uns wieder gefunden haben?

Gebet
Guter Gott,
du sorgst dich um jeden von uns.
Du willst nicht, dass wir verloren gehen.
Immer wieder dürfen wir zu dir kommen.
Immer bist du für uns da und gibst uns nicht auf.

4. Woche:
Jesus bei Zachäus

Einstieg: Die Kinder bauen aus Bauklötzen die Stadt Jericho. Wir stecken einen kleinen Ast in einen Stein mit Loch (geeignet ist ein weicher Stein, z.B. Kalksandstein): Das ist ein Baum. Wir stellen die Zachäusfigur hinein: Das ist Zachäus auf dem Baum. Wir stellen die Jesusfigur bereit, Figuren für Männer und Frauen, evtl. Haus des Zachäus, wo er mit Jesus Mahl hält.
Bibeltext: »Jesus im Haus des Zöllners Zachäus« (Lk 19,1–10) wird vorgelesen.

Jesus im Haus des Zöllners Zachäus

In der Stadt Jericho wohnt Zachäus. Er ist Zöllner. Tag für Tag steht er am Stadttor und kassiert Zoll für die Waren, die Menschen in die Stadt bringen. Er verlangt mehr, als er darf. Die Leute können nichts dagegen machen. Jesus kommt nach Jericho. Die Menschen drängen sich in den Straßen. Auch Zachäus will Jesus sehen, er hat schon viel von ihm gehört. Zachäus ist sehr klein, er kann gar nichts sehen. Darum läuft er schnell voraus und steigt auf einen Baum. Dort muss Jesus vorbeikommen. Als Jesus an die Stelle kommt, ruft er: Zachäus, komm schnell herunter! Ich will heute in deinem Haus zu Gast sein. Zachäus freut sich sehr. Er klettert schnell herunter und führt Jesus in sein Haus. Die anderen Leute schimpfen: Weiß Jesus denn nicht, mit wem er sich da einlässt? Zachäus ist ein Betrüger! Er nimmt uns so viel Geld ab. Als sie beim Essen sitzen, sagt Zachäus: Jesus, du weißt, ich habe zwar viel Geld, aber doch hat mich niemand gern. Ich habe viel Unrecht getan. Die Hälfte von meinem Geld will ich armen Leuten geben. Wer zu viel bezahlt hat, dem gebe ich es vierfach zurück. Jesus sagt zu ihm: Zachäus, heute ist dein Glückstag. Gott freut sich über dich. Auch du bist sein Sohn und darfst immer zu ihm kommen und neu anfangen.

Nach Lukas 19,1–10

Spielanregung: Kinder spielen die Szene nach, wie Jesus nach Zachäus ruft und dieser schnell vom Baum steigt. Wer lädt wen ein? Die Kinder dürfen formulieren, wie Jesus sich selber einlädt! Kinder bauen auf und spielen nach, wie Jesus und Zachäus zusammen Mahl halten. Die anderen Figuren stehen abseits und beobachten. Was sagen sie über Jesus und Zachäus?

Innehalten: Jesus ist einfach zu dem Menschen hingegangen, den alle meiden. Jesus lässt ihn spüren: Auch du gehörst zu Gott. Zachäus ist froh und dankbar, dass er zu Gott gehört. Er will sich ändern. Was habe ich schon einmal falsch gemacht und später eingesehen?

Gebet
Guter Gott,
du hast immer offene Türen für uns.
Immer dürfen wir zu dir kommen, denn du bist für uns da.
Du sorgst dich um uns und nimmst uns an,
egal, was passiert ist.

5. Woche:
Jesus öffnet Bartimäus und uns die Augen

Einstieg: Schauplatz der heutigen Erzählung ist wieder die Stadt Jericho. Am Wegrand sitzt ein blinder Bettler (evtl. eine kleine Schale und eine Augenbinde als Zeichen). Viele Leute sind auf dem Weg, auch Jesus ist mit seinen Freunden unterwegs. (Wir benötigen heute möglichst alle Figuren zum Spielen.)

Bibeltext: »Die Heilung eines Blinden bei Jericho« wird vorgelesen.

Die Heilung eines Blinden bei Jericho

Jesus wandert mit seinen Jüngern durch das Land und kommt in die Stadt Jericho. Da waren viele Menschen und am Wegrand hockt Bartimäus. Er ist blind, er kann nicht arbeiten. Deshalb muss er betteln. Als Bartimäus hört, dass Jesus bei ihm vorbeikommt, ruft er ganz laut: Hilf mir, Jesus! Die Leute am Straßenrand schimpfen mit ihm: Schrei nicht herum! Du störst Jesus. Da schreit Bartimäus noch viel lauter: Jesus! Hilf mir! Jesus bleibt stehen. Er sagt: Ruft ihn her zu mir. Da sagen die Leute zu Bartimäus: Steh auf! Jesus ruft dich. Bartimäus springt auf und läuft zu Jesus. Jesus fragt ihn: Was willst du? Bartimäus antwortet: Ich will wieder sehen können. Da sagt Jesus: Du vertraust mir. Du kannst wieder sehen. Und auf einmal kann Bartimäus sehen. Er macht sich auf den Weg und geht mit Jesus. Danach geht Jesus nach Jerusalem, wo sich sein Leben entscheidet.

Nach Markus 10,46–52

Spielanregung: Die Kinder spielen die Szene nach, wie Bartimäus nach Jesus ruft, die Leute ihn zur Ruhe bringen wollen, er sich aber nicht wegdrängen lässt, wie Jesus Bartimäus heilt (Augenbinde wird abgenommen).

Ein Kind darf sich die Augen verbinden lassen. Wie fühle ich mich, wenn ich blind bin? Das Kind darf sich von den anderen führen lassen. Was passiert, wenn andere mich nicht mehr führen, mich loslassen? Wie kann ich mich orientieren? Die Augenbinde wird abgenommen: Wie fühle ich mich, wenn ich wieder sehen kann?

Innehalten: Bartimäus ist gesund, er kann wieder sehen. Wir schließen unsere Augen. Dann öffnen wir sie. Es ist schön, mit unseren Augen sehen zu können. Spürt nach, wie Bartimäus sich fühlt: Er ist sehr froh. Er kann Farben, Menschen und alles wieder sehen. Er fühlt sich sicher. Er muss nicht mehr betteln, er kann mit Jesus mitgehen.

Gebet
Jesus,
du hast viele Menschen geheilt.
Du hast den Menschen die Augen geöffnet für das,
was im Leben wichtig ist.
Du hast ihnen die Augen für Gott geöffnet.
Ich danke dir für meine Augen,
dass ich das Gute an anderen Menschen sehen kann
und die Menschen, die meine Hilfe brauchen.

Palmsonntag:
Jesus zieht in Jerusalem ein

Einstieg: Wir bauen ein Stadttor und Stadtmauern aus Bauklötzen. Wir benötigen alle vorhandenen Figuren, evtl. Eselsfigur aus der Weihnachtskrippe nehmen. Wir fassen mit kleinen Steinen einen Weg ein. Das ist der Weg nach Jerusalem. Kleine Stücke Stoffreste bereithalten, Buchsbaumzweige in kleine Knetwachskugeln stecken, evtl. mit bunten Krepppapierbändern (grün, gelb, rot, schwarz, violett) verzieren.

Bibeltext: »Der Einzug in Jerusalem« (Mk 11,1–11) wird vorgelesen.

Der Einzug in Jerusalem

Jesus ist mit seinen Jüngern auf dem Weg nach Jerusalem. Dort möchten sie zusammen das Passahfest feiern, das Fest der Befreiung Israels. Kurz vor der Stadt bittet Jesus zwei seiner Jünger: Geht voraus in das Dorf. Dort findet ihr einen jungen Esel. Bindet ihn los und bringt ihn her. Wenn euch jemand fragt, was ihr da macht, dann sagt: Der Herr braucht den Esel. Wir bringen ihn bald zurück. Die Jünger bringen den Esel zu Jesus und legen ihre Kleider auf seinen Rücken. Jesus setzt sich darauf und reitet das letzte Stück nach Jerusalem. Viele andere Menschen sind auf dem Weg zum Fest. Sie legen ihre Mäntel auf den Weg, reißen Zweige von den Bäumen und rufen: Hosianna dem Sohn Davids! Gesegnet sei, der da kommt im Namen des Herrn! Hosianna! Sie hoffen, dass Jesus der neue König ist, der das Königreich von David wieder aufbaut.

Nach Markus 11,1–11

Spielanregung: Die Kinder spielen die Szene nach. Soldaten bewachen das Stadttor. Links und rechts des Weges stehen Menschen. Stoffreste und Buchsbaumzweige werden auf den Weg gelegt. Jesusfigur und Esel werden auf den Weg gestellt und von den Kindern in die Stadt geleitet.
Innehalten: Die Menschen in Jerusalem haben Jesus mit Palmzweigen zugejubelt. Ihre Kleider haben sie auf den Weg gelegt, als er in die Stadt kam. So wie man einem König einen roten Teppich ausrollt.

Jesus ist ein besonderer König. Was macht ihn zu einem besonderen König? (Antworten der Kinder abwarten.) Weil Jesus so ein besonderer Mensch war, jubeln wir ihm mit den Palmzweigen zu.

Gebet »Hosianna!«
haben die Leute in Jerusalem gerufen,
als du dort in die Stadt eingezogen bist.
Hosianna, das heißt: »Hilf doch, Herr.«
Jesus, wir sind froh,
wenn wir dich um Hilfe bitten dürfen
und du uns deine Hilfe gewährst.

Gründonnerstag:
Im Garten Getsemani

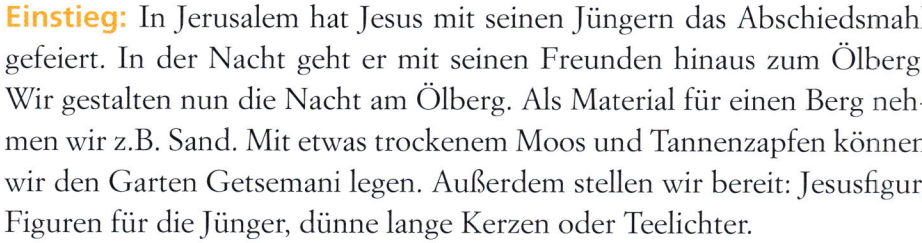

Einstieg: In Jerusalem hat Jesus mit seinen Jüngern das Abschiedsmahl gefeiert. In der Nacht geht er mit seinen Freunden hinaus zum Ölberg. Wir gestalten nun die Nacht am Ölberg. Als Material für einen Berg nehmen wir z.B. Sand. Mit etwas trockenem Moos und Tannenzapfen können wir den Garten Getsemani legen. Außerdem stellen wir bereit: Jesusfigur, Figuren für die Jünger, dünne lange Kerzen oder Teelichter.
Bibeltext: »Jesus im Garten Getsemani« (Mt 26,36ff.; Joh 18,1ff.) wird vorgelesen.

Jesus zieht in Jerusalem ein

Text und Melodie: Gottfried Neubert 1968
© Verlag Ernst Kaufmann, Lahr

2. Jesus zieht in Jerusalem ein, Hosianna!
   Seht, er kommt geritten, auf dem Esel sitzt der Herr,
   Hosianna, Hosianna, Hosianna in der Höh!

3. Jesus zieht in Jerusalem ein, Hosianna!
   Kommt und legt ihm Zweige von den Bäumen auf den Weg!
   Hosianna, Hosianna, Hosianna in der Höh!

4. Jesus zieht in Jerusalem ein, Hosianna!
   Kommt und breitet Kleider auf der Straße vor ihm aus!
   Hosianna, Hosianna, Hosianna in der Höh!

5. Jesus zieht in Jerusalem ein, Hosianna!
   Alle Leute rufen laut und loben Gott den Herrn!
   Hosianna, Hosianna, Hosianna in der Höh!

6. Jesus zieht in Jerusalem ein, Hosianna!
   Kommt und lasst uns bitten, statt das »Kreuzige« zu schrein:
   Komm, Herr Jesus, komm, Herr Jesus, komm,
   Herr Jesus, auch zu uns.

Das »Hosianna« kann man auch gruppenweise im Wechsel singen (I/II).

Jesus im Garten Getsemani

Als Jesus das Passah-Mahl mit seinen Jüngern gefeiert hat, gehen sie hinaus zum Ölberg. Drei Jünger, Petrus, Jakobus und Johannes, gehen mit ihm in den Garten Getsemani. Es ist schon dunkel und Jesus bittet die Jünger: Wartet auf mich. Ich will dort drüben hingehen und beten. Bleibt wach und betet!

Jesus ist allein. Er wirft sich auf die Erde und fleht Gott an: Mein Vater, hilf mir! Ich habe solche Angst. Dir ist alles möglich. Erspare mir das große Leid, wenn es sein kann. Aber nicht, was ich will, sondern was du willst, soll geschehen.

Jesus geht zurück und findet seine Freunde schlafend und sagt zu Petrus: Simon, kannst du nicht wach bleiben? Wacht und betet. Dreimal bittet Jesus seine Jünger zu wachen und zu beten. Jedes Mal schlafen sie ein.

Da kommen schon die Soldaten mit Judas. Judas geht auf Jesus zu und die Soldaten nehmen Jesus gefangen.

Nach Matthäus 26,36ff. und Johannes 18,1ff.

Spielanregung: Aus Sand wird ein Berg geformt, in den man später zu den einzelnen Bitten des Gebets (s. unten) dünnen Kerzen stecken oder Teelichter obenauf stellen kann. Jüngerfiguren werden hingelegt, sie schlafen. Jesus ist allein und betet. Die Kinder spielen, wie die Soldaten mit Judas kommen und Jesus verhaften.

Innehalten: Jesus hat große Angst. In seiner Angst betet er zu Gott. Wann hatte ich zuletzt große Angst? Was hat mir da geholfen?

Gebet
Jesus,
du hast in dieser Nacht große Angst gehabt, dich allein
und verlassen gefühlt. In deiner Angst hast du zu Gott gerufen.
Für alle Menschen, die allein sind und große Angst haben,
zünden wir ein Licht an.
Für alle Menschen, die verraten und ungerecht behandelt werden,
zünden wir ein Licht an.

Bleibet hier und wachet

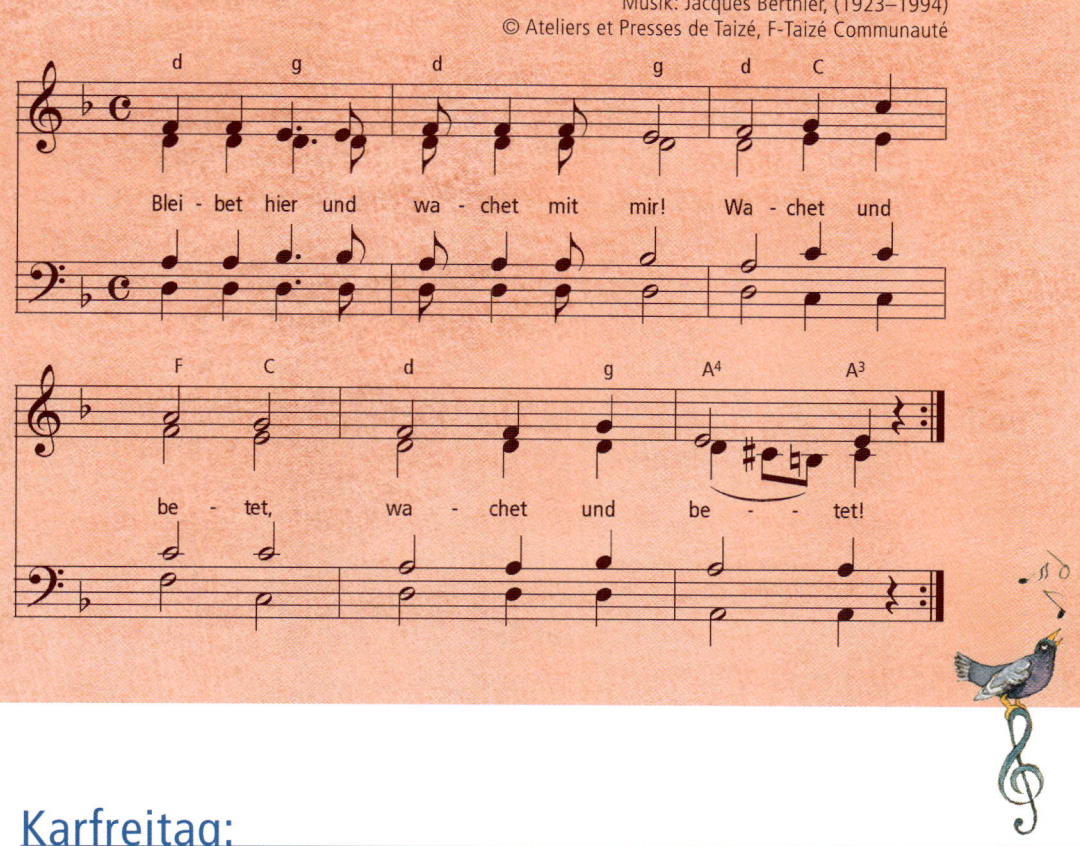

Karfreitag:
Jesus leidet und stirbt am Kreuz

Einstieg: Für die Kreuzigungsszene binden wir aus zwei Ästen mit Bast ein Kreuz zusammen. Wir benötigen einen Stein mit Loch, in das das Kreuz hineingesteckt wird. Figuren (Jesus, Jünger, Frauen) bereitstellen, Steine für die Grabeshöhle. Aus einem Dornenzweig formen wir evtl. mit Draht die Dornenkrone.

Bibeltext: Die Leidensgeschichte Jesu finden Sie im Folgenden in einer frei nacherzählten und deutlich gekürzten Fassung, die sich am Johannesevangelium orientiert. Wenn Sie direkt aus der Bibel lesen wollen, empfehlen wir, eher Markus 15 oder Lukas 23 zu nehmen.

Die Kreuzigung und der Tod Jesu

Die Soldaten nehmen Jesus gefangen und bringen ihn zum Hohen Rat. Dort wird er die ganze Nacht lang verhört, sie können Jesus jedoch kein Verbrechen nachweisen. Da fragt der Hohe Priester Jesus, ob er der Sohn Gottes sei. Jesus antwortet ihm: Ja, ich bin es. Daraufhin entscheiden der Hohe Priester und die anderen Richter: Er macht sich selber zum Sohn Gottes. Dafür muss er nach unserem Gesetz sterben. Aber nur Pilatus, der römische Statthalter, konnte ein Todesurteil aussprechen. Während Jesus von den Wachsoldaten gequält und misshandelt wird, hecken die Männer des Hohen Rates den Plan aus, Jesus als Unruhestifter bei Pilatus anzuklagen. Aber auch Pilatus kann keine Schuld an Jesus finden. Er will Jesus freilassen, aber die aufgehetzte Menschenmenge schreit: Ans Kreuz mit ihm! Da Pilatus Angst um seinen Posten als Statthalter hat, liefert er Jesus aus. Er befiehlt den Soldaten Jesus auszupeitschen. Anschließend werfen sie ihm einen roten Mantel über und setzen ihm eine Dornenkrone auf, um ihn als König zu verspotten. Dann muss Jesus sein Kreuz auf die Schultern nehmen und auf den Berg Golgota tragen. Dort ist die Kreuzigungsstätte. Die Soldaten nageln Jesus ans Kreuz. Alle Jünger sind weggelaufen, nur sein Freund Johannes, seine Mutter Maria und einige Frauen sind noch bei Jesus, als er am Kreuz hängt. Plötzlich wird es mitten am Tag finster. Jesus ruft: Es ist vollbracht! Dann stirbt er.

Nach Johannes 18,1–19.30

Gestaltung: Hier sollten wir mit dem Nachspielen behutsam sein. Es reicht, wenn die Kinder das Kreuz zur oder an die Jesusfigur legen und beides zum Stein mit Loch bringen (Kreuzigungsstätte). Dort wird das Kreuz aufgestellt.

Wir betrachten in Stille die Szene und denken an die Menschen, die im letzten Jahr in unserer Familie, in unserem Bekanntenkreis gestorben sind. Wir denken auch an die Menschen, die im Krieg oder durch Terror umgekommen sind.

Gebet Jesus,
du bist am Kreuz gestorben.
Wir hoffen, dass der Tod nicht das Ende ist.

Du für mich

Lied für das Weltjugendtagskreuz auf dem Pilgerweg
zum Weltjugendtag 2005, geschrieben in Assisi 2002
© Kathi Stimmer-Salzeder, D-84544 Aschau a. Inn

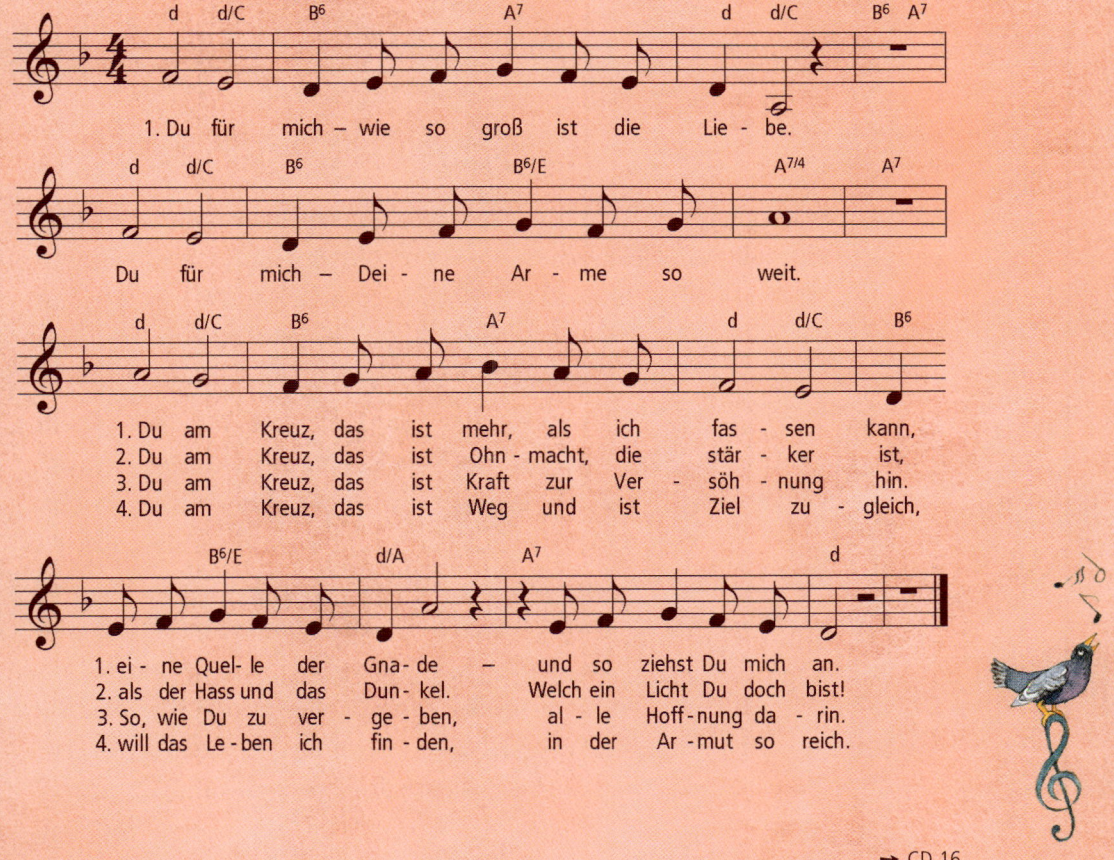

1. Du für mich – wie so groß ist die Lie-be.
Du für mich – Dei-ne Ar-me so weit.

1. Du am Kreuz, das ist mehr, als ich fas-sen kann,
2. Du am Kreuz, das ist Ohn-macht, die stär-ker ist,
3. Du am Kreuz, das ist Kraft zur Ver-söh-nung hin.
4. Du am Kreuz, das ist Weg und ist Ziel zu-gleich,

1. ei-ne Quel-le der Gna-de – und so ziehst Du mich an.
2. als der Hass und das Dun-kel. Welch ein Licht Du doch bist!
3. So, wie Du zu ver-ge-ben, al-le Hoff-nung da-rin.
4. will das Le-ben ich fin-den, in der Ar-mut so reich.

→ CD 16

Karsamstag:
Jesus wird begraben

Einstieg: Aus großen Kieselsteinen oder auch eckigen Steinen (vier Steine: für beide Seiten und Rückwand und ein Stein zum »Verschließen«) wird das Grab Jesu aufgebaut. Figuren werden alle entfernt bis auf die Jesusfigur, Josef von Arimathäa, der den Leichnam Jesu vom Kreuz abnimmt und ihn ins Grab legt, und drei Frauen. Außerdem brauchen wir ein weißes Tuch.
Bibeltext: »Das Begräbnis Jesu« (Lk 23,50–56) wird vorgelesen.

Das Begräbnis Jesu

Jesus ist am Kreuz gestorben. Josef von Arimathäa, ein Mitglied des Hohen Rates, der mit der Verurteilung Jesu nicht einverstanden war, sondern auf Jesus gehofft hatte, ging zu Pilatus und bat ihn um den Leichnam Jesu. Mit den Frauen kommt er jetzt zur Kreuzigungsstätte. Er nimmt den toten Körper von Jesus vom Kreuz, wickelt ihn in ein Leinentuch und legt ihn ins Grab. Das Grab ist in eine Steinhöhle gemeißelt und vor den Eingang wird ein großer, runder Stein gewälzt. Das war kurz bevor der Sabbat anbrach. Auch die Frauen geben Jesus das letzte Geleit. Dann gehen sie heim und bereiten wohlriechende Öle und Salben zu, um den Leichnam Jesu nach der Sabbatruhe damit zu salben.

Nach Lukas 23,50–56

Spielanregung: Die Jesusfigur wird, eingewickelt in ein weißes Tuch, ins Grab gelegt. Wenn möglich wird ein Stein vor das Grab gelegt. Figuren (Josef, evtl. Nikodemus, drei Frauen) gehen zum Grab und dann wieder weg.

> **Gebet** Jesus,
> du bist tot, du liegst im Grab.
> Es ist still, totenstill.
> So wollen wir auch einen Moment der Stille halten.

Der Karsamstag ist der Tag der Trauer und der Grabesruhe, deshalb singen wir kein Lied zum Abschluss.

Ostersonntag:
Jesus ist auferstanden

Einstieg: Kreuz und Kreuzigungsstätte werden entfernt, drei Frauenfiguren bereitstellen, Engel (z.B. aus Weihnachtskrippe) und Jünger (Petrus), Jesusfigur. Kleine Steine bereitlegen.
Bibeltext: »Die Botschaft der Engel am leeren Grab« (Lk 24,1–12) wird vorgelesen.

Osterruf

© Kathi Stimmer-Salzeder, D-84544 Aschau a. Inn

Hal-le-lu-ja, Hal-le-lu-ja, Je-sus lebt und wir mit ihm.
Hal-le-lu-ja, Hal-le-lu-ja, Je-sus lebt und wir mit ihm!

Die Botschaft der Engel am leeren Grab

Am ersten Tag der Woche gehen die Frauen in aller Frühe mit den wohlriechenden Salben zum Grab Jesu. Als sie zum Grab kommen, sehen sie, dass der Stein schon weggewälzt wurde. Sie gehen in die Grabeshöhle hinein, finden den Leichnam Jesu aber nicht. Da erscheinen ihnen zwei Engel und sie erschrecken sehr. Die Engel aber sagen: Was sucht ihr den Lebenden bei den Toten? Er ist auferstanden. Erinnert euch daran, was er euch gesagt hat: Der Menschensohn muss ausgeliefert und gekreuzigt werden und am dritten Tag auferstehen. Da erinnern sie sich an Jesu Worte und kehren in die Stadt zurück, um alles den anderen Jüngern zu berichten. Die halten das für Geschwätz der Frauen und glauben es nicht. Petrus aber läuft zum Grab, findet die Leinenbinden und geht nach Hause voller Verwunderung über das, was geschehen ist.

Nach Lukas 24,1–12

Spielanregung: Die Kinder dürfen den Stein vom Grab entfernen und die Jesusfigur herausnehmen. Sie stellen Engel und Frauen ans Grab, spielen nach, wie die Frauen den weggerollten Stein entdecken, wie sie zurücklaufen, wie Petrus zum Grab rennt.

Gebet

Heute erleben die Frauen am Grab
etwas Erstaunliches und Großartiges:
Der große Stein, der die Grabhöhle unter Verschluss hielt,
ist zur Seite gerollt.
Gott hat den Stein ins Rollen gebracht, der den Blick
über die Dunkelheit des Todes hinaus versperrt hat.
Jesus, Gott hat dich nicht im Tod gelassen.
Das Leben hat gesiegt, der Tod ist überwunden.

Jesus, auch bei uns gibt es Steine,
Sorgen und Ängste, die uns niederdrücken
und am Leben hindern.
Wenn solch ein festsitzender Stein ins Rollen kommt,
dann erleben wir Auferstehung.
Das Leben bahnt sich auch bei uns einen neuen Weg.
Halleluja.

Zu diesem Gebet nehmen alle einen kleinen Stein in die Hand. Anschließend legt jeder seinen Stein am leeren Grab ab.

Ostermontag:
Zwei Jünger auf dem Weg nach Emmaus

Einstieg: Zwei Jüngerfiguren, Jesusfigur (evtl. mit weißem Filzumhang bekleidet als Zeichen für die Auferstehung) bereitstellen, außerdem kleines Brot/Brötchen zum Teilen und evtl. Bauklötze für das Haus, in dem sie Rast machen.
Bibeltext: »Jesus erscheint den Jüngern bei Emmaus« (Lk 24,13–35) wird vorgelesen.

Jesus erscheint den Jüngern bei Emmaus

Am selben Tag waren zwei Jünger unterwegs von Jerusalem nach Emmaus, das ungefähr zwölf Kilometer entfernt lag. Sie sprachen miteinander über die Ereignisse in Jerusalem. Während sie mit ganzem Herzen ihre Gedanken austauschten, kam Jesus hinzu, war mitten unter ihnen und ging ein Stück mit. Doch sie waren mit Blindheit geschlagen und erkannten ihn einfach nicht. Er fragte: Worüber redet ihr da auf eurem Weg? Da blieben sie stehen und hielten traurig inne. Der eine mit dem

Namen Kleopas antwortete: Bist du so fremd, dass du als Einziger in Jerusalem nicht weißt, was dort geschehen ist? Er fragte: Was denn? Sie antworteten: Das mit Jesus von Nazaret. Er war ein Prophet und alles, was er sagte und tat vor Gott und dem Volk, war voller Kraft. Doch unsere Hohenpriester und Führer haben ihn an die Römer ausgeliefert. Die haben ihn zum Tode verurteilt und gekreuzigt. Und wir hatten gehofft, dass er der Retter Israels sei. Heute ist schon der dritte Tag, seitdem das geschehen ist. Einige Frauen aus unserem Kreis aber haben uns nun Aufregendes erzählt. Sie waren morgens früh beim Grab, fanden aber seinen Leichnam nicht. Sie erzählten, sie hätten Engel gesehen mit der Botschaft: Jesus lebt. Einige von uns sind zum Grab gegangen und fanden alles so, wie die Frauen gesagt hatten. Jesus jedoch haben auch sie nicht gesehen.

Da sagte Jesus: Begreift ihr denn immer noch nichts? Wie schwer fällt es euch zu glauben, was die Propheten gesagt haben? Musste nicht der Messias alles erleiden, um in seine Herrlichkeit zu kommen? Und er erklärte ihnen, was, angefangen bei Mose und allen Propheten, in der Heiligen Schrift über ihn steht. So erreichten sie das Ziel ihres Weges in Emmaus. Jesus tat so, als ob er weitergehen wollte, doch sie drängten ihn: Bleib doch bei uns, denn es wird schon dunkel, der Tag geht zu Ende. Da ging er mit hinein, um bei ihnen zu bleiben. Und als er mit ihnen am Tisch war, nahm er das Brot, sprach den Lobpreis, brach das Brot und gab es ihnen. Da endlich gingen ihnen die Augen auf und sie erkannten ihn. Doch im selben Augenblick war er nicht mehr zu sehen. Und sie sagten zueinander: Brannte nicht unser Herz, als er mit uns unterwegs war und uns den Sinn der Schrift erklärte? Und sofort brachen sie auf und kehrten nach Jerusalem zurück, und sie fanden die elf Apostel und die anderen Jünger versammelt. Auch die erzählten: Der Herr ist wirklich auferstanden, er ist Simon Petrus erschienen. Da erzählten sie, was sie unterwegs erlebt hatten und wie sie Jesus erkannt hatten, als er das Brot brach.

Lukas 24,13–35, aus:
»Die Bibel für Kinder und alle im Haus« von Rainer Oberthür

Spielanregung: Jüngerfiguren werden auf den Weg (von Palmsonntag, mit Steinen eingefasst) gestellt, Kinder dürfen nachspielen, dass die Freunde von Jesus seinen Tod nicht begreifen können, wie traurig und hoffnungslos sie sich jetzt fühlen. Die Jesusfigur wird dazugestellt. Die Kinder spielen nach, wie Jesus die Freunde tröstet. Jünger und Jesusfigur werden ins Haus gestellt, Brötchen in die Mitte gelegt. Jetzt erkennen die Freunde Jesus. Er ist auf einmal verschwunden. Sie machen sich voller Freude auf den Rückweg nach Jerusalem.

Wir teilen das Brötchen miteinander und essen es wie die Jünger gemeinsam mit Jesus.

Gebet
Jesus,
deine Freunde haben dich erst erkannt,
als du mit ihnen das Brot geteilt hast.
Sie haben gespürt, dass du über den Tod hinaus
bei ihnen bist.
Schenke auch uns Gemeinschaft mit dir und miteinander.

Willkommen

(Ein Tisch und eine Bank)

© Kathi Stimmer-Salzeder, D-84544 Aschau a. Inn

1. Ein Tisch und eine Bank, die Speise und der Trank und Augen, die dich sehn, ja, die dich sehn, ja, die dich sehn in Wärme und Verstehn.

2. Ein Fenster und ein Licht, ein Lächeln im Gesicht,
die Hand, die Brot austeilt, ja, Brot austeilt,
ja, Brot austeilt, der Seele, die verweilt.

3. Ein Wort und auch ein Lied, das Wunder, das geschieht,
der Himmel, der da ist, ja, der da ist,
ja, der da ist, wo du willkommen bist.

4. Ein Dank und ein Gebet, die Kraft, die neu aufsteht,
der Weg, der feste Schritt, der feste Schritt,
der feste Schritt. Die Liebe, die geht mit!

→ CD 4

Weißer Sonntag
(Erster Sonntag nach Ostern): Jesus und Thomas

Einstieg: Jüngerfiguren werden bereitgelegt: Jesusfigur mit weißem Filzumhang, die Figur des Thomas kann mit einem roten Filzmantel bekleidet werden. Bauklötze für das Haus bereitstellen, Herz aus rotem Fotokarton ausschneiden.

Bibeltext: »Jesus und Thomas« (Joh 20,24–29) wird vorgelesen.

Jesus und Thomas

Thomas hatte das Wichtigste verpasst: Er war nicht da, als Jesus seinen Freunden nach seiner Auferstehung erschien. Wie sollte er dies Ungeheuerliche auch fassen können? »Wenn ich ihn und seine durchbohrten Hände nicht mit eigenen Augen sehen kann, wenn ich nicht seine Wunden an der Hand und seine durchbohrte Seite befühlen kann, glaube ich nicht«, sagte er zu seinen Freunden. Nach acht Tagen waren wieder alle versammelt und Thomas war auch dabei. Da stand plötzlich Jesus in ihrer Mitte und begrüßte sie: »Friede sei mit euch!« Dann sagte Jesus zu Thomas: »Schau, hier sind meine Hände und meine Wunden an der Seite, du kannst sie ruhig befühlen. Glaube mir, ich bin es tatsächlich.« Thomas wurde es ganz warm im Herz und er sagte: »Mein Herr und mein Gott!« Da sprach Jesus zu Thomas: »Du glaubst nun, weil du mich gesehen hast. Glücklich sind, die auf mich vertrauen, auch wenn sie mich nicht sehen.«

Nach Johannes 20,24–29

Spielanregung: Jüngerfiguren werden in ein Haus gestellt, darunter auch Thomas. Die Jesusfigur kommt hinzu: Die Kinder spielen die Begegnung zwischen Thomas und Jesus nach.
Innehalten: Als Thomas Jesus berühren kann, wird ihm ganz warm im Herz und er kann endlich mit ganzem Herzen glauben.
Das rote Herz wird in die Mitte gelegt. Wir überlegen uns, woran uns das Herz erinnert: Liebe, Mitfühlen, Freundschaft. Wo erleben wir Liebe und Freundschaft?

Gebet Jesus,
dein Freund Thomas wollte dich sehen, hören,
dich berühren, deine Wunden befühlen.
Erst dann konnte er glauben, dass du es bist.
Du sagst, Thomas soll sich auf sein Herz verlassen.
Hilf uns, dass wir uns auf unser Herz verlassen,
wenn wir anderen Menschen begegnen und ihnen vertrauen.
Stärke unser Vertrauen zu dir und zu anderen Menschen.

Der Du die Liebe bist

© Kathi Stimmer-Salzeder, D-84544 Aschau a. Inn

2. Der Du glaubwürdig bist, lehre mich glauben
aus ganzem Herzen, mit ganzer Kraft.
Und wenn auch Tage kommen, da ich kaum noch glauben kann,
halt mich fest, halt mich fest, halt mich fest an Dir.

3. Der Du der Hoffnung lebst, lehre mich hoffen
aus ganzem Herzen, mit ganzer Kraft.
Und wenn auch Tage kommen, da ich kaum noch hoffen kann,
halt mich fest, halt mich fest, halt mich fest an Dir.

4. Der Du die Freude schenkst, lehre mich froh sein
aus ganzem Herzen, mit ganzer Kraft.
Und wenn auch Tage kommen, da ich kaum noch froh sein kann,
halt mich fest, halt mich fest, halt mich fest an Dir.

5. Der Du so gütig bist, lehre mich gut sein
aus ganzem Herzen, mit ganzer Kraft.
Und wenn auch Tage kommen, da ich kaum noch gut sein kann,
halt mich fest, halt mich fest, halt mich fest an Dir.

→ CD 15

Wir gestalten ein Ostermandala

Sicher sind Ihnen Mandalas zum Ausmalen für Kinder bekannt. Es sind zumeist Kreisbilder mit verschiedenen Formen, die um eine Mitte angeordnet sind.

- Wer gern mit den Kindern malt, kann statt eines Ostergartens ein Ostermandala entstehen lassen. Dazu setzen die Kinder mit Farben und Naturmaterialien die jeweilige Bibelszene ins Bild um.

- Zur Gestaltung brauchen Sie ein quadratisches Tuch oder Papier und (Stoff-)Malfarben oder (Stoff-)Malstifte.

- Zuerst zeichnen wir die Umrisse des Mandalas auf, z.B. eine Blüte, die dann Stück für Stück ausgemalt wird. Diese Blüte hat in der Kreismitte drei Blütenblätter (ähnlich wie ein dreiblättriges Kleeblatt) für die drei Ostergeschichten am Ostersonntag, Ostermontag und am Weißen Sonntag.

- Um diese drei Blütenblätter zeichnen wir drei größere Blütenblätter (für Gründonnerstag, Karfreitag und Karsamstag).

- Darüber werden sechs Blütenblätter aufgemalt für die fünf Fastensonntage und den Palmsonntag.

- Mandalas wollen uns im Malen zur Mitte führen. So beginnen wir außen und beschreiben den Weg zur Mitte des Geschehens: zu Ostern.

- Wir treffen uns, wie beim Ritual für die Gestaltung des Ostergartens (siehe S. 193) beschrieben. Nachdem wir den Bibeltext gehört haben, überlegen wir, was wir in das Blütenblatt malen wollen, z.B. in der 3. Fastenwoche einen Hirten mit einem Schaf auf dem Arm.

Christi Himmelfahrt

Bedeutung

In den 40 Tagen nach Ostern erscheint Jesus seinen Freunden immer wieder, dann sehen sie ihn zum letzten Mal. Aber er verspricht ihnen und allen Menschen seine Gegenwart und Nähe: »Ich bin bei euch alle Tage bis zum Ende der Welt« (Mt 28,20). Er ist wird vor ihren Augen in den Himmel aufgenommen, d.h. er ist mit seinem Körper nicht mehr sichtbar. Durch Auferstehung und Himmelfahrt ist er neu bei uns, in unseren Herzen.

Brauchtum

In manchen Gegenden wurde als Sinnbild für die Himmelfahrt eine Christusstatue in das Kirchengewölbe hochgezogen, danach regnete es Heiligenbildchen oder Blumensträußchen auf die versammelte Gemeinde.

Gepflegt werden heute noch die Wallfahrten am und um den Himmelfahrtstag. Schon seit dem 4. Jahrhundert gibt es den Brauch, die drei Tage vor dem Fest als Bitttage zu gestalten und Bittprozessionen durchzuführen. Anlass dafür waren oft vorhergehende Unwetter, Missernten oder andere Katastrophen.

Vor allem in ländlichen Gebieten gibt es heute um diese Zeit noch Flurprozessionen, bei denen um gute Ernte und für die Bewahrung der Schöpfung gebetet wird, aber auch für andere Anliegen wie ein friedliches Zusammenleben von Menschen und die gerechte Verteilung der Arbeit.

Unser »Familien-Umgang«

Wir können den Brauch des Bittgangs neu beleben, indem wir befreundete Familien zu einem *Umgang* einladen. Dies ist ein Begriff aus alter Zeit für die Prozession *um* Felder und Gärten, *um* das Dorf, den Ort. Der Begriff Umgang hat aber für uns noch eine weitere Bedeutung, denn mit »Umgang« verbinden wir auch Kontakt und Freundlichkeit.

Mit den Kindern überlegen wir, welchen Weg wir gehen wollen, um unser Dorf mit seinen Wiesen und Feldern oder unser Stadtgebiet zu »umschreiten«.

- Wir machen uns gemeinsam auf den Weg.
- An einer Wegkreuzung oder auf einem Platz machen wir halt: Hier ist **Platz für unseren Dank.** Einer lädt dazu ein: *Wir schauen auf unser Dorf, unser Wohngebiet mit dem Park. Ich danke für gute Nachbarschaft.* Wer möchte, trägt etwas bei: *... danke für unsere Wohnung, den Garten und den Spielplatz, für unsere Familien, für Freundschaft ...*
- Bei unserer nächsten Station, z.B. am Wald- oder Feldrand oder im Park ist **Halt für unsere Bitten.** Einer lädt dazu ein: *Wir schauen auf unsere Umgebung, auf unsere Gemeinschaft.* Wer möchte, trägt etwas bei: *Ich bitte um gutes Gedeihen der Pflanzen und Tiere in den Gärten, auf den Feldern und Weiden. Ich denke an Menschen, die sich von uns fallen gelassen fühlen. Wir bitten um freundlichen und friedlichen Umgang, in unserem Dorf, in unserer Nachbarschaft. Wir bitten um Frieden und Versöhnung in der Welt.*
- Am letzten Haltepunkt, an einem Wegkreuz oder am Ausgangspunkt unseres Umgangs **erbitten wir Gottes Segen.** Einer lädt dazu ein: *Jesus hat sich am Himmelfahrtstag von seinen Freunden verabschiedet und ihnen versprochen: Ich bin bei euch alle Tage bis zum Ende der Welt. Jesus, du bist unser Bruder und unser Freund. Segne unseren Ort, unsere Familien und Freunde. Segne alle Menschen, die uns wichtig sind, alle Projekte, an denen wir arbeiten. Segne die Gärten, Felder und Wälder und hilf uns Gottes gute Schöpfung zu bewahren. Segne und behüte uns heute und an allen Tagen. Amen.*
- Bei jedem Halt oder beim Abschluss können wir eine oder mehrere Strophen des Liedes »Willkommen/Ein Tisch und eine Bank« (siehe S. 214) singen.
- Den Bittgang können wir gemeinsam mit einem kleinen Picknick abschließen, bei dem wir selbst gebackene **Umgangswecken** (Rezept siehe S. 222) mit Kakao und Kaffee verzehren.

Wir backen »Umgangswecken«

Süßen Teig herstellen aus:

500 g Mehl, am besten Typ 550, 1 Würfel frische Hefe, 250 ml Milch, 50 g Butter, 150 g Zucker.

Die Milch, die Butter und den Zucker in einem kleinen Topf erwärmen, das Ganze darf nur lauwarm werden, die Butter muss dabei nicht unbedingt schmelzen.
Mit den Knethaken des Handrührgerätes das warme Milch-Gemisch mit dem Mehl und dem zerbröckelten Hefewürfel verkneten. Nach etwa 2 Minuten ist ein schön geschmeidiger Hefeteig entstanden, der sich gut von den Knethaken und von der Schüssel löst. Ist er zu klebrig, einfach noch Mehl unterkneten, bis es passt. Den Teig mit einem Geschirrtuch zudecken und an einem warmen Ort (z.B. auf der Heizung oder bei 50 °C im Backofen) etwa 1 Stunde gehen lassen. Er müsste sich dann ungefähr verdoppelt haben.
Aus diesem Hefeteig kann man ganz unterschiedliche Sorten von Wecken herstellen, zum Beispiel:

Schoko-Wecken:
Schokoladenstücke (beispielsweise übrig gebliebene Schoko-Osterhasen oder Schoko-Streußel) unterkneten und kleine, runde Brötchen daraus formen. Backzeit: ca. 15 – 20 Minuten bei 200 °C.
Tipp: Nicht zu dunkel werden lassen, sonst werden sie trocken. Die Wecken müssen eine goldbraune Farbe haben, dann sind sie richtig.

Rosinen-Wecken:
Statt Schokoladenstückchen Rosinen unterkneten.

Man kann auch **Hefe-Osterhasen** daraus formen: Die Teilchen mit Eigelb bestreichen, Hagelzucker daraufstreuen und bei 200 °C etwa 15 Minuten backen.

Pfingsten

Bedeutung

Aus Angst, dass sie wie Jesus verhaftet und gekreuzigt würden, hielten sich die Jünger Jesu versteckt. 50 Tage nach Ostern, an Pfingsten, machen sie eine Erfahrung, die ihr Leben verändert: Plötzlich wächst ihnen Kraft zu. Das, was sie für unmöglich hielten, wird nun möglich. Das muss wohl der Beistand sein, den Jesus ihnen versprochen hatte. Die Bibel berichtet von mächtigen Zeichen, von Sturm, Feuerzungen und Sprachenwunder, in denen der Heilige Geist sichtbar wird. Die Jünger bekommen Mut und Kraft. Ihre Angst ist wie weggeblasen. Sie gehen hinaus auf die Straßen und verkünden voller Begeisterung die frohe Botschaft von Jesus Christus. Alle können einander verstehen, so kommt die frohe Botschaft bei vielen Menschen an und verbreitet sich schließlich in der ganzen Welt (Apg 2,1–11). Dieses Ereignis wird heute als Ursprung und Gründung der Kirche angesehen. Mit Be-geist-erung von Gott und Jesus zu sprechen, dazu braucht es Freude, Mut und Kraft damals wie heute – dazu ist uns eine Kraft gegeben, die wir Heiliger Geist nennen.

Pfingsten ist die Vollendung des Osterfestes. Hier endet der Osterfestkreis.

Brauchtum

Die Zeichen des Hl. Geistes, Feuer und Sturm, finden wir in Bräuchen wieder. Das Pfingstfeuer ist ein alter Brauch, der auch heute noch gepflegt oder in manchen Gemeinden neu belebt wird.

In der Zeit zwischen Himmelfahrt und Pfingsten wird in der katholischen Kirche die sog. Pfingstnovene gebetet. Darunter versteht man das Neun-Tage-Gebet, in dem die Gläubigen um die Gaben und die Kraft des Hl. Geistes bitten. In manchen Gemeinden und Dörfern wird das Pfingstfest als Geburtstag der Kirche gefeiert. Die Kirche als »Erfindung« des Hl. Geistes gibt auch Anlass, das Fest ökumenisch zu feiern, insbesondere am Pfingstmontag.

Nach der Wiedervereinigung Deutschlands und der »Öffnung« der Länder im Osten Europas unterstützt die katholische Kirche mit der Aktion »Renovabis« zu Pfingsten besonders christliche Projekte in Osteuropa.

Pfingstliche Rituale

Wir schmücken unseren Jahreszeitentisch mit roten Tüchern. An einen Ast oder Zweig hängen wir kleine Feuerzungen, die wir aus rotem Tonkarton ausgeschnitten haben. Wir hängen den Ast wie ein Mobile auf, sodass sich die Feuerzungen im Luftzug bewegen.

Eltern und Kinder können mit dem Aufhängen der einzelnen Feuerzungen Wünsche verbinden, wann sie sich Gottes Geist besonders erbitten: Ich wünsche mir Gottes Geist, wenn ich Angst habe …

Wenn wir in unserem Garten Pfingstrosen haben, beobachten wir, wie sich die fest verschlossene Knospe langsam öffnet und die ganze Blüte allmählich in ihrer schönen roten Farbenpracht aufgeht. So wie die Blüte, so sollen auch wir all unsere Fähigkeiten und Begabungen entfalten. In der Bibel nennt man die Geistesgaben »Charismen«.

Symbol für den Heiligen Geist ist die Taube. Die Kinder werden die Taube vielleicht von der Geschichte der Arche Noah kennen. Noah lässt sie ausfliegen, um zu sehen, ob das Land wieder bewohnbar ist. Schließlich bringt sie Noah einen Olivenzweig: Neues Leben ist möglich. So steht die Taube auch als Symbol für den Neuanfang, für den Geist des Friedens und der Versöhnung. Wir können mit den Kindern eine Friedenstaube basteln. Sie will uns anregen darüber nachzudenken: Welcher Geist herrscht bei uns?

> **Wir basteln eine Friedenstaube**
>
> Aus weißem Tonpapier schneiden wir eine Taube aus. Wir bekleben sie mit Federn (vielleicht suchen wir auch welche bei einem Pfingstspaziergang). An den Schnabel können wir einen grünen Zweig (evtl. Buchs) kleben.

Wir bitten um Gottes Geist

Wir bedenken die Gaben des Heiligen Geistes in unserer Familie mit einem Ritual.
Für jede Gabe, die der Heilige Geist uns schenkt, entzünden wir eine rote Kerze an unserer Jesus- bzw. Osterkerze.

Guter Gott,
schenke und entfalte in uns die Gaben deines Heiligen Geistes:

- Entfalte in mir die **Gabe der Weisheit,** damit ich erkenne, was wirklich wichtig ist in meinem Leben.
- Schenke mir die **Gabe der Einsicht,** damit ich in allem dein Wirken spüren kann.
- Entfalte in mir die **Gabe des Rates,** damit mir in schwierigen Fällen eine Lösung einfällt und ich mich in die Lage anderer hineinversetzen kann, um ihnen weiterzuhelfen.
- Schenke mir die **Gabe der Stärke,** damit ich auch mit Schwierigkeiten fertig werde.
- Entfalte in mir die **Gabe der Erkenntnis,** damit ich unterscheiden kann, was richtig und falsch, gut und böse ist.
- Schenke mir die **Gabe der Frömmigkeit,** damit ich den Kontakt zu Jesus nicht verliere.
- Entfalte in mir die **Gabe der Gottesfurcht,** damit ich weder Menschen noch Dinge über Gott stelle.

Zum Abschluss singen wir ein Pfingstlied oder auch »Dass der Friede« (siehe S. 55).

Die blaue Verkehrsampel

Die Verkehrsampel auf dem Domplatz in Mailand machte eines Tages etwas Wunderliches. Alle ihre Lichter färbten sich auf einmal blau und die Leute wussten nicht mehr, wie sie sich verhalten sollten.

»Sollen wir über die Straße gehen oder nicht? Sollen wir stehenbleiben oder nicht?« Aus sämtlichen Augen verbreitete die Ampel in alle Richtungen ein ungewöhnliches blaues Signal, das war so blau, wie der Himmel von Mailand noch nie gewesen war.

In der Erwartung, daraus klug zu werden, veranstalteten die Autofahrer ein Hupkonzert, die Motorradfahrer ließen den Auspuff aufheulen und die dicksten Fußgänger schrien: »Sie wissen nicht, wer ich bin!«

Die Witzbolde teilten einige Hiebe aus. »Das Grün hat sich wohl der Herr Direktor unter den Nagel gerissen, um sich ein Haus auf dem Land zu bauen.«

»Das Rot wurde verwendet, um die Fische im Stadtpark ein wenig anzumalen.«

»Und wisst ihr, was mit dem Gelb geschehen ist? Damit wird jetzt das Olivenöl verdünnt.«

Endlich kam ein Verkehrspolizist und stellte sich mitten auf die Kreuzung, um den Verkehr zu entwirren. Ein zweiter Verkehrspolizist suchte den Schaltkasten, um den Schaden zu reparieren, und schaltete den Strom ab.

Bevor die blaue Ampel ausging, konnte sie gerade noch denken:

»Ach, die Armen! Ich hatte ihnen doch das Signal für freie Fahrt zum Himmel gegeben. Wenn sie mich verstanden hätten, könnten sie jetzt alle fliegen. Aber vielleicht haben sie sich nicht getraut.«

Gianni Rodari

Literaturhinweise

Durch das Jahr – Durch das Leben. Das christliche Hausbuch für die Familie, München: Kösel 2006
Focke, Petra: Mit Kindern Ostern entgegengehen, Freiburg i.Br.: Herder 2001
Gilgenreiner, Doris: Von Jerusalem nach Emmaus und zurück, Limburg/Kevelaer: Lahn 2003
Grün, Anselm/Reepen, Michael: Heilendes Kirchenjahr, Münsterschwarzach: Vier Türme 2001
Grün, Anselm: Die Osterfreude auskosten, Münsterschwarzach: Vier Türme 2000
Holtei, Christa/Michalski, Tilman: Das große Familienbuch der Feste und Bräuche, Düsseldorf: Patmos 2005
Kirchhoff, Hermann: Christliches Brauchtum. Feste und Bräuche im Jahreskreis, München: Kösel 2004
König, Hermine: Das große Jahresbuch für Kinder. Feste feiern und Bräuche neu entdecken, München: Kösel 2007
Pertler, Cordula/Reuys, Eva: Kinder feiern Ostern, München: Don Bosco 2002
Reschke, Edda: Die Osterbotschaft entdecken, Limburg/Kevelaer: Lahn 2004
Sommersberg, Jule/Sönnichsen, Imke: Das große Buch fürs ganze Jahr. Feste und Bräuche mit Kindern neu erleben, Stuttgart: Gabriel 2004
Willmeroth, Sabine/Göpner, Melanie: Feste und Feiertage im Religionsunterricht, Mülheim: Verlag an der Ruhr 2002

Jahreskreis

»Sommerzeit ist die schönste Zeit«, so sagt man oft. Nach dem Winter und einer oft arbeits- und schulintensiven Zeit vor und nach Pfingsten freuen wir uns auf längere Tage, auf Sommer, Sonne, Urlaub, Ferien ... Und so mancher kommt ins Schwärmen und Träumen, wenn er daran denkt. Eine vielfältige und bunte Zeit erwartet uns,

- in der wir meist viel draußen sind, die Natur besonders erfahren und genießen dürfen.
- in der wir oft mehr Freiräume haben für Entspannung, Urlaub und Ausflüge.
- in der wir mehr Zeit für uns und füreinander haben.

Für manchen im Beruf, aber gerade auch für unsere Schulkinder ist es eine Zeit, in der Projekte abgeschlossen werden, in der »Bilanz« gezogen wird. Es ist eine »Zwischenzeit«, eine Zeit, in der Abschluss und Neubeginn (des Schuljahres) gewagt werden müssen.

In der Kirche heißt diese Zeit ganz einfach »Zeit im Jahreskreis«. Da hinein fallen das Frühlingsende, der Beginn des Sommers, der Schulschluss, die Ferien und der Herbst. Es ist die Zeit des »Dazwischen«, zwischen den großen Festkreisen von Ostern und Weihnachten, die beide viele Bräuche und Rituale kennen. Aber es ist dennoch keine festlose Zeit:

- Wir feiern Feste wie Dreifaltigkeit, Fronleichnam und Christkönig, die uns längst nicht so vertraut sind wie Weihnachten oder Ostern, die aber eines gemeinsam haben: Sie wollen uns mit Gott und unserem Glauben in Berührung bringen.
- Wir denken im Mai und Oktober an Maria, die Mutter Jesu, die ganz offen war für Gott.
- Wir »treffen« in dieser Jahreszeit Heilige, die eine ganz besondere Beziehung zu Gott hatten und aus dieser Kraft heraus viel Gutes für andere Menschen bewirkt haben, wie etwa der heilige Franziskus oder die heilige Elisabeth.
- Wir feiern Feste, die ganz besonders auch unser eigenes Leben betreffen, so das Erntedankfest und Allerseelen.

Der Marienmonat
Mai

Bedeutung

Es ist ein alter Brauch, Maria, die »Mutter Gottes«, wie sie von vielen angerufen wird, im Monat Mai zu verehren, wenn in der Natur alles Leben erwacht ist. Denn Maria ist die Frau, die Jesus das Leben geschenkt hat. So wird sie auch in alten Marienliedern als Maienkönigin besungen und in Texten oft mit Blumennamen bedacht: Maria als schönste Rose der Schöpfung. Liebevoll wird sie in Gebeten als barmherzige Mutter angesprochen, die bei Gott für uns Menschen bittet. Früher hatten Marienfeiertage im Leben der Menschen einen besonderen Stellenwert und waren oft hohe Festtage.

Für viele Christen ist Maria ein Hoffnungsanker in schwierigen Lebenssituationen, hat sie doch das Auf und Ab des Lebens selbst erfahren. Andere hingegen können mit der Marienverehrung, die Maria als Himmelskönigin weit weg von den Menschen rückt, wenig anfangen.

In der Familie gemeinsam Maiandacht zu feiern, gibt uns und den Kindern Gelegenheit, Maria als Frau und Mutter näher kennenzulernen.

Aus der Lebensgeschichte Marias

Über Marias Leben wissen wir nur sehr wenig. Doch entlang der Lebensgeschichte Jesu wird uns in der Bibel immer wieder auch von Maria erzählt.

Maria ist offen für Gott

Maria wohnt mit ihren Eltern Anna und Joachim, einfachen und bescheidenen Leuten, in Judäa. Als ganz junge Frau ist Maria mit dem Zimmermann Josef verlobt. Da begegnet ihr der Engel Gabriel und verkündet ihr

Gottes Botschaft, dass sie ein Kind bekommen soll. Im Vertrauen auf Gott sagt sie Ja: Sie erwartet Jesus, Gottes Sohn (Lk 1,26–38).

Die katholische Kirche feiert dieses »Ereignis« am Hochfest »Verkündigung des Herrn« – früher auch **Mariä Verkündigung** genannt – am 25. März.

Maria erkennt ihre Berufung

Zu Beginn der Schwangerschaft macht sich Maria auf den weiten Weg und besucht ihre Cousine Elisabeth, die – obwohl schon alt – auch ihr erstes Kind erwartet. Ihr Kind soll Johannes heißen und, nach der Botschaft des Engels an ihren Mann Zacharias, die Menschen auf Jesus vorbereiten (Lk 1,5–25).

Diese Begegnung mit Elisabeth war für Maria sehr wichtig. Elisabeth spricht ihr Mut zu und Maria erkennt: Gott braucht mich wirklich. Diese Begegnung der beiden Frauen wird in der katholischen Kirche am Fest **»Mariä Heimsuchung«** am 2. Juli gefeiert (Lk 1,39–56).

Maria bringt Jesus zur Welt

Gegen Ende der Schwangerschaft muss Josef mit Maria in seine Heimatstadt reisen zu einer Volkszählung. So wird Jesus nicht zu Hause, sondern im Stall zu Betlehem in einer Krippe geboren.

Von der Flucht der Familie vor den Soldaten des Königs Herodes berichtet uns Matthäus (Mt 2,13–18).

Maria sucht Jesus und ahnt das Geheimnis Jesu

Als Jesus zwölf Jahre alt ist, pilgert er zusammen mit seinen Eltern zum Paschafest nach Jerusalem, so wie es nach den religiösen Vorschriften der Juden üblich ist. Unbemerkt bleibt Jesus nach dem Fest im Tempel zurück. Als seine Eltern ihn nach langem Suchen im Tempel finden, weist er ihre Vorwürfe zurück und sagt, dass er sich bei Gott zu Hause fühle. Seine Eltern können dies nicht nachvollziehen. Maria aber behält dieses Ereignis »in ihrem Herzen« (Lk 2,41–52).

Maria begleitet ihren Sohn Jesus auf seinem Lebens- und Leidensweg

Maria wird Jesu Wirken mit Interesse, aber auch mit großer Sorge begleitet haben. Schließlich führen sie kein »normales Familienleben«. Wir erfahren von Maria, dass sie an allen wichtigen Lebensstationen Jesu dabei ist, so auch am Beginn seines öffentlichen Auftretens bei der Hochzeit zu Kana. Als Jesus zum Tod verurteilt wird und am Kreuz sterben muss, ist seine Mutter bei ihm. Im Kreise der Freunde Jesu erfährt Maria, dass Jesus nicht im Tod geblieben ist. Mit den Jüngern erlebt sie die Geistsendung am Pfingstfest.

Hier finden wir Maria in der Bibel:

Lk 1,26–38	Verheißung der Geburt Jesu
Lk 1,39–56	Besuch Marias bei Elisabeth
Lk 2,1–20	Geburt Jesu
Mt 2,13–23	Die Flucht von Josef und Maria mit Jesus nach Ägypten und ihre Rückkehr
Lk 2,41–52	Der zwölfjährige Jesus im Tempel und die Sorge seiner Eltern
Mk 3,20f.	Jesus und seine Angehörigen
Joh 2,1–12	Hochzeit zu Kana – die erste Wundertat Jesu
Joh 19,16–30	Kreuzigung Jesu – Maria unter dem Kreuz Jesu
Apg 1,12–14; 2,1–11	Maria im Kreis der Jünger nach Tod und Auferstehung Jesu

Unser Marien-Ritual

Wir versammeln uns am Samstag oder Sonntag an unserem Jahreszeitentisch. Wir stellen ein Bild von Maria darauf oder auch eine kleine Marienstatue, je nachdem, was zu Hause vorhanden ist. Dazu können die Kinder einen selbst gepflückten Frühlingsblumenstrauß und unsere Osterkerze stellen.

Maria – Die Menschenfreundlichkeit Gottes
Ausschnitt aus dem Zyklus »Das weibliche Antlitz Gottes« von Lucy D'Souza, 1990

- Zur Einstimmung betrachten wir das Marienbild auf dem Tisch. Wer möchte, kann das Bild beschreiben und sagen, was ihm an dem Bild gefällt oder auffällt.
  Maria wird als die Mutter Jesu verehrt. Maria war ganz offen für Gott und er war ihr besonders nahe. Als Mutter Jesu hat sie seinen ganzen Lebens- und Leidensweg miterlebt. Deshalb wird sie besonders von Menschen angerufen, die sich in Not befinden, die trauern, die Trost und Ermutigung suchen.
- Wir beten das alte Mariengebet »Gegrüßet seist du, Maria«, bei dem der Gruß des Engels und der Gruß Elisabeths an Maria (s.o.) mit einem Bittruf verknüpft wird. Wir können die Worte mit Gebetsgesten verbinden (siehe S. 236).
- Wir hören aus Marias Lebensgeschichte (vgl. oben). Dazu können wir auch einen vorher aus der Bibel ausgewählten Abschnitt vorlesen. Besonders eignen sich die Texte aus dem Lukasevangelium, etwa Lk 1,26–38 mit der Verheißung der Geburt Jesu.
- In der Stille können wir überlegen: Wie hat sich Maria gefühlt? Welche Beziehung hat sie zu Gott?
- Wir sprechen unsere Bitten aus (frei formulieren oder folgendes Fürbittgebet):
  Guter Gott, Maria war ganz offen für dich und deine Botschaft. Wir bitten dich, rüttle uns auf, damit wir merken, wenn ein Mensch uns braucht.
  Guter Gott, Maria und Elisabeth sind einander begegnet. Sie sind einander ganz nahe. Wir bitten dich, hilf allen Menschen, die sich allein und abseits fühlen, dass sie sich durch andere Menschen gestärkt wissen.
  Guter Gott, Maria hat das Verhalten von Jesus nicht immer verstanden und sich große Sorgen gemacht. Hilf allen Menschen, die in Sorge um ihre Freunde und Verwandten sind, dass sie selbst Hoffnung schöpfen.
  Guter Gott, Maria ist bei Jesus geblieben, als er leiden und sterben musste. Hilf uns als Familie, dass wir zusammenstehen und nicht weglaufen, wenn es Probleme und Kummer gibt.
  Guter Gott, Maria hat miterlebt, dass Jesus nicht im Tod geblieben ist. Sie hat mit den Jüngern die Kraft des Heiligen Geistes empfangen. Wir bitten dich, hilf uns im Alltag, die Kraft deines Geistes zu spüren. Amen.

- Wir singen das Marienlied »Maria, breit den Mantel aus« (Gotteslob 595) oder auch »Den Herren will ich loben« (Gotteslob 261, evangelisches Gesangbuch 604): Dieses Lied lehnt sich an das Magnificat an, das Preislied Marias auf die großen Taten Gottes während ihres Besuchs bei Elisabeth (Lk 1,46–55).
- Abschließend können die Kinder eine Szene aus dem Leben Marias malen und über dem Jahreszeitentisch aufhängen. Zu Beginn der nächsten Maiandacht betrachten wir es.

Besonders im Monat Oktober gehen Menschen mit Maria den Lebensweg Jesu nach, indem sie den Rosenkranz beten, der als Gebetskette den Weg Jesu symbolisiert. Eine Anleitung zum Rosenkranzgebet finden Sie im Katholischen Gesangbuch (Gotteslob 33).

Gegrüßet seist du Maria – mit Gesten gebetet

Gegrüßet seist du Maria,	Rechte Hand nach vorne hin öffnen (wie wenn man jemandem die Hand geben würde).
Voll der Gnade,	Beide Hände nach vorne hin öffnen.
Der Herr ist mit dir.	Hände vor der Brust kreuzen.
Du bist gebenedeit unter den Frauen	Mit beiden Händen einen Bogen vor dem Körper beschreiben.
und gebenedeit ist die Frucht deines Leibes, Jesus.	Hände auf den Bauch legen.
Heilige Maria, Mutter Gottes,	Hände nach vorne hin öffnen bis in Brusthöhe.
bitte für uns Sünder	Beide Hände geöffnet nach oben heben.
jetzt und in der Stunde unseres Todes. Amen.	Wir verneigen uns.

Dreifaltigkeitssonntag
(Trinitatis)

Bedeutung

Die Frage »Wer ist Gott für mich?« gehört zu den ganz wichtigen Fragen unseres Glaubens. Sie beschäftigt die Menschen damals wie heute. Mit dem Bild der Dreifaltigkeit versuchten die Menschen schon bald nach Tod und Auferstehung Jesu und nach dem Herabkommen des Hl. Geistes zu erklären und zu erfassen, wer Gott für sie ist.

Mit diesem Fest, das am **Sonntag nach Pfingsten** gefeiert wird, soll uns bewusst werden, was wir bei jedem Kreuzzeichen ausdrücken: Gott ist für uns da wie ein Vater oder wie eine Mutter, die sich um uns sorgen. Er ist zu uns gekommen in Jesus Christus. Im Hl. Geist schickt er uns eine Kraft, die uns unseren Glauben hier und heute leben lässt.

> Gott ist als Geheimnis über uns.
> Gott ist in Jesus Christus mit uns.
> Gott ist im Heiligen Geist in uns.
>
> *Hans Küng*

Bilder für Gott

In christlichen Kunstwerken seit dem 17. Jahrhundert findet man als Symbol, um die göttliche Dreifaltigkeit darzustellen, häufig ein Auge in einem gleichseitigen Dreieck, meist umgeben von einer Wolke und Sonnenstrahlen. Das Auge sollte Gottes väterlich wachendes Auge symbolisieren.

Mit der Zeit wurde dieses Bild von manchen Menschen eher als negativ empfunden. Sie fühlten sich überwacht. Viele Menschen haben durch

Kirche und Erziehung einen strafenden Gott kennengelernt, der sie kontrolliert und ihnen Angst macht. Dabei verkündet uns Jesus einen menschenfreundlichen, liebevollen Gott, der sich allen Menschen zuwendet, der will, dass wir als freie und glückliche Menschen leben.

Der folgende Brief soll uns anregen, über das eigene Gottesbild nachzudenken und dem Geheimnis der Existenz Gottes auf der Spur zu bleiben. Dabei soll uns bewusst bleiben: Gott wird immer ein Geheimnis bleiben. Er passt nicht in ein Bild, schon gar nicht in eines mit Rahmen.

Lieber Henning,

immer wieder fragst du: Gott, wo bist du? Wer bist du?
Ich will versuchen, dir in diesem Brief zu antworten.
Ich bin kein alter Mann.
Einen Bart habe ich nicht und auch kein langes wallendes weißes Haar.
Ich bin auch kein rachsüchtiger und zorniger Kerl.
Du sagst, dass das aber doch so in der Bibel steht.
Das stimmt. Die Menschen haben mich so gesehen, so empfunden, so von mir geträumt. Das haben sie dort aufgeschrieben.
Ich bin Gott. Ich bin kein Mensch.
Ich habe auch keine Augen, mit denen ich sehen kann, was du machst, und mit denen ich durch Wände und Decken schauen könnte, um dich zu bewachen und bis in den letzten Winkel zu beobachten, was du tust, was du denkst und was du fühlst.
Denn ich bin nicht wie ein kontrollierender und strenger Richter.

Ich bin Gott. Das darfst du nicht vergessen.
Was ich denn für einer bin, fragst du? Denn bisher habe ich dir nur gesagt, wer ich nicht bin.
Ich bin Gott. Das heißt: Ich bin verborgen und ich bin da.
Groß, stark und allmächtig, so bezeichnen mich die Menschen oft. Damit drücken sie ihre Hoffnung aus, dass ich stärker bin als diese Welt, auf der so viel Leid und Unglück geschieht. Manche fürchten aber auch, ich würde in ihr Leben eingreifen und sie strafen, wenn sie etwas falsch machen. Manche hoffen, ich würde sie belohnen, wenn sie etwas Gutes tun.

Das alles tue ich nicht. So greife ich nicht in euer Leben ein.
Ich bin da. Ich bin dir nah. Du kannst mir begegnen in dir selber, denn da bin ich, und in anderen Menschen, denn da bin ich auch.
Gleichzeitig bin ich dir scheinbar fern, weil du mich mit deinen Augen nicht sehen kannst, weil du mich mit deinen Ohren nicht hören kannst, weil du mich mit deinen Händen nicht greifen kannst. Du kannst nicht über mich verfügen!

Ich bestimme nicht über dein Leben.
Du hast alles, was du brauchst: deinen Kopf, deinen Verstand, dein Herz und deine Hände. Vergiss das nicht. Du hast die Verantwortung, die du tragen kannst, und die Freiheit, das zu tun und so zu handeln, wie dein Gewissen es dir sagt. Du bist mein Ebenbild.
Du wählst und entscheidest selber. Das ist deine Freiheit. Vergiss das nie.

Dein Gott

Vorschläge zur Gestaltung

- Wir können diesen Tag zum Anlass nehmen, in einer Kirche einmal bewusst nach Hinweisen auf die Dreieinigkeit Gottes zu suchen. Die Kunst hat vielfältige Darstellungsformen gefunden, nicht nur das gleichseitige Dreieck mit dem Auge Gottes: drei sich schneidende Kreise, dreiblättriges Kleeblatt, drei Tiere (z.B. Hasen oder Fische), oft auch ganz versteckt: So hält die hl. Barbara oft einen Turm mit drei Fenstern als Zeichen für ihren Glauben an den dreieinigen Gott.
- Wir knüpfen ein Freundschaftsband mit Gott: Ganz einfach geht es, wenn wir aus drei verschiedenfarbigen Wollfäden einen Zopf flechten, bis der so lang ist, dass er um unser Handgelenk passt. Anleitungen für die »klassischen« Freundschaftsbänder mit ausgefeilterten Mustern gibt es unter www.freundschaftsbaender.de.

> **Gebet** Guter, menschenfreundlicher Gott,
> wir können dich nicht sehen und nicht hören,
> denn du bist verborgen.
> Manchmal können wir dich erfahren,
> wenn wir in uns hineinspüren.
> oder wenn wir uns anderen Menschen öffnen.
> Hilf uns, deine Spuren in unserem Leben
> immer wieder zu entdecken.

Fronleichnam

Bedeutung

Das Fest Fronleichnam – am Donnerstag nach dem Dreifaltigkeitssonntag – erinnert uns an das Letzte Abendmahl, das Jesus mit seinen Freunden gefeiert hat, und an seinen Auftrag: »Tut dies zu meinem Gedächtnis.«

Da das Abschiedsmahl am Gründonnerstag schon im Zeichen der Angst, des Verrats und der bevorstehenden Verhaftung und Kreuzigung

Jesu steht, wird dieses Fest der Einsetzung der Eucharistie im Anschluss an den Osterfestkreis jetzt noch »richtig« in der katholischen Kirche gefeiert.

Die Idee zu diesem Fest geht zurück auf einen Traum der Ordensfrau *Juliane von Lüttich,* die in einem Vollmond einen dunklen Fleck sah, den sie so deutete, dass im christlichen Jahreskreis noch ein Fest zu Ehren der Eucharistie fehlen würde. 1246 wird es zum ersten Mal in Lüttich gefeiert und von Papst Urban IV. 1264 für die ganze Kirche eingesetzt.

Der Name Fronleichnam setzt sich zusammen aus dem mittelhochdeutschen *fron* für »Herr« und *lichnam,* was nicht »Leichnam« in unserem Sinne meint, sondern »lebendiger Leib, Körper«. Der Tag wird heute »Hochfest des Leibes und Blutes Christi« genannt.

Brauchtum

Die Fronleichnamsprozession ist ein alter Brauch, der bis in die Entstehungszeit des Festes im 13. Jahrhundert zurückreicht und der in vielen Regionen noch sehr gepflegt wird. Der Leib Christi in der Gestalt des Brotes wird in der Monstranz (das kommt aus dem Lateinischen und bedeutet »zeigen«) vom Priester durch das Dorf, durch die Stadt, durch die Straßen getragen, begleitet von der singenden und betenden Gemeinde.

An vier geschmückten Altären – als Sinnbild für die vier Himmelsrichtungen, also für die ganze Welt – wird aus der Hl. Schrift vorgetragen, gebetet und gesungen. Der Priester segnet an jedem Altar die Menschen, die Häuser, das ganze Dorf, die Stadtteile.

In Städten feiert man oftmals zentral den Gottesdienst und geht dann sternförmig singend und betend in die eigene Pfarrei zurück, um dort den eucharistischen Segen zu empfangen. In vielen Diasporagemeinden feiert man, weil Fronleichnam nicht überall Feiertag ist, am folgenden Sonntag und möglicherweise »kleiner«, indem man in der Prozession nur um die Kirche herumgeht.

Die Gläubigen verbinden mit diesem Brauchtum ganz unterschiedliche Glaubensäußerungen und Empfindungen: Zum Lob Gottes schmücken sie Altäre und Straßen kunstvoll mit Blumen und Blütenteppichen. Fahnen wehen in den Straßen. Andere erfreuen sich beim Prozessionszug an der Schöpfung, die gerade in voller Blüte steht und bitten um ein gutes Jahr. Manche Christen erleben das Fest allerdings auch mit großer Distanz, weil sie keine Verbindung sehen zwischen dem Abendmahl Jesu und dem Prozessionszug mit Verehrung und Anbetung der geweihten Hostie.

Vorschläge zur Gestaltung

Wir können dieses Fest in der Familie oder in der Gemeinde (z.B. im Familiengottesdienst) zum Anlass nehmen, für uns eine Verbindung zu entdecken oder freizulegen zwischen dem Wirken Jesu, dem Abendmahl mit seinem Auftrag und dem Brauchtum des Festes:

- Wir machen uns auf den Weg. Im Zeichen des Brotes geht Jesus diesen Weg mit. Die Fronleichnamsprozession ist so ein Sinnbild für unseren Lebensweg, auf dem uns Jesus begleitet. Er ist gegenwärtig in unserem Alltag, in unseren Häusern und auf unseren Plätzen und Straßen.
- Wir machen uns auf den Weg und folgen Jesus nach. Wenn wir ihm bei der Fronleichnamsprozession folgen, dann bekennen wir: Wir sind in den Fußspuren Jesu unterwegs. Wir stellen uns in seinen Dienst und wollen versuchen, so zu handeln, wie er es getan hat, gemäß seinen Worten: »Tut dies zu meinem Gedächtnis.«
- Wir machen uns auf den Weg hinaus in die Welt. Wir erinnern uns daran, dass wir unser Leben nicht selbst geschaffen haben, sondern Gott verdanken. Er schenkt uns auch dieses Brot als Frucht der Erde und der menschlichen Arbeit. So feiern wir es bei jedem Gottesdienst. Gott hat uns die Sorge und Verantwortung für unsere Erde und für ihre Geschöpfe übertragen.

Fronleichnam gibt uns Gelegenheit, mit den Kindern zu überlegen, wofür wir uns als Christen auf den Weg machen: Wofür setzen wir uns ein? Wofür möchten wir Verantwortung übernehmen?

Mit Fähnchen kann man jubeln, Anerkennung ausdrücken und das, was einem wichtig ist, herzeigen. Mit Fähnchen können wir uns auf den Weg machen. Auf die Fähnchen schreiben wir jeweils ein Anliegen. Bei der Fronleichnamsprozession oder bei unserer Familienprozession dürfen die Kinder die Fähnchen tragen und an einem Altar oder bei einem Halt ihren Text/ihr Anliegen vortragen. Wir können auch die Fähnchen zu Hause auf den Jahreszeitentisch stellen.

Unsere Anliegen können sein:

- Ich gehe auf die Straße für die, die sich selbst nicht auf den Weg machen können.
- Ich gehe auf die Straße, weil Gott mir mein Leben geschenkt hat.
- Ich gehe auf die Straße, weil ich die Gemeinschaft wichtig finde.
- Ich gehe auf die Straße, um die Frohe Botschaft Jesu weiterzuerzählen.
- Ich gehe auf die Straße für Kinder in Not.

Wir basteln Fähnchen

Man benötigt einen Bambusstab oder z.B. einen ausgedienten Laternenstab, Durchmesser: 0,5 bis 1 cm, ca. 80 cm lang, und einen halben Bogen Tonpapier oder Fotokarton, den wir auch bemalen können.
Mit Klebstoff wird das Tonpapier am Stab befestigt.

Ritual für eine Brotsegnung

Täglich kommt es bei uns auf den Tisch – das Brot, in ganz verschiedenen Variationen und Geschmacksrichtungen. Wie viele Brotsorten es wohl in der Bäckerei gibt? In vielen Familien wird es auch wieder selbst gebacken. Heute soll es ganz im Mittelpunkt stehen. Denn: Brot ist mehr als nur Brot. Es ist ein Zeichen für das, was lebenswichtig ist – Nahrung, aber auch Gemeinschaft und Zuwendung.

- Wir versammeln uns. In der Mitte liegt ein Laib Brot.
- Wir betrachten das Brot. Was bedeutet es uns?
- Wir ritzen mit dem Messer ein Kreuzzeichen auf das Brot. Es ist ein alter und schöner Brauch, ein Kreuz auf das Brot zu zeichnen, bevor man es anschneidet.
- Das Brot soll uns zum Segen werden und uns bewusst machen: Brot stillt unseren Hunger. Im gemeinsamen Essen stillt das Brot auch unsere Sehnsucht nach Liebe und Geborgenheit, nach Halt und Gemeinschaft. Jesus war oft mit Menschen zusammen und hat mit ihnen gegessen. Er hat gesagt: Wo zwei oder drei in meinem Namen versammelt sind, da bin ich mitten unter ihnen (Mt 18,20). So ist er auch jetzt unter uns, wenn wir das Brot teilen und uns an ihn erinnern.
- Wir können gemeinsam das Lied singen »Wo zwei oder drei in meinem Namen versammelt sind« (Evangelisches Gesangbuch 568), ehe wir miteinander das Brot teilen.

Gebet Jesus Christus,
du bist in unserer Mitte.
Du bist das Brot des Lebens,
das uns satt macht.
Du bist das Licht der Welt,
das unsere Angst vertreibt.
Du bist unser Bruder,
der uns hilft Frieden zu stiften.
Du bist unser Freund,
der mit uns geht auf unserem Weg. Amen.

Sommerzeit –
Zeit, um die Seele baumeln zu lassen

Johannes der Täufer
(24. Juni) – Sommersonnwende

Am 24. Juni feiern wir den Geburtstag Johannes des Täufers. Das weist schon auf seine große Bedeutung hin. Denn nur noch bei Jesus und bei seiner Mutter Maria wird der Geburtstag begangen, bei allen anderen Heiligen dagegen der Todestag. Er ist ein Prophet und seine Lebensaufgabe sieht er darin, die Menschen auf Jesus vorzubereiten (vgl. Joh 1,19–28).

Was wir aus dem Leben Johannes des Täufers wissen

Die Lebensgeschichte von Johannes dem Täufer ist eng mit der von Jesus verknüpft. Bei der Begegnung von Maria, die ja Jesus erwartet, mit ihrer schwangeren Cousine Elisabeth wird erwähnt, wie das ungeborene Kind Johannes im Mutterleib strampelt, als Hinweis auf die Freude über Jesus.

Als junger Mensch lebt Johannes völlig zurückgezogen in der Wüste, ernährt sich von wildem Honig und Heuschrecken und kleidet sich mit Kamelhaaren. Heute würde man Johannes als »Aussteiger« bezeichnen. Einem inneren Ruf folgend, predigt er den Menschen, dass das Reich Gottes nahe ist und sie umkehren müssen. Zum Zeichen ihrer Umkehr tauft er sie. Auch Jesus lässt sich von Johannes taufen. Johannes sieht sich selbst als Wegbereiter Jesu: »Er (Jesus) muss wachsen, ich aber muss kleiner werden« (Joh 3,30). Einige der Jünger Jesu stammen aus dem Kreis um Johannes.

Der damalige Herrscher Herodes Antipas lässt Johannes verhaften, weil dieser seinen Lebenswandel kritisiert, und später enthaupten. Die junge Kirche sieht in Johannes den Vorläufer Jesu. Die Feier seines Geburtstags hat sie – ausgehend von der Feier des Geburtstags Jesu am 24. Dezember – ein halbes Jahr früher gelegt, weil Johannes sechs Monate älter war (vgl. Lk 1,36).

Brauchtum

Schon in vorchristlicher Zeit feierten die Menschen den 24. Juni, den Mittsommertag, als Tag mit der größten Lichtfülle. Denn von da an werden die Tage kürzer. Zu Ehren der Sonne entzündeten sie Sonnenwendfeuer. In christlicher Deutung wurden aus diesen Feuerbräuchen Johannisfeuer. Noch heute organisieren einige Vereine und Gruppen Johannisfeuer, wobei die Person des Heiligen meist kaum mehr eine Rolle spielt.

Weil Johannes Jesus getauft hat, sind auch Bräuche entstanden, die mit Wasser zu tun haben. So werden in der Zeit um das Johannisfest da und dort Brunnenfeste gefeiert. Im Dritten Reich wurden alte germanische Bräuche wiederentdeckt und als Massenrituale benutzt und missbraucht, so auch die Johannisfeuer/Sonnwendfeuer. Aus diesem Grund wurden diese Bräuche später vielerorts fallen gelassen und nicht mehr gepflegt.

Ein Johannis-Ritual

Mit dem Johannisfest beginnt der Sommer. Wir genießen die Sonne, die uns Licht, Energie und Wärme schenkt und mit dafür sorgt, dass in der Natur nun alles grünt und blüht.

Heute, am Geburtstag Johannes des Täufers, ist der längste Tag im Jahr. Von nun an werden die Tage wieder kürzer, die Nächte immer länger, bis Weihnachten, bis zu Jesu Geburtstag, der Wintersonnenwende.

Am Abend des Johannistages oder evtl. auch am Vorabend machen wir uns auf den Weg, um von einer Anhöhe in unserer Umgebung einen Sonnenuntergang zu erleben. Wir erkundigen uns vorher genau, wann die Sonne untergeht, denn wir brauchen mindestens eine halbe Stunde Zeit, um dieses Ereignis in Ruhe zu betrachten.

- Sind wir an dem Platz angekommen, von dem aus wir den Sonnenuntergang betrachten wollen, werden wir still und versuchen ganz achtsam zu sein für das, was um uns geschieht. Wir hören und sehen, wie in der Umgebung alles ruhiger und stiller wird, etwa die Vögel oder auch Tiere auf der Weide.
- In der Stille betrachten wir den Himmel, wie die Sonne immer tiefer sinkt, wie sie ihre Strahlen und Farben aussendet und schließlich am Horizont scheinbar versinkt.
- Wir denken darüber nach, was es heißt, wenn Johannes sich selbst mit der abtauchenden/abnehmenden Sonne verglichen hat. Er sagte: Ich muss kleiner werden. Jesus aber muss wachsen. Er hat Jesus mit der zunehmenden hell erstrahlenden Sonne verglichen.
- Der Grund für das Untergehen der Sonne ist die Drehung der Erde um sich selbst. Auch wenn wir die Sonne nicht immer sehen können, so ist sie doch immer da, bei Tag und bei Nacht, an hellen und an dunklen Tagen. So ist es auch mit Gott. Er ist immer da und er hält uns fest, wenn wir keinen Halt mehr haben. Wie die Sonne, so schenkt er uns Kraft, damit wir selber wieder Kraft und Halt finden.
- Zum Abschluss singen wir gemeinsam den Kanon »Vom Aufgang der Sonne bis zu ihrem Niedergang«.

Vom Aufgang der Sonne

Text und Melodie: Paul Ernst Ruppel nach Psalm 113,3 aus:
Paul Ernst Ruppel »Kleine Fische« © Möseler Verlag, Wolfenbüttel und Zürich

Vom Auf-gang der Son-ne bis zu ih-rem Nie-der-gang sei ge-lo-bet der Na-me des Herrn, sei ge-lo-bet der Na-me des Herrn!

Schulende –
Ferien – Urlaub

Nun ist sie endlich da, die lang ersehnte Ferienzeit! Endlich sechs Wochen lang keine Schule! Zeit zum Ausschlafen, Faulenzen, Spielen, Toben! Es kann ein feierlicher Augenblick sein: Unser Kind zeigt uns stolz und voller Freude sein Zeugnis. Es kann auch ein ernster Moment sein, weil das Kind unzufrieden ist mit den Noten oder gar mit sich selbst. Doch nicht allein das Ergebnis des Schuljahrs ist wichtig, sondern auch, wie die Kinder das gesamte Schuljahr erlebt und gemeistert haben. Auch darauf sollten wir einen Blick werfen. Gab es eine gute Klassengemeinschaft, einen interessanten Unterricht und Aktivitäten der Klasse mit den Lehrern: Ausflüge, Arbeitsgemeinschaften, Theateraufführung, Gottesdienste?

Schuljahres-Bilder

Wir können beim Abendritual das Schuljahr Revue passieren lassen und gemeinsam Fotos anschauen. Wenn wir keine Fotos haben, machen wir eine kleine Fantasiereise: Wir schließen die Augen und denken an das

Schuljahr. Wie hat es begonnen? Gab es neue Mitschüler, neue Lehrer? Habe ich mich mit jemandem neu angefreundet? Welche besonderen Ereignisse aus dem letzten Schuljahr fallen uns noch ein?

Sicher war nicht immer alles einfach und leicht, aber am Ende dieses Schuljahrs können wir für manches Schöne, für die gemeinsame Zeit Danke sagen.

> Guter Gott,
> ich sage Danke!
> Für meine Klasse: Ich bin froh,
> dass wir zusammengehalten haben.
> Für unsere Lehrer: Wir hatten nette Lehrer
> und das Lernen hat auch Spaß gemacht.
> Für meine Eltern: Sie haben mich bei einer schlechten Note
> weiter unterstützt.
> Guter Gott, danke für das Schuljahr.

Freie Zeit – Ferienzeit

Es ist ein befreiendes Gefühl, zu Beginn der Ferien, des Urlaubs erst einmal alles fallen zu lassen: den Ranzen, den Aktenkoffer, die Einkaufstasche oder den Terminkalender, um es sich gemütlich und bequem zu machen, die Sonne auf der Terrasse zu genießen, am ersten Ferientag gemeinsam essen zu gehen oder einfach endlich das zu tun, worauf man gerade Lust hat.

Ferien haben heißt Zeit haben für Ruhe und Erholung, zum Spielen und Toben, Zeit für sich und Zeit für das Miteinander, Zeit für den Familienurlaub.

Weil die Schulferien viel länger sind als die gewöhnliche Urlaubszeit von Mutter und Vater, müssen gemeinsame Unternehmungen sowie die

Aktivitäten oder die Betreuung der Kinder während dieser Zeit abgesprochen und geplant werden.

Die Ferienzeit erscheint uns vielleicht als »verdiente« Zeit, die wir uns erarbeitet haben. Sie ist aber vor allem uns »geschenkte« Zeit: Zeit, die wir persönlich für uns haben, Zeit, die wir füreinander und miteinander haben, Zeit, die uns Ruhe und Gottes Nähe bringen kann. Denn er ist ein Gott, der für uns ein »Leben in Fülle« will, der will, dass es uns gut geht. Sein Segen begleitet uns auch in dieser Ferienzeit.

Feriensegen

Herr, segne diese Zeit.
Keine Schule, keine Arbeit, wir sind erst mal diese Pflichten los.
Herr, segne dieses Lossein.
Keine Hektik, keine Hetze, wir sind den Druck los.
Herr, segne dieses Lossein.
Keinen Stress, keinen Streit, wir sind die Anspannung,
die Last los.
Herr, segne dieses Lossein.
Wir möchten entspannen und ausruhen.
Herr, segne diese Auszeit.
Wir möchten spielen und uns miteinander freuen.
Herr, segne diese Auszeit.
Wir möchten uns auf den Weg machen und Neues entdecken.
Herr, segne diese Zeit.

Mit Kindern Kultur und Natur bestaunen

Die Ferienzeit ist für viele Reisezeit. Und auch zu Hause, in unserer Umgebung gibt es immer wieder Interessantes und Neues zu entdecken, können wir ohne Stau und Urlaubsstress Radtouren und Ausflüge gemeinsam unternehmen.

Auf unseren Reisen in nah und fern gibt es viel zu erleben und zu bestaunen: Naturschönheiten, Sehenswürdigkeiten, andere Menschen und

Lebensweisen (auch bei uns!). Die Ferien geben uns Zeit und Gelegenheit, sensibel zu werden für den verantwortungsvollen Umgang mit der Natur. Achtsamen Umgang können wir aber auch mit Sehenswürdigkeiten, z.B. Kirchen oder Burgen, die wir mit den Kindern besichtigen, einüben und pflegen. Wenn jeder eine kostbare Statue anfasst, wird sie bald abgenutzt, verbraucht aussehen. Viele Ferienparadiese sind schon bedroht, weil zu viele Touristen zu wenig rücksichtsvoll mit all diesen Kostbarkeiten und den Menschen an ihrem Urlaubsort umgehen.

Sehen, Hören, Riechen, Schmecken, Fühlen

Über unsere Sinne können wir unsere Kinder für Unterschiede sensibilisieren: Ich *höre* das plätschernde Wasser in der Tropfsteinhöhle. Ich *sehe* die wundervollen Tropfsteine. Ich *schmecke* und *rieche* die feuchte Höhlenluft. Aber wenn wir sie betasten, würde das die einzigartigen Tropfsteine zerstören. Wie wäre es, wenn wir einmal einen Ferientag lang besonders auf das achten, was wir heute z.B. hören oder schmecken können. Es werden sicher ganz viele verschiedene, interessante Entdeckungen sein.

Unsere Ferienschätze

Sicher haben die Kinder und vielleicht auch wir Erwachsene in den Ferien ganz besondere Schätze entdeckt: Muscheln vom Strand, einen ganz besonderen glitzernden Stein, ein Andenken von einer Sehenswürdigkeit ... Die mit nach Hause gebrachten Ferienschätze können wir auf den Jahreszeitentisch legen. So erinnern sie uns noch weiter an diese Zeit.

> **Ferienritual**
>
> In den Ferien spielen sich andere Gewohnheiten und Rituale ein als im normalen Alltag. Vielleicht finden wir Zeit und Ruhe, um mit den Kindern die Natur aufmerksam zu erfahren:
>
> Am Strand lege ich mich in den Sand./Auf einer Wiese lege ich mich ins Gras.
> Ich mache mich ganz lang, strecke Arme und Beine weit aus.
> Ich schaue in den Himmel und sehe, wie er die Erde umspannt.
> Ich schließe die Augen und stelle mir den großen, weiten Himmel vor.
> Ich stelle mir die Sonne vor, die dahinziehenden Wolken.
> Ich spüre den Wind, wie er mich kitzelt.
> Ich spüre die Strahlen der Sonne, wie sie mich wärmen.
> Ich spüre den Sand/die Wiese, der/die mich trägt.
> Ich öffne die Augen und richte mich auf.
> Ich stehe auf und schaue auf den Horizont: den Übergang zwischen Himmel und weitem Meer/den Wiesen, Hügeln und Bergen.
> Ich drehe mich einmal um mich selbst und schaue rings um mich.
> Ich drehe mich ganz schnell wie ein Wirbelwind und versuche die Bilder ganz schnell mit meinen Augen einzufangen.
> Ich stehe ganz still und fest auf meinen Füßen:
> Du hältst mich und trägst mich, guter Gott.

Mariä Himmelfahrt
und Kräuterweihe (15. August)

Bedeutung

Der Name des Festes »Aufnahme Mariens in den Himmel« oder »Mariä Himmelfahrt« geht zurück auf den Glauben der frühen Kirche, dass Maria mit Leib und Seele in den Himmel aufgenommen wurde. Damit soll ausgedrückt werden, dass sie Gott sehr nahesteht und ganz bei ihm ist: Sie ist Jesu Mutter und hat ihn auf seinem Weg begleitet. Durch die Verkündigung des Dogmas von der leiblichen Aufnahme Mariens in den Himmel durch Papst Pius XII. im Jahr 1950 erhielt dieses Fest noch einmal eine ganz besondere Bedeutung.

Die Weihe der Kräuter ist einer der ältesten Bräuche der Kirche, diese Weihen gab es ursprünglich über das ganze Jahr verteilt. Geblieben ist die Kräuterweihe am Fest Mariä Himmelfahrt. Zu dieser Zeit stehen die meisten Heilkräuter in ihrer Blüte- und Reifezeit und entfalten ihre größte Wirkung. Eine Verbindung zwischen dem Leben Marias und der Kräuterweihe an diesem Marienfest wird auch darin gesehen, dass Legenden von einem wundervollen Kräuter- und Blumenduft in ihrem Grab erzählen.

Brauchtum

Das Fest Mariä Himmelfahrt ist seit alter Zeit mit einer Kräuterweihe verbunden. Nach christlichem Verständnis soll die Weihe verdeutlichen, dass Gott uns die Heilkräfte der Natur geschenkt hat, damit wir sie zu unserem Wohl einsetzen.

Nach alten Überlieferungen sollen bis zu 77 Pflanzen und Kräuter zum vollständigen Kräuterbüschel gehören, Pflanzen, die als Grundnahrungsmittel (etwa die verschiedenen Getreidesorten) oder als Heilpflanzen für den Menschen wichtig waren.

Unser Kräuterbüschel

Das Fest fällt in den Hochsommer, evtl. noch in die Sommerferien, und lädt Erwachsene wie Kinder zu gemeinsamer Kräutersuche ein. Besondere Freude macht es, wenn wir uns mit einem kindgerechten Pflanzenbestimmungsbuch (siehe Literaturliste S. 297) auf die Suche machen und einige Pflanzen tatsächlich entdecken, die in unserer unmittelbaren Umgebung wachsen. In manchen Kirchengemeinden wird zu diesem Fest auch ein gemeinsames Kräutersuchen angeboten.

Jeder Kräuterbüschel sollte etwa sieben bis neun Grundkräuter enthalten. Auf dem Land treffen wir auch heute noch in den Gärten, auf den Höfen oder aus alten Mauern wachsend diese Kräuter an. Der Volksmund sagt, es seien Pflanzen, die dem Menschen folgen, um ihm ihre Dienste anzubieten.

Die Pflanzen in der folgenden Liste, die zum Kräuterstrauß gehören, sind nicht bedroht, sie stehen nicht unter Naturschutz. Wir dürfen von jedem Kraut, jeder Pflanze einen Halm oder Stängel abschneiden. Wir finden bestimmt mehr Heilkräuter für unseren Strauß, als wir zunächst annehmen! Die wichtigsten sind:

Die **Königskerze** bildet den Mittelpunkt des Kräuterbuschens. Als Tee wird sie bei Husten und Bronchitis eingesetzt, ebenso bei Entzündungen und zur Wundbehandlung.

Johanniskraut trinkt man als Tee zur Beruhigung und bei Kopfschmerzen. Das Öl wirkt bei Verbrennungen und Verbrühungen, Gelenk- und Muskelschmerzen.

Schafgarbe wird als Tee bei Magen- und Darmbeschwerden getrunken.

Salbei hilft als Tee bei Mund- und Halsentzündungen, auch zum Gurgeln geeignet.

Ringelblume wirkt als Tee blutreinigend, die Salbe wird bei Venenentzündungen und Narbenbehandlung verwendet.

Beifuß wirkt bei Magen-, Darm- und Gallestörungen.

Eisenkraut hilft gegen Magenbeschwerden, wirkt stärkend und fördert die Konzentration.

Thymian wirkt als Tee bei Erkältungskrankheiten, als Badezusatz bei Hautleiden und zur Belebung, wird auch als Gewürz verwendet.

Baldrian verwendet man als Tee zur Beruhigung und zum Einschlafen.

Tausendgüldenkraut wirkt fiebersenkend.

Arnika wirkt als Öl entkrampfend bei Muskelverspannungen, als Salbe bei stumpfen Verletzungen

Brennnessel trinkt man als Tee zur Blutreinigung, bei Blasen- und Nierenleiden.

Pfefferminz hilft als Tee bei Magen- und Verdauungsbeschwerden.

Kamille wird als Tee zur Beruhigung des Magens getrunken. Sie wird als

Dampfbad bei Erkältungen und für Umschläge bei Entzündungen gebraucht.

Getreideähren – Weizen, Roggen, Gerste, Hafer – können als Grundnahrungsmittel und

eine *Rose* als Symbol für Maria in den Kräuterstrauß gebunden werden.

Außerdem können noch Blumen und Kräuter aus dem Garten dazugenommen werden.

Kräuter und Pflanzen zu sammeln und zu einem Strauß zu binden ist nicht selbstverständlich. Das machen wir nicht jeden Tag. Das ist etwas Besonderes. Der Kräuterstrauß, den wir gemeinsam gepflückt haben, erinnert uns an blühende Wiesen, reife Kornfelder, an Gärten und bewachsene Mauern, an den Wald, an die Natur, die wir Menschen zum Leben brauchen: Die Natur gibt uns Raum zum Leben, zum Spielen und Erholen, Nahrung zum Essen, Wasser zum Trinken, Pflanzen und Kräuter zur Heilung. Die Natur brauchen wir Menschen zum Leben. Daran erinnert uns dieser Brauch.

Kräuter-Rituale

- Wir binden den Kräuterstrauß und lassen ihn im Gottesdienst bei der Kräuterweihe segnen.
- Zu Hause stellen wir für das gemeinsame Abendessen aus frischen Gartenkräutern einen Kräuterquark her und essen dazu (selbst gebackenes) Fladenbrot. Den Kräuterstrauß stellen wir in die Mitte auf unseren Esstisch.
- Wir verschenken einen Kräuterstrauß an unsere kranke Nachbarin mit dem Wunsch, sie möge bald wieder gesund werden.
- Wir überlegen, wie wir die Natur, Gottes Schöpfung, bewahren können, damit unser Brauch lebendig bleibt:

  Im Hof, auf der Wiese oder dort, wo wir uns im Freien aufhalten, entdecken wir »Naturspielräume«: Plätze zum Spielen, Toben und Ausruhen, aber auch Orte, wo wir Pflanzen und Tiere beobachten und auch schützen können.

Wenn wir Rasen oder Grünfläche haben, mähen wir nicht alles kurz, sondern lassen ein Stück Wiese wild wachsen, damit auch wilde Kräuter und Blumen gedeihen können.

Wir können Kräuter und Blumen in einem großen Topf auf dem Balkon aussäen. Diese sind nicht nur schön anzusehen, als Küchenkräuter oder als Tee zu genießen, sondern sie sind auch für Insekten eine Nahrungsquelle.

Mit allen »organischen« Materialien, auch mit Wasser, gehen wir sorgsam und sparsam um: einen Kompost anlegen für Küchenabfälle; Brot- und Essensreste an Tiere verfüttern, Wasser vom Salatputzen zum Blumengießen verwenden usw.

Start
ins neue Schuljahr

Von den Kindern wird der Schulbeginn meist mit einem lachenden und einem weinenden Auge erwartet: Man trauert den schönen Ferien nach, andererseits freut man sich auf das Wiedersehen mit den Schulfreunden und auf den vertrauten Rhythmus des Alltags. Letzteres gilt gerade auch für die Eltern. Meistens ist in den Ferien Zeit, Bücher, Schreibtisch, Ranzen etc. zu richten und manches Material schon einzukaufen. So kann der Start ins neue Schuljahr stressfrei erfolgen. (Anregungen für den allerersten Schultag finden Sie auf S. 325.)

Am Vorabend oder am Morgen des ersten Schultags bitten wir Gott um seinen Segen und bezeichnen das Kind mit einem kleinen Kreuzzeichen.

Guter Gott,
danke für die Ferien,
die haben uns allen gut getan.
Die Schule beginnt nun wieder,
lernen, Hausaufgaben machen,
das sind wir alles schon gewohnt.
Aber wir sind gespannt,
was Neues auf uns zukommt!
Neue Mitschüler und neue Lehrer
werden wir kennenlernen!
Schenke uns, unseren Mitschülern,
unseren Lehrern und allen Familien
auf dem Weg durch das Schuljahr
deinen Segen und deine Nähe.
Amen.

Schuljahres-Bilder

Schenken Sie Ihrem Kind zu Beginn des Schuljahres ein schönes Heft oder Buch, das es durch das Jahr begleiten kann: Darin kann es die Ereignisse des Jahres festhalten. Es kann malen oder Fotos einkleben, das Buch Schulfreunden geben, um eine Seite darin zu gestalten, und vieles andere mehr.

Herbst – Gott beschenkt uns mit seinen Gaben

Erntedank

Bedeutung

Alle Religionen kennen den Dank für die Gaben der Erde, die wir Menschen in Gottes Schöpfung ernten dürfen. In der Bibel begegnen uns verschiedene Erntefeste, wie z.B. das Laubhüttenfest (nach der Weinlese).

Auch wenn wir das Säen, Pflanzen, Wachsen, Reifen und Ernten oft nicht mehr direkt vor Augen haben, haben wir dennoch Grund zum Danken. Wir können zwar fast alles zu jeder Zeit im Supermarkt fertig kaufen, aber wir können die Kartoffel, den Apfel nicht »machen«: Sie bleiben Geschenk Gottes und dank der Arbeit des Bauern, der Marktfrau und vieler weiterer Hände können wir sie genießen. Gerade in Zeiten des Klimawandels und immer knapper werdender Ressourcen kann uns das Fest auch nachdenklich machen: Wie gehen wir mit den Gaben um? Wir haben Grund zum Danken, ist doch unser Tisch reich gedeckt. Es gibt so viele Menschen bei uns und anderswo, denen das Nötigste zum Leben fehlt.

Das Fest kann auch unseren Blick lenken auf die ganz persönlichen Ernten, die wir im Laufe des Jahres »eingefahren« haben: das Erlernen eines Musikinstruments, die regelmäßige gemeinsame Spielzeit am Abend, ein gutes Buch, das ich geschenkt bekam.

Brauchtum

Insbesondere Beginn und Abschluss der Ernte sind mit vielen Bräuchen verbunden. Erntedank wird am Sonntag nach Michaeli (29. September) gefeiert, also in der Regel am *ersten Sonntag im Oktober*. In Erntedankgottesdiensten werden die Erntegaben aus Feld und Garten in der Kirche kunstvoll aufgebaut bzw. in einer Gabenprozession zum Altar gebracht und gesegnet.

Wir feiern Erntedank

Wir wollen zum Erntedankfest die Gaben der Natur bewusst wahrnehmen und dafür danken. Dazu einige Vorschläge:

- Wir gehen auf einen Markt und schauen, welche Produkte aus der Region angeboten werden. Mit diesen Produkten füllen wir einen Erntedankkorb. Welche Gerichte können wir mit diesen regionalen Produkten kochen?
- Mit anderen Familien kochen wir gemeinsam einen Erntedankeintopf.
- Wir verschenken einen Korb mit Erntegaben.
- Wir flechten einen Erntekranz bzw. Türkranz aus Ähren, Buchs, Hagebutten, Vogelbeeren etc.
- Aus Hefeteig/Fladenbrotteig (Rezept siehe S. 180) formen wir Brötchen, ordnen sie auf dem Blech zu einer Ähre oder zu einer Traube und backen sie.

Alle guten Gaben

Traditionell

Alle guten Gaben, alles, was wir haben, kommt, o Gott, von dir, wir danken dir dafür!

Erntedank-Ritual

Auch zu Hause können wir für *alle* Gaben, die uns Gott geschenkt hat, danken. Wir bringen sie zum Jahreszeitentisch. Nachdem eine Gabe auf den Tisch gelegt wurde, singen wir dazu:

> *Danke für alle guten Gaben,*
> *danke für unser täglich Brot.*
> *Danke für alles, was wir haben,*
> *danke, guter Gott.*

(Nach der Melodie von »Danke für diesen guten Morgen«. Wir können auch »Alle guten Gaben, alles was wir haben« singen.)

- Brot: Guter Gott, wir danken für das Brot.
  Wir danken für die Arbeit der Bauern, der Müller und Bäcker.
  Wir denken an die Menschen, denen das tägliche Brot fehlt.

- Korb mit Obst und Gemüse:
  Guter Gott, wir danken für die Äpfel und Birnen,
  für die Karotten und den Kohl. Denn sie sind schmackhaft und gesund.
  Wir denken an die Menschen, die krank sind.

- Krug Wasser:
  Guter Gott, wir danken dir für das Wasser, das für uns so selbstverständlich ist.
  Wir denken an die Menschen, denen sauberes Trinkwasser fehlt.

- Uhr: Guter Gott, wir danken für die Zeit, die wir haben zum Spielen, zum Arbeiten,
  zum Faulenzen. Wir denken an die Menschen, die keine Zeit haben.

- Schulbuch:
  Guter Gott, wir danken dir für unsere Schule, für unsere Arbeit,
  für unseren Ausbildungsplatz. Wir denken an die Kinder,
  die nicht zur Schule und in die Ausbildung gehen können,
  und an die Menschen, die keine Arbeit haben.

In der Stille denken wir darüber nach, wofür wir persönlich danken und bitten möchten!

(nach einer Idee von Claudia und Roman Aigner)

Fest der Erzengel Michael, Gabriel und Raphael
(29. September) und Schutzengelfest (2. Oktober)

Bedeutung

»Da hattest du aber einen Schutzengel!«, sagten viele zu Jonas, als sie erfuhren, dass er bei einem Fahrradsturz bei rasantem Tempo mit nur wenigen Prellungen davonkam. Es gibt so manche Situationen in unserem Leben, da spüren wir mehr als sonst: Es gibt mehr als nur das, was wir sehen und anfassen können. Manche Menschen nennen es dann Glück oder Zufall, andere sagen: »Da war mehr im Spiel«, »Ich bin einem Engel begegnet«, »Du bist ein Engel« oder »Dich schickt der Himmel«.

Jeder Mensch sehnt sich nach einem sinnvollen Leben, nach guten und liebevollen Beziehungen zu anderen Menschen, vielleicht auch nach der Gegenwart Gottes. In manchen Augenblicken unseres Lebens können wir sie wahrnehmen, mehr als sonst. Wir spüren den unsichtbaren Engel Gottes und erleben gleichzeitig andere Menschen, die für uns zum Engel werden.

Der Engel bei Bolt an der Ecke

Der Engel bei Bolt an der Ecke,
der hat heute viel zu tun:
Die Kinder vom
Stadtrandviertel,
die rennen auf
raschen
Schuhn.

Sie laufen hinter dem Ball her,
der Ball, der rollt und rollt.
Doch die Autos sieht nur der Engel,
der steht, wie gesagt, bei Bolt,

bei Bolt, dem Schuhwarenladen,
da steht der Engel und wacht.
Er schwingt seinen Stock und gibt auf
die spielenden Kinder acht.

Man weiß, er heißt Gottlieb Zille
und sieht auch genauso aus,
mit Bart und Zigarre und Brille:
der Rentner vom Hinterhaus.

Rudolf Otto Wiemer

Oft sind unsere (Schutz-)Engelerfahrungen mit besonders einschneidenden Schlüsselerlebnissen verbunden: Unfall, Krankheit, Rettung aus Gefahr.

Dietrich Bonhoeffer spricht in seinem Gebet »Von guten Mächten wunderbar geborgen« von der Gegenwart dieser guten Mächte in einer Situation äußerster Gefahr und Ausweglosigkeit, im Gefängnis der Gestapo, an der Schwelle zum Tod (siehe Seite 140).

Engel werden von Menschen unterschiedlich erfahren: als Wegweiser und Entscheidungshilfe, als Tröster in der Einsamkeit, als Helfer in Angst und Not. Sie erscheinen im Traum, in Visionen, im Alltag als Menschen und als innere Stimme. Ihre Gestalt ist ganz unwichtig, wichtig ist ihre Botschaft.

> Ich werde einen Engel schicken,
> der dir vorausgeht.
> Er soll dich auf dem Weg schützen
> und dich an den Ort bringen,
> den ich bestimmt habe.
> Achte auf ihn
> und hör auf seine Stimme!
>
> *Exodus 23,20 f.*

Von den guten Erfahrungen der Gegenwart Gottes berichten uns alle Engelgeschichten in der Bibel. Wie diese Geschichten zeigen, sind die Engel keine »Geister«, die ausschwärmen, um Menschen zu beeinflussen oder ihnen Entscheidungen abzunehmen. Sie sind, wie das lateinische Wort *angelus* übersetzt heißt, Boten Gottes, die Gottes Gegenwart und Nähe in unserem Leben zeigen. Sie stellen Verbindung her zwischen Gott und Mensch.

Die Namen der vier Erzengel – *Michael* (Wer ist wie Gott?), *Gabriel* (Gott ist stark), *Raphael* (Gott heilt) und *Uriel* (Gott ist mein Licht) – enthalten alle den alttestamentlichen Gottesnamen *el*. So weisen uns schon die Namen der Erzengel darauf hin, wofür sie stehen: für Gottes Nähe und Gegenwart. Sie sind also ganz eng mit Gott verbunden. Sie sind überall gegenwärtig und aktiv, wo Gottes guter Rat, sein guter Geist ins Spiel kommt.

> Denn er befiehlt seinen Engeln,
> dich zu behüten auf all deinen Wegen.
> Sie tragen dich auf ihren Händen,
> damit dein Fuß nicht an einen Stein stößt.
>
> *Psalm 91,11 f.*

Mit Engeln auf dem Weg

Wir sammeln gemeinsam: Welche Geschichten fallen uns ein, in denen Engel in der Bibel vorkommen? Der Erzengel Gabriel, der Maria die Geburt Jesu ankündigt – Der Traum Josefs – Die Engel am leeren Grab und bei der Auferstehung – Michaels Kampf mit dem Drachen – Viele Rettungs- und Stärkungsgeschichten im Alten Testament: Lot und seine Familie werden aus Sodom gerettet – Hagar in der Wüste – Jakobs Traum von der Himmelsleiter – Der Prophet Elija unter dem Ginsterstrauch – Daniel in der Löwengrube – Raphael begleitet Tobias usw.

Der unbekannte Reisebegleiter

Vor langer, langer Zeit lebten im Volk der Israeliten ein Mann und eine Frau, die Tobit und Hanna hießen. Sie hatten einen Sohn mit dem Namen Tobias. Tobit und Hanna lebten wie viele andere Israeliten als Ausländer in einem fremden Land. Durch ein Unglück war Tobit erblindet.

Eines Tages erinnerte sich Tobit an eine Geldsumme, die er einmal auf einer Reise einem Freund zum Aufbewahren gegeben hatte. Dieser Freund wohnte in einem anderen Land. Tobit bat seinen Sohn, für ihn das Geld zu holen, weil sie es brauchten. Tobit wusste, dass es eine gefährliche Reise werden könnte, denn überall lauerten Räuber den Reisenden auf. Deshalb suchte sich Tobias einen Reisegefährten. Er traf auf einen Mann, der sich Raphael nannte. Tobias mochte Raphael, und auch der Vater war mit ihm einverstanden. Als sie sich über den Begleiterlohn geeinigt hatten, segnete Tobit seinen Sohn und seinen Reisegefährten. Als die beiden dann fortgingen, weinte Hanna. Tobit tröstete sie: »Mach dir keine Sorgen. Du wirst ihn wiedersehen. Ich glaube, ein guter Engel begleitet ihn.«

Auf ihrer Reise kamen Tobias und Raphael an einen großen Fluss. Als Tobias im Fluss baden wollte, schoss ein riesengroßer Fisch aus dem Wasser und wollte ihn verschlingen. Raphael rief: »Pack ihn und wirf ihn ans Ufer. Schneide den Fisch auf und nimm Herz, Leber und Galle heraus. Das sind gute Heilmittel.« Dann brieten sie den Fisch und aßen ihn auf.

Endlich kamen sie in eine Stadt, in der auch ein Freund des Vaters wohnte. Er hieß Raguël und hatte eine schöne Tochter, die Sara genannt wurde. Diese litt an einer Krankheit. Raphael und Tobias besuchten die

Familie des Raguel. Raphael heilte Sara mit der Fischleber und dem Fischherzen. Sara gefiel Tobias so sehr, dass er Raguël und seine Frau Edna bat, ihm Sara zur Frau zu geben. Dann wurde ein prächtiges Hochzeitsfest gefeiert, vierzehn Tage lang. Während dieser Zeit reiste Raphael alleine weiter, um die Geldsumme für Tobit zu holen.

Als er zurück war, bereiteten sie die Heimreise zu Tobit und Hanna vor. Raguel und Edna segneten Sara und Tobias zum Abschied und küssten sie. Dann reisten sie zusammen mit Raphael ab.

Eines Morgens saß Mutter Hanna wie so oft am Weg und hielt Ausschau nach Tobias. Plötzlich erschrak sie freudig: Sie sah ihren Sohn kommen. Sie rief ihren Mann und lief dann den Reisenden stürmisch entgegen. Der blinde Tobit stolperte hinter ihr her. Tobias konnte ihn gerade noch in seinen Armen auffangen. Auf Geheiß Raphaels strich er ihm von der Fischgalle auf die Augen, und sofort konnte Tobit wieder sehen. Laut dankte er Gott und fiel Tobias um den Hals. Nun erzählte Tobias, dass er geheiratet habe, und stellte ihnen Sara vor. Hanna und Tobit hießen Sara herzlich willkommen und küssten sie.

Dann sprach Tobit zu Raphael: »Du warst ein guter Reisebegleiter. Nimm als Lohn die Hälfte von allem, was ihr mitgebracht habt.« Raphael sagte: »Lobt Gott. Ich bin Raphael, ein heiliger Engel.« Da erschraken sie und fielen voller Furcht vor ihm nieder. Er aber sagte zu ihnen: »Fürchtet euch nicht. Ich war der Begleitengel zu eurem Schutz und Segen. Gott war euch nahe.« Als sie wieder aufblickten, war der Engel verschwunden.

Aus dem Buch Tobit,
nacherzählt von Hermine König

Dank für meinen Schutzengel

Guter Gott,
ich danke dir für meinen Schutzengel,
der mich begleitet und beschützt.
Er ist wie ein Freund an meiner Seite,
wenn ich Angst habe
und mich allein fühle.
Der mich ermahnt, meinen Verstand
zu gebrauchen.
Der mir hilft, zu unterscheiden,
was gut und was böse ist.
Der mich ermutigt, Dummheiten,
die ich angerichtet habe,
wieder in Ordnung zu bringen.
Der mich tröstet und mir Kraft gibt.

Wir basteln einen Engel

Dazu brauchen wir: Klopapierrolle, Styroporkugel (für Kopf), Goldfolie für Flügel, Engelshaar. Klopapierrolle gelb bemalen, Flügel ausschneiden und auf Rolle kleben. Styroporkugel auf die Rolle kleben und Engelshaar oben als Haar befestigen. In die Klopapierrolle kann man einen schönen Spruch aus der Bibel, einen Dank für den Schutzengel oder ein Gebet hineinlegen, das man so bei passender Gelegenheit zur Hand hat und betet.

Festgehalten

• •

Bianca, unser Nachbarskind, und unser ältester Sohn Jan-Christoph wurden zusammen eingeschult. Beide freuten sich darauf, dass wir auch am Nachmittag gemeinsam den ersten Schultag feierten, im Garten bei Kaffee, Kuchen und Limonade. Und bei Sackhüpfen und Eierlaufen hatten nicht nur die Kinder viel Spaß.

Selbstverständlich wollten Bianca und Jan-Christoph auch ihre neuen Fahrräder ausprobieren, die sie in diesem Jahr zu ihren Geburtstagen neu bekommen hatten. In der Nebenstraße konnten sie gefahrlos Rad fahren, nur am Berg hinter unserem Haus mussten sie aufpassen, weil dort durchs Lautertal die Nahverkehrszüge über einen Bahnübergang brausten, der keine Schranken hatte.

Es wurde ein richtig lustiger Nachmittag, besonders als unsere Freunde Cornelia und Manfred mit ihrem Hund Sina vorbeikamen. Sina ist ein schüchterner und zugleich sehr verschmuster Hund: Er liebt die Kinder über alles und spielte gern mit ihnen.

Es war schon Zeit für das Auf- und Abräumen, als Sina plötzlich unruhig wurde und vom Spiel aufsprang. Der Hund schien ein dringendes Bedürfnis zu verspüren.

Also schnappten Cornelia und Manfred sich die Hundeleine, die Kinder sprangen auf ihre Räder, und los ging's.

Der Hund rannte mit Herrchen und Frauchen im Schlepptau Richtung Bahn und Tal. Bianca trat eifrig in die Pedale und setzte mit ihrem neuen Rad zum Überholen an. Da näherte sich auch schon der Zug und hupte laut, wie er es immer tat, wenn er den unbeschrankten Bahnübergang passierte. Doch Bianca hörte und sah anscheinend im Eifer des Gefechts nichts – sie strampelte nur noch kräftiger. Da machte die angeleinte Sina einen so gewaltigen Satz nach vorn, dass Cornelia und Manfred spurten mussten. Mit ihren Händen erreichten sie gerade noch Biancas linke und rechte Schulter und hielten sie fest. Festgehalten. Gerettet.

Der Zug rauschte vorbei durchs Tal, als könnte er die Freude und das Glück eines ersten Schultages niemals trüben.

Marita Raude-Gockel

Franziskus von Assisi
(4. Oktober)

Es ist schon eine gute Fügung, dass in der Zeit um das Erntedankfest der Gedenktag des hl. Franz von Assisi gefeiert wird. Hatte er doch eine ganz intensive Beziehung zur Natur, zu Gottes Schöpfung.

Was wir aus seinem Leben wissen

Im Jahr 1181 oder 1182 wurde Giovanni Bernardone – wie Franz von Assisi eigentlich hieß – in der italienischen Stadt Assisi als Sohn eines reichen Tuchhändlers geboren. Bald riefen ihn die Eltern jedoch Francesco, was übersetzt frei, offen, mutig bedeutet, und das war er in der Tat.

Zunächst führte Franziskus als verwöhnter junger Mann ein lockeres Leben. Er gab viel Geld aus und feierte viele Partys. Nach einem Kriegseinsatz und schwerer Erkrankung kehrte er innerlich verändert nach Hause zurück: Er wendet sich Kranken und Bettlern zu, verzichtet auf Erbe und Besitz und wird einem inneren Ruf folgend Bettelmönch und Wanderprediger. Anfangs halten ihn viele – was wohl nicht verwundert – für verrückt.

Die bäuerliche Gesellschaft seiner Zeit befindet sich im Umbruch. Dem Prinzip der aufkommenden Geldwirtschaft und des Gewinnstrebens setzt Franziskus Armut und Sorge für die benachteiligten Menschen entgegen. Als »Il povorello« (kleiner Armer) predigt er in einfacher Sprache die Liebe Gottes zu uns Menschen, zu den Tieren, zur ganzen Schöpfung. Jedem, der ihn braucht, wird er zum Bruder. Immer mehr begeisterte Menschen schließen sich ihm an, sodass Franziskus der entstehenden Gemeinschaft eine Regel gibt, die der Papst schriftlich bestätigt: So wird Franziskus zu einem der großen Ordensgründer – auch wenn er dies ursprünglich gar nicht geplant hatte und es noch zu seinen Lebzeiten immer wieder Auseinandersetzungen gab um sein radikales Verständnis von Armut und den etwas pragmatischen Auffassungen mancher seiner Mitbrüder.

Franziskus zieht sich immer weiter in die Einsamkeit einer Einsiedelei zurück. Schwer krank und halb erblindet schreibt er sein Loblied auf Gottes Schöpfung: den Sonnengesang. Als Zeichen der Verbundenheit mit Christus werden an seinem Leib die Wundmale Christi sichtbar. Er stirbt am Abend des 3. Oktober 1226 mit 44 Jahren im Kreise der Brüder, mit denen er das Abendmahl gefeiert hat.

Schon zwei Jahre nach seinem Tod im Jahr 1228 wird er heiliggesprochen. Zahlreiche Geschichten und Legenden, teilweise noch von seinen Gefährten aufgezeichnet, erzählen vom Wirken und den Wundertaten des hl. Franziskus. Die Botschaft des hl. Franziskus, alle Geschöpfe zu lieben, ist gerade heute in einer Welt zunehmender Armut und Umweltzerstörung höchst aktuell.

Franziskus predigt den Vögeln

Zu einer anderen Zeit wanderte er mit einem Bruder durch das Sumpfgebiet von Venedig. Dort stieß er auf eine große Vogelschar, die im Schilfe saß und sang. Als er sie sah, sagte er zu seinem Gefährten: »Unsere Brüder, die Vögel, loben ihren Schöpfer. Darum wollen auch wir zu ihnen gehen und im Stundengebet dem Herrn lobsingen.« Als sie mitten unter sie traten, flogen diese von dem Ort nicht weg. Da sie einander aber wegen des Gezwitschers nicht verstehen konnten, wandte sich der Heilige mit folgenden Worten an die Vögel: »Brüder Vögel, hört auf mit eurem Gesang, bis

wir Gott das schuldige Lobgebet dargebracht haben!« Da schwiegen sie sogleich und verharrten in Stille, bis die beiden das lange Stundengebet und ihr Gotteslob beendet hatten und der Heilige Geist ihnen die Erlaubnis zu singen erteilte. Kaum aber hatte der Gottesmann ihnen diese Erlaubnis gegeben, fingen sie in der gewohnten Weise wieder an zu zwitschern.

Bonaventura, Großes Franziskusleben VIII, 9

Ein großer Schatz

Der heilige Franz und sein Bruder Masseo kamen eines Tages recht hungrig in einem Dorf an und baten die Menschen dort um Brot. Als sie ihren Bettelgang beendet hatten, fanden sie vor der Stadt einen guten Platz zum Essen, wo eine schöne Quelle sprang, und daneben war ein breiter, schöner Stein, der ihnen sehr gefiel. Auf den legten sie die Stücke Brot, die die Menschen ihnen geschenkt hatten.

»O Bruder Masseo, wir sind eines so großen Schatzes gar nicht wert«, rief der heilige Franz aus. Das verstand Bruder Masseo nicht und erwiderte: »Wie kann man da von einem Schatz reden, wo so viel Armut ist und es an den nötigsten Dingen fehlt? Hier ist kein Tischtuch, kein Messer, kein Fleischbrett, keine Schüssel, keine Hütte, kein Tisch, kein Diener und keine Magd.«

Da sprach der heilige Franz: »Das gerade ist es, was ich für einen großen Schatz halte: Was hier ist, ist uns durch Gottes Güte geschenkt, wie zu sehen ist am Brot, das uns gegeben wurde, am Steintisch, der so herrlich ist, an der Quelle, die so klar ist. Und darum will ich, dass wir Gott bitten, er wolle uns diesen köstlichen Schatz lieb gewinnen lassen von ganzem Herzen.«

Rudolf G. Binding

Meine Naturschätze

Franziskus war ein reicher junger Mann. Später hat er Besitz und Erbe abgelehnt. Er verzichtet auf Gold, Silber und Reichtum und sammelt andere Schätze: Er will arm sein, um anderen zu geben. Er begegnet anderen Menschen und hilft ihnen in ihrer Not; er nimmt Gott in allen Geschöpfen, Pflanzen, Tieren und Menschen wahr und lobt und dankt ihm dafür.

Er hat eine ganz besondere Beziehung zu den Geschöpfen und zu den Elementen der Erde und so predigt er den Vögeln und zähmt einen reißenden Wolf. Im Sonnengesang besingt er Mutter Erde, Schwester Quelle und Bruder Feuer und Wind, auch die Schwester Sonne und den Bruder Tod.

- Wir können uns auf Schatzsuche in der Natur begeben. Gemeinsam überlegen wir: Welche »Naturschätze« habe ich gefunden und möchte sie in eine Schatztruhe legen? Eine Feder vom Spaziergang, eine Muschel aus dem Urlaub, einen Stein vom Friedhof, ein Blatt vom Wegesrand. Welche Erinnerungen verbinde ich mit diesen »Naturschätzen«?
- Wir singen das Lied »Liebe Schwester Sonne«, in dem die Botschaft des hl. Franziskus von der Liebe zur Natur ausgedrückt ist, und wir betrachten unsere Naturschätze in unserem Schatzkästchen. Jeder einzelne ist ein Geschenk Gottes:

Du, Feder, weich und zart und biegsam,
welchem Vogel hast du einmal gehört?
Du, Muschel, schön geschwungen und offen,
wo bist du hergekommen?
Du, Stein, glatt und rund, wie geschliffen,
zu welchem Berg hast du einmal gehört?
Du, Blatt, klein und zart und gefiedert,
auf welchem Baum bist du gewachsen?
Du, guter Gott,
alles kommt von dir und gedeiht in deiner guten Schöpfung.

Wir basteln eine Schatzkiste

Zwei Quadrate aus Tonpapier, Glanz-, Gold- oder Silberpapier (DIN A4) von 21 x 21 cm für den Deckel und 20 x 20 cm für den Boden ausschneiden. Beide Quadrate wie folgt falten:

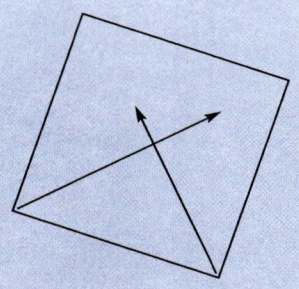

1. Zum Dreieck falten. Wieder aufklappen. Quadrat drehen und von der anderen Seite zum Dreieck falten. Wieder aufklappen.

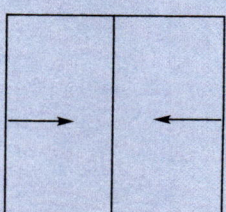

2. Quadrat von beiden Seiten zur Mitte hin falten. Wieder aufklappen und

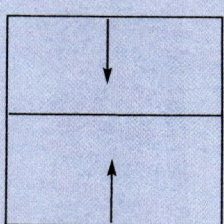

3. von der anderen Seite ebenso von beiden Seiten zur Mitte hin falten.

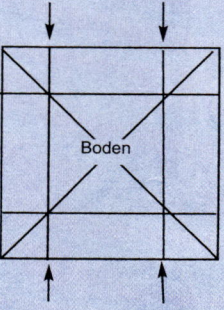

4. An zwei gegenüberliegenden Seiten (s. Pfeile) bis zum Boden hin einschneiden. Die gefalteten Ränder nach oben hin klappen und zu einer Schachtel formen. An den Seiten zusammenkleben.
Auf den Deckel einen Edelstein kleben oder anderweitig verzieren.

Liebe Schwester Sonne

© Kathi Stimmer-Salzeder, D-84544 Aschau a. Inn

2. Liebe Mutter Erde, wie hast du viele Kinder,
   trägst auch meine Schritte auf deinem festen Grund.
   Darf ich auf dir stehen und darf ich auf dir gehen,
   komm ich an kein Ende, denn du bist ganz und rund.
   Dass ich mit dir singe dem Schöpfer aller Dinge,
   schenk mir gute Hände, ein liebevolles Herz!

3. Lieber Bruder Atem, wie sehr ich aus dir lebe,
   ob in Not und Enge, ob in der Freude Kraft.
   Du lehrst mich das Leben im Nehmen und im Geben,
   Trinken und Verströmen, damit es Segen schafft.
   Dass ich mit dir singe dem Schöpfer aller Dinge,
   schenk mir deine Tiefe, ein weites, freies Herz!

→ CD 6

Reformationsfest
(31. Oktober)

Bedeutung

Die Kirche als Gemeinschaft der Christen ist eigentlich an Pfingsten entstanden, sozusagen als »Erfindung« des Heiligen Geistes. Im Laufe der Zeit gab es immer wieder Auseinandersetzungen um den richtigen Weg der Kirche. Manches Mal führte das bis zum Streit zwischen einzelnen Gruppen, sodass es auch zu Trennungen und Abspaltungen kam.

Am 31. Oktober 1517 schlug Martin Luther, der als Mönch in einem Kloster lebte und an der Universität unterrichtete, 95 Sätze an die Tür der größten Kirche seiner Heimatstadt Wittenberg, weil er fand, dass sich die Kirche zu wenig nach dem richtete, was in der Bibel steht und was Jesus will. Er wollte protestieren, die Kirche verändern, reformieren.

Es gab große Auseinandersetzungen mit den Bischöfen, dem Papst, der ganzen Kirche, sodass Luther schließlich ausgeschlossen und sogar verfolgt wurde. Er versteckte sich auf der Wartburg. Dort übersetzte er die Bibel ins Deutsche, damit auch die einfachen Leute die Worte der heiligen Schrift überhaupt verstehen konnten. Denn bisher war es üblich, die Bibel nur auf Latein zu lesen – und das konnten nur Gebildete. Jeder Mensch, so fand Martin Luther, sollte sich persönlich von Gott und von Gottes Wort angesprochen fühlen, ohne einen Pfarrer, einen Amtsträger der Kirche dazu zu brauchen.

Der Reformationstag wird von den evangelischen Christen seit 1667 gefeiert und erinnert sie an die Grundlagen ihres Glaubens.

Miteinander Bibel teilen

Dieses Fest ist ein guter Anlass, die Bibel aus dem Schrank zu holen, aufzuschlagen und sich von den Worten darin ansprechen zu lassen. In der Familie, vielleicht zusammen mit evangelischen und katholischen Freunden, versammeln wir uns im Kreis, teilen Bibeln bzw. Bibeltexte aus. Jeder sollte die Bibelstelle, die wir uns vorher ausgesucht haben, in der Hand haben. (Weil der 31. Oktober auch durch Halloween und als Vorabend von Allerheiligen seine besondere Bedeutung hat, treffen wir uns dafür evtl. schon am Vorabend des Reformationstages.)

1. Einladen: Jemand aus dem Kreis lädt ein: Wir entzünden eine Kerze zum Zeichen dafür, dass Jesus unter uns ist, wo wir uns in seinem Namen treffen.

2. Lesen: Jemand aus dem Kreis liest die ausgesuchte Bibelstelle vor.

3. Sich berühren lassen/Verweilen: Zunächst besprechen wir mit den Kindern Wörter oder Sätze, die schwer verständlich sind. Danach fragen wir uns: Welches Wort oder welcher Satz hat mich spontan angesprochen? Diesen Satz oder dieses Wort lesen wir laut vor. Es wird nur das Wort oder der Satz aus dem Bibeltext vorgetragen, ohne weiteren Kommentar. Das Ganze geschieht in Ruhe, mit deutlichen Pausen. Es ist nicht nötig, dass reihum jeder etwas vorträgt. Es darf auch das gleiche Wort von mehreren genannt werden.
Bei diesem Schritt geht es darum, sich von den Worten berühren zu lassen. Am Ende wird der Text nochmals ganz gelesen.

4. Stille: Jemand aus dem Kreis lädt ein zur Stille: Wir werden still, damit Gott zu uns sprechen kann. Wir geben eine Zeit an, etwa drei oder fünf Minuten.

5. Austausch: Wir tauschen uns darüber aus, was uns persönlich bewegt und berührt. Wer möchte, teilt etwas mit, die anderen hören zu.

6. Brücke zum Leben schlagen: Wir fragen uns: Was hat der Text mit uns zu tun? Was sagt er uns heute? Gibt es einen Satz, ein Wort aus dem Text, das uns als »Wort des Lebens« im Alltag begleiten kann?

Informationen zum Bibel-Teilen:

Das Bibel-Teilen stammt ursprünglich aus Afrika und wird dort in kleinen Gemeinden und Gemeinschaften praktiziert, in denen Menschen z.B. ohne Pfarrer »auskommen« bzw. Gottesdienst feiern.
Das Bibel-Teilen hilft Erfahrungen des Glaubens in der Gemeinschaft zu teilen und gemeinsam das Leben aus dieser Kraft heraus zu gestalten. Am bekanntesten ist das Bibel-Teilen in sieben Schritten. Neben der hier aufgeführten Art gibt es noch weitere Methoden, z.B. Bibel-Teilen als Lebensspiegel. Diese Methoden sind gut ausgearbeitet und dargestellt in dem Heft »Bibel teilen«: Bekannte Texte neu erleben. Missio (Internat. Kath. Missionswerk), Aachen 1998.

7. Beten und Abschließen: Wir beten miteinander. Dazu darf jeder – Kinder und Erwachsene – das beitragen, was ihm persönlich am Herzen liegt: eine Botschaft aus dem Bibeltext, Dank, Lob oder eine Bitte. Am Ende können wir gemeinsam singen »Da ist einer unterwegs« (siehe S. 195) oder das Vaterunser beten.

Bevor wir auseinandergehen, sprechen wir uns ab, ob, wann und wo wir uns wieder zum Bibel-Teilen treffen. Welchen Bibeltext wählen wir aus?

November –
ein Monat voll Dunkel und Licht

Halloween
(31. Oktober)

Bedeutung

Halloween ist ein Fest, das – nicht zuletzt angekurbelt durch die Freizeitindustrie – in den letzten Jahren einen rasanten Aufschwung erfahren hat. Wörtlich übersetzt bedeutet All Hallows' Eve: *Vorabend von Allerheiligen*. Dieses Fest hat seinen Ursprung vermutlich in einem alten Erntefest der vorchristlichen Kelten, die damit das alte Jahr und die Herrschaft des Sonnengottes verabschiedeten. Es begann – so ihr Glaube – die Herrschaft des Totengottes und die Seelen der im vergangenen Jahr Gestorbenen wanderten ins Totenreich. Manch böse Geister irrten nach deren Vorstellung umher und sollten mit Hexenmasken, Krach und Feuer vertrieben werden. Heute ist ein ausgehöhlter Kürbis, in den eine schaurige Fratze geschnitzt und brennende Kerzen gestellt werden, Symbol des Festes.

Brauchtum

Das Fest wurde von irischen Einwanderern vor etwa 150 Jahren nach Amerika gebracht, wo die Kinder es mit dem Sammeln von Süßigkeiten usw. feiern. Manche Ethnologen versichern auch, dass Halloween durch unser christliches Totengedenken beeinflusst sei. In den letzten Jahren sind Halloweenpartys nach amerikanischem Vorbild bei uns in Mode gekommen, bei denen sich Kinder und Erwachsene als Hexen und Gespenster verkleiden. In Dörfern und Städten ziehen am Halloweenabend schaurig verkleidete Kinder von Haus zu Haus und verlangen »Süßes, sonst gibt's Saures«.

Leider hat an manchen Orten Halloween das Martinsfest verdrängt. Ist beiden Festen die Lichtsymbolik gemeinsam, so haben sie doch verschiedene inhaltliche Akzente. Während es bei Halloween um den Tod in unserem Leben geht, steht am Martinstag nach dem Vorbild des Mantelteilens das »Teilen und Helfen« im Mittelpunkt.

Eine Erinnerung an unsere Endlichkeit

Auch wenn wir es oft verdrängen: Tod, Trauer und auch unsere dunklen Seiten gehören zu uns und zum Leben dazu. Wir können sie nicht aus unserem Leben verbannen, irgendwann holen sie uns ein. Halloween kann uns dies bewusst machen. Die folgende Lichtfeier gibt uns dazu einen Anstoß.

Lichtfeier für den Vorabend von Allerheiligen

- Wir versammeln uns um den Jahreszeitentisch, der mit Novemberblättern, Kastanien und Eicheln geschmückt ist.
- Wir stellen eine brennende Kerze zu der Blättern.
  Einführung: Die Blätter erzählen uns, was im Moment in der Natur geschieht. (Äußerungen der Kinder abwarten.) Die letzten Blätter fallen von den Bäumen und sterben ab. Sie haben kein Grün und kein Leben mehr in sich. Sie werden zu Asche, zu Dünger. So wie die Blätter verwelken, so vergeht alles Leben auf unserer Erde.
- Die Kerze wird gehalten und ausgeblasen: So ist es auch mit dem Leben von uns Menschen. Es geht irgendwann zu Ende. Wir sind ganz traurig, wenn uns ein lieber Mensch verlässt, wenn er plötzlich stirbt. Der Tod macht uns Angst.
- Manchmal kommt der Tod plötzlich und man kann nicht mehr Abschied nehmen. Manchmal kündigt er sich durch Krankheit an. (Die Kinder von ihren bisherigen Erfahrungen mit dem Tod erzählen lassen.)
- Wir zünden die Kerze wieder an im Vertrauen darauf, dass Gott stärker ist als der Tod:
  Guter Gott, du hast Jesus von den Toten auferweckt. Wie aus einer Kastanie oder einer Eichel im Frühjahr ein neuer Baum wachsen kann, so hast du Jesus neues Leben geschenkt. Wir hoffen, dass mit dem Tod nicht alles zu Ende ist.
- Wir wollen an einen Verstorbenen denken und das ausdrücken, was wir ihm gerne sagen würden: z.B. wie wir ihn vermissen, wofür wir ihm danken, uns bei ihm entschuldigen möchten, was wir ihm gegenüber versäumt haben … Dabei darf jeder ein Licht (kleine Stumpenkerzen oder Teelichter in einem Glas) an der Kerze entzünden.
- Wir zünden auch ein Licht an für die Verstorbenen, an die keiner mehr denkt.
- Wenn alle Lichter entzündet sind, singen wir »Mache dich auf und werde licht« (siehe S. 279). Dazu nehmen wir die Lichter in die Hand. Wenn der Platz vorhanden ist, bewegen wir uns im Schreittanz zum Gesang.:

Mache dich auf und werde licht! (2x)	Mit den Kerzen in Kreisrichtung gehen.
Mache dich auf und werde licht!	Zur Mitte hin drehen und Kerze mit ausgestreckten Armen in die Mitte halten.
Denn dein Licht kommt.	Kerzen zur Kreismitte hin abstellen.

Wie die Zeit vergeht

Zu Weihnachten habe ich Zeit geschenkt bekommen: die Armbanduhr, die ich mir gewünscht hatte, eine Digitaluhr. Papa mag lieber Uhren mit Zeigern, bei denen die Zeit im Kreis vergeht. Er stellt sich den Lauf der Zeit lieber rund vor. Er meint, bei meiner Uhr gibt es jeden Zeitpunkt nur für einen kurzen Moment und dann ist er für immer weg. Das hält Papa für brutal – aber es ist doch nun mal so. Vielleicht macht es mir nicht so viel aus, weil ich hoffentlich noch eine Menge Zeit im Leben vor mir habe.

An meiner Uhr kann ich ein Datum in der Zukunft eingeben und die Uhr zeigt an, wie viel Tage es bis dahin noch sind. Nun kann ich schnell herauskriegen, in wie viel Tagen ich Geburtstag habe. Und noch besser: Ich kann einen Tag in der Vergangenheit eingeben, zum Beispiel den Tag, an dem ich geboren wurde, und die Uhr zeigt an, wie viel Tage ich schon lebe. Heute ist mein 4222. Tag auf der Welt. Mama lebt schon seit 15335 Tagen. Wie gut es ist, dass niemand seinen Todestag kennt und deshalb nicht weiß, wie viel Lebenstage noch bleiben! Und dennoch ist jeder Tag der erste vom Rest meines Lebens. Ich freue mich an ihm, spüre und genieße die Zeit …

Rainer Oberthür

Mache dich auf und werde licht

Text: Nach Jesaja 60,1
Melodie: Kommunität Gnadenthal
Rechte: Präsenz-Verlag, Gnadenthal

Allerheiligen und Allerseelen

Bedeutung

Allerheiligen (1. November) ist wie ein großes Familienfest der Kirche. Die katholische Kirche feiert die Heiligen und alle Menschen vor uns, die sich von Gott besonders berühren ließen und ihm fest vertraut haben.

Neben den Heiligen, die im offiziellen Namenstagskalender stehen, denken wir an Allerheiligen auch an die vielen Heiligen »ohne Namen«, an alle, die sich aufopfern, um für andere Menschen da zu sein. Im Evangelium des Festes, den Seligpreisungen der Bergpredigt (Mt 5,1–12a) nennt Jesus uns Menschen selig, d.h. glücklich, wenn wir uns an Gott gebunden fühlen und spüren, dass wir unser Leben nicht uns selbst verdanken: Wir sind Gottes geliebte Kinder. Heilige – das sind *alle* Menschen, die sich von Gott und von Jesus und seiner Botschaft berühren lassen. Auch wir gehören zu dieser Gemeinschaft dazu.

An **Allerseelen (2. November)** denken wir an unsere Verstorbenen und feiern unsere Verbindung mit ihnen. Mit diesem Fest bekennen wir auch, dass für uns mit dem Tod nicht alles aus ist und wir hoffen, dass wir mit ihnen auferstehen.

Brauchtum

Der Gräbergang am Nachmittag des Allerheiligenfestes ist schon seit vielen Jahrhunderten für Christen ein vertrautes Ritual. Auch heute wird dieser Brauch noch sehr gepflegt, zumal Allerheiligen in den meisten Bundesländern ein Feiertag ist, Allerseelen dagegen nicht. Das Totengedenken der Kirchengemeinde und der Familien ist dabei oft miteinander verbunden: Man hält eine Andacht für die Toten, zieht dann in einer Prozession zum Friedhof, wo die Gräber der Verstorbenen gesegnet werden. Familien gehen gemeinsam zum Friedhof, um an ihre Verstorbenen zu denken, deren Gräber sie zuvor mit Blumen und Grün frisch geschmückt haben. Entzündete Lichter werden auf die Gräber gestellt als Zeichen für Jesus Christus, unser Licht.

Die evangelischen Christen gedenken ihrer Toten Ende November am Totensonntag/Ewigkeitssonntag, dem letzten Sonntag im Kirchenjahr, der in der katholischen Kirche Christkönigssonntag heißt.

Vorschläge zur Gestaltung

- Schmückt die Familie das Grab eines Angehörigen, können die Kinder mithelfen.
- Eine Lichtfeier am Vorabend von Allerheiligen (vgl. oben) ist eine gute Vorbereitung und Einstimmung für das Totengedenken am Grab. So können die Kinder diesen Familienbrauch besser verstehen.
- Wenn man sich mit der ganzen Familie zum Gräbergang getroffen hat, setzt man sich anschließend noch gemütlich zusammen. Auch die Kinder erinnern sich im Gespräch gern der verstorbenen Angehörigen.
- Wenn die Kinder sich nicht an die Großeltern erinnern können, weil sie

bei deren Tod noch so klein oder noch gar nicht geboren waren, ist es wichtig, sich mit den Kindern »die Wurzeln« ins Gedächtnis zu rufen: Wer sind die Großeltern, Urgroßeltern, Onkel, Tanten …? Wir können gemeinsam Fotos von ihnen heraussuchen und einen Familienstammbaum malen.

Sankt Martin
(11. November)

Heilige der Menschlichkeit könnte man Martin von Tours und Elisabeth von Thüringen nennen, die kurz hintereinander im November im Namenstagskalender stehen. Beide verbindet, dass sie sich den Menschen in Not in ihrer nächsten Umgebung zuwenden. Und dies macht beide so wichtig für unsere Zeit.

Kaum ein Heiligenfest ist bei Eltern und Kindern so bekannt wie das Martinsfest. Es zeigt, wie sehr das Leben eines Menschen, der spontan hilft, bis heute faszinieren kann. Martin gibt der Menschlichkeit und Nächstenliebe eine konkrete, sichtbare Gestalt. Er zeigt, wie es denn gehen könnte, dem Nächsten, dem neben mir, einfach und praktisch zu helfen.

Martinshörnchen

Am St. Martinstag werden Martinshörnchen in Hufeisenform gegessen, die an sein Pferd erinnern.

Zutaten für den Teig:
1 kg Weizenmehl, 2 Würfel Hefe, 400 ml lauwarme Milch, 3 bis 4 Eier, etwas Salz, 2 Essl. Zucker, 200 g weiche Butter.

Zutaten für die Füllung: geriebene Schale einer Zitrone, 50 g grob gemahlene Mandeln, 125 g Rosinen, 100 g Korinthen.

Zubereitung:
Den Hefeteig kneten und gehen lassen. Der gegangene Teig wird gut messerrückendick ausgewellt und dann zu kleinen Dreiecken ausgeradelt. Die Füllung wird auf die Teigdreiecke gehäufelt (jeweils ca. 1 Teelöffel in die Mitte der Breitseite). Dann wird der Teig von der Breitseite her aufgerollt. Die so entstandenen Rollen werden zu hufeisenförmigen Hörnchen geformt und dann auf ein gefettetes Blech gelegt. Die Hörnchen werden mit Ei und etwas zerlassener Butter bestrichen und bei ca. 200 °C (Mittelhitze) 20 bis 30 Minuten gebacken.

Was wir aus dem Leben des Heiligen wissen

Martin wurde um 316 an der Donau im heutigen Ungarn geboren. Wie sein Vater wurde er Offizier in der römischen Armee. Das Schlüsselerlebnis in seinem Leben war die Begegnung mit einem Bettler am Stadttor von Amiens, mit dem er seinen Mantel teilt. In der Nacht erscheint ihm Christus in der Gestalt des Bettlers in einer Vision. Er lässt sich taufen, gibt seinen Militärdienst auf, lebt als Einsiedler und gründet Klöster. Gegen seinen Willen wird er 371 zum Bischof von Tours gewählt. Um seine Wahl zum Bischof ranken sich viele Geschichten, deren bekannteste seine Flucht vor den Leuten in einen Gänsestall ist.

Martin und die Gänse

Oftmals wird der hl. Martin mit einer Gans dargestellt, und wie man weiß, herrscht der Brauch, zu Martini eine Gans zu verspeisen. Das geht auf folgende Legende zurück: Als man Martin zum Nachfolger des Bischofs von Tours gewählt hatte, wollte er dieser Würde entgehen und versteckte sich in einem Gänsestall. Da man nun aber nach ihm suchte, verrieten die Tiere durch ihr Geschnatter, dass Martin sich bei ihnen verborgen hielt. Und man führte ihn hinweg in die Stadt Tours, wo er geweiht wurde.

Erna und Hans Melchers

Brauchtum

Das Leben des Heiligen, insbesondere die Mantelteilung ist wie ein Lichtfunke, der sich ausbreitet und das Leben vieler Menschen hell macht – damals wie heute. Deshalb sind mit dem Martinsfest viele Bräuche verbunden: Martinsfeuer und Laternenumzüge, Martinsspiel und Martinssingen,

Martinsgans, Martinswecken, Heischegänge und der Zinstermin. Viele Kindergärten, Schulen und Kirchengemeinden bieten (ökumenische) Martinsfeiern an. Dabei werden oft Aktionen nach dem Vorbild von Martin zum Mithelfen und Teilen durchgeführt und Sach- und Geldspenden für Bedürftige oder für Projekte gesammelt.

Neben der bekannten Legende von der Mantelteilung sind uns viele weitere Legenden durch den christlichen Biografen Sulpicius Severus überliefert. Sehr gute Informationen zum Heiligen, zu Legenden und Aktionen bietet das Internet unter www.martin-von-tours.de.

Martin und die Martinsfischer

Eines Tages sah der heilige Martin einen hässlichen, schmutzigschwarzen Vogel, der fischte. Er rief ihn an und der Vogel kam sogleich herbeigeflogen. »Bravo«, sagte der Heilige, »du sollst für deinen Gehorsam belohnt werden!« Dann verwandelte er ihn in einen der schönsten Vögel, mit azurblauem Mantel und purpurrotem Kehlchen. »Ich will dir sogar meinen Namen geben«, fügte Martin hinzu. »Du sollst Martinsfischer heißen und darfst in allen Bächen und Flüssen Fische fangen.« Seit jenen Tagen fischt der Eisvogel überall ungehindert.

Manfred Becker-Huberti

Martin und der Bettler

Vor Kälte hat ein Mann geschrien.
Sankt Martin stieg vom Pferd,
nahm seinen Mantel, packte ihn
und teilte mit dem Schwert.

Der Bettler war vor Staunen stumm.
Doch Martin legt ihm dann
die Hälfte seines Mantels um.
So wärmte er den Mann.

Als Martin in der Nacht erwacht,
da ist etwas geschehn:
Vor seinem Bett in dieser Nacht
sieht Martin Jesus stehn.

Und Jesus sieht den Martin an
und fragt: »Erkennst du mich?
Du teiltest mit dem armen Mann.
Der Bettler, das war ich!«

»Was ihr dem ärmsten Bruder tut,
das habt ihr mir getan!«
Das Wort, das Christus einst gesagt,
geht uns doch alle an!

Schiebt es nicht nur, wenn nichts passiert,
den andern in die Schuh.
Es liegt auch oft, wenn einer friert,
daran, dass ich nichts tu.

Rolf Krenzer

Warm ist mein Licht

© Kathi Stimmer-Salzeder, D-84544 Aschau a. Inn

1. Warm ist mein Licht, warm ist mein Licht, scheint mir grade ins Gesicht. Trag ich es in die Nacht hinein, wird sie ein wenig wärmer sein, ein wenig wärmer sein, ein wenig wärmer sein.

➜ CD 18

2. Hell ist mein Licht, hell ist mein Licht,
   scheint mir grade ins Gesicht,
   trag ich es in die Nacht hinein,
   wird sie ein wenig heller sein,
   ein wenig heller sein,
   ein wenig heller sein.

3. Bunt ist mein Licht …

4. Froh ist mein Licht …

Laternenlaufen

Jedes Jahr basteln viele Kinder zu Hause, im Kindergarten oder in der Schule eine Martinslaterne. Beim Laternenbasteln geht es nicht allein um eine schöne Laterne. Eine Botschaft schimmert bei jeder Laterne hindurch: Sie schenkt ihr Licht weiter und macht die Dunkelheit hell. So ist es auch mit einem guten Gedanken, einer Idee, die weitergeschenkt wird. So ist es mit einer guten Tat, die Kreise zieht, weil Menschen, die selber Gutes erfahren haben, bereit sind anderen zu helfen.

In der Laternenzeit (also in der Zeit nach St. Martin) können wir in der Familie ein für Kinder reizvolles Ritual einführen: das Laternenlaufen. Bei Einbruch der Dunkelheit machen wir uns mit den Kindern und ihren Laternen auf den Weg und singen dazu Laternenlieder. Wieder zu Hause, gibt es warmen Tee und Martinshörnchen.

Basteln mit Licht

Faltlaterne
Ein dünner Karton wird einmal gefaltet und von der Knickstelle her mehrmals eingeschnitten. Anschließend wird eine Röhre geformt und geklebt. Nun wird die Form gestaucht. Ein Zylinder aus farbigem Transparentpapier kann dann eingefügt werden; dieser macht das Licht farbig und die Laterne stabiler. Drahtbügel und Boden (einer Käseschachtel) mit der Kerze können zum Schluss angebracht werden.

Windlicht
Mit den Kindern basteln wir ein Windlicht, das auf die Fensterbank drinnen oder draußen gestellt werden kann. Dazu brauchen wir ein ausgedientes Glas mit großer Öffnung. Es wird mit buntem Transparentpapier beklebt. Schon ganz kleine Kinder können das Papier in Schnipsel reißen und auf das Glas kleben, das vorher mit Kleister eingeschmiert wurde. Größere Kinder können das Glas mit leuchtenden Farben bemalen. Das Kerzenlicht bringt die Farben voll zur Geltung. Ein buntes Farbenspiel in der trüben Zeit.

Ein Abendritual für den Martinstag

Gemeinsam können wir an einem Martinsfest/-spiel oder -zug in der Gemeinde teilnehmen. Beim Abendritual zu Hause lesen wir einen Brief in Erinnerung an den hl. Martin vor.

Liebe Kinder,

ihr kennt mich alle schon ziemlich gut, die meisten schon seit dem Kindergarten.
Und ich weiß, dass ihr jetzt, wenn es draußen kalt und ungemütlich, neblig und grau wird, ganz besonders an mich denkt. Denn schließlich ist ja heute mein Tag, Martinstag.

Deshalb möchte ich mich persönlich bei euch melden!

Mein Freund Sulpicius Severus hat viele Dinge über mich aufgeschrieben, eigentlich meine ganze Lebensgeschichte und natürlich auch die bekannteste Geschichte von der Mantelteilung.

Ich finde es gut, dass ihr diese Geschichte nachspielt. Ich freue mich, dass ihr diese Lichtervermehrung (Laternenumzüge) zu meinen Ehren feiert. Zu meiner Zeit gab es das noch gar nicht, denn das Feuer war sehr kostbar und wurde im Herd und als Leuchte benutzt.

Ich habe gehört, dass manche von euch fragen: Warum hat der Martin so und so gelebt ..., warum hat er den Mantel geteilt? Manche fragen auch: Warum hat er nicht den ganzen Mantel abgegeben, sondern nur geteilt?

Eigentlich ist die Antwort ganz einfach: Ich hab's eben gemacht! Einfach so geteilt, bin vom Pferd abgestiegen, stand dann Auge in Auge mit dem Bettler. Manche finden es spontan. Es war spontan. Richtig. Ich hatte ja keine Zeit zu überlegen.

Manche von euch finden das vielleicht »cool«. Meine Kameraden beim Militär fanden es weniger »cool«. Sie fanden mein Verhalten dumm und lächerlich.

Ich habe mir nicht viel daraus gemacht, aber es war trotzdem nicht leicht. Denn ich musste etwas Wichtiges für mein Leben lernen: Teilen heißt nicht, das abgeben, was übrig ist. Ich hatte nichts übrig – kein Stück Brot in der Tasche und kein Geldstück im Beutel. Teilen musste ich am eigenen Leib spüren. Denn ich konnte nicht an dem Bettler vorbei und ihn links liegen lassen. Ich habe mich damals viel mit Jesus Christus beschäftigt und Antworten gesucht auf meine Fragen nach dem Sinn meines Lebens. In der Nacht nach dieser Begegnung mit dem Bettler ist mir Jesus im Traum erschienen – in der Gestalt des Bettlers – und mir ist klar geworden, dass ich nicht weiter suchen muss, dass mir Jesus ganz nah ist und mir begegnet in meinem Nächsten.

Ich freue mich, wenn ihr euch zum Martinstag wieder Aktionen überlegt, wie und was ihr selber teilen könnt mit eurem Nächsten, der eure Hilfe braucht.

Euer Martin

Zum Abschluss des Abendrituals singen wir das Lied: »Deine Hand und meine Hand«. Dazu gibt es auch einen kleinen Tanz (Anleitung S. 292)

Deine Hand und meine Hand

© Kathi Stimmer-Salzeder, D-84544 Aschau a. Inn

1.–3. Dei- ne Hand und mei- ne Hand – wel- che Kraft das gibt!

1. Wie ein Weg, auf dem die Lie- be geht.
2. Wie ein Weg, auf dem die Hoff- nung geht.
3. Wie ein Weg, auf dem der Glau- be geht.

1. Fas- sen, be- geg- nen, hal- ten und seg- nen.
2. Fas- sen und spü- ren, hal- ten und füh- ren.
3. Fas- sen und ge- ben, hal- ten und le- ben.

1.–3. Dei- ne Hand und mei- ne Hand – wie ein Weg.

Zwischenspiel

 CD 3

»Deine Hand und meine Hand« – ein Tanz

Wir stehen im Frontkreis (Körper zeigt zur Mitte hin) etwas weiter auseinander, sodass die Hände sich berühren. Hände sind nicht durchgefasst. Die Bewegung beginnt nach dem Vorspiel.

Deine Hand und meine Hand –	Rechte Hand im hohen Bogen nach außen hin führen.
welche Kraft das gibt!	Linke Hand im hohen Bogen nach außen hin führen und in die Hand der Partnerin/des Partners legen (durchfassen).
Wie ein Weg, auf dem die Liebe geht.	4 Schritte (rechts beginnend) in Tanzrichtung (gegen Uhrzeigersinn).
Fassen, begegnen, halten und segnen.	4 Schritte zur Mitte, dabei Hände durchgefasst lassen und Hände mit nach oben nehmen.
Deine Hand und meine Hand – wie ein Weg.	4 Schritte nach außen.
Fassen, begegnen, halten und segnen.	4 Schritte zur Mitte, dabei Hände durchgefasst lassen und Hände mit nach oben nehmen.
Deine Hand und meine Hand – wie ein Weg.	4 Schritte nach außen.
Zwischenspiel	Handfassung lösen und hin- und herwiegen.

Elisabeth von Thüringen
(19. November)

»Was ihr dem Geringsten meiner Brüder getan habt, das habt ihr mir getan« – diese Worte Jesu sind Lebensmotto der couragierten Elisabeth von Thüringen. Sie lebte in einer Zeit, in der die Kluft von Arm und Reich in jeder Hinsicht fast unüberbrückbar war. Sie hatte den Mut, diese Gräben zu überwinden und auf die Armen zuzugehen.

Was wir aus dem Leben der Heiligen wissen

Elisabeth wurde 1207 als ungarische Königstochter geboren und schon als kleines Mädchen mit dem thüringischen Landgrafensohn Ludwig verlobt. Im Alter von vier Jahren kam sie schon auf die Wartburg nach Eisenach und wuchs dort in der Familie des Landgrafen auf. Mit 14 Jahren folgt die Hochzeit mit Ludwig. Es wird berichtet, dass sie einander sehr liebten. Sie führten eine sehr glückliche Ehe und bekamen drei Kinder.

Elisabeth aber kann den krassen Gegensatz zwischen dem Reichtum am Hofe und der Armut des Volkes nicht ertragen. Sie versucht die Weisung Jesu »Was ihr dem Geringsten meiner Brüder getan habt, das habt ihr mir getan« radikal umzusetzen, indem sie Reichtum verteilt, die Kornkammern für die Armen öffnet und selbst Kranke und Hilfsbedürftige pflegt. Dabei ist sie sehr vom Vorbild des hl. Franziskus geprägt. Von ihrem Mann Ludwig wird sie stets unterstützt und gegenüber dem Rest der Familie verteidigt. Als Ludwig bei einem Kreuzzug erkrankt und stirbt, muss die Witwe die Wartburg, die ihr Schwager Heinrich Raspe nun beherrscht, verlassen. Sie geht schließlich nach Marburg. Ihre Kinder gibt sie in Pflege und tritt in einen Orden ein. Mit ihrem Witwengeld baut sie ein Krankenhaus, in dem sie sich Tag und Nacht um Arme und Kranke kümmert und das sie selber leitet. Im Alter von nur 24 Jahren stirbt sie krank und aufgezehrt von ihrer Hingabe an andere. Bereits vier Jahre nach ihrem Tod, 1235, wird sie heiliggesprochen.

Rosenritual zum Elisabethtag

Elisabeth teilt die Gaben der Erde (Getreide und Brot), ihren Reichtum verschenkt sie und ihre eigenen Kräfte setzt sie für andere ein. Von ihr gibt es eine schöne Rosenlegende, die wir zum Anlass nehmen können, darüber nachzudenken, was ihr Leben für uns heute bedeuten kann.

● Einen Rosenstrauß stellen wir auf den Tisch oder auf den Jahreszeitentisch.

Menschen brauchen Nahrung und Kleidung zum Leben. Menschen brauchen ein Dach über dem Kopf. Menschen brauchen aber noch mehr: Sie brauchen jemanden, der sie lieb hat, der sich um sie kümmert. Elisabeth hatte alles. Sie wollte es an andere Menschen weitergeben.

● Wir hören die Legende vom Rosenwunder:

Eines Tages kommt Elisabeth mit einem Korb voller Brot von der Wartburg, um es hungernden Menschen in Eisenach zu bringen. Unterwegs wird sie von einem Familienmitglied überrascht und zur Rede gestellt, was sie denn in ihrem Korb bei sich tragen würde. Als sie das Tuch zurückschlägt, ist der Korb übervoll mit Rosen.

● Rosen sind Zeichen des Lebens und der Liebe. Mit Rosen beschenke ich jemanden, um ihm zu sagen, dass er mir lieb, wichtig und nicht vergessen ist. An solche Menschen wollen wir denken und für sie eine Rose in die Mitte legen.

❀ Ich lege eine Rose in die Mitte für unsere alte Nachbarin, die jetzt so schlecht laufen kann, dass sie gar nicht mehr rauskommt.
❀ Ich lege eine Rose in die Mitte für meinen kranken Arbeitskollegen.
❀ Ich lege eine Rose in die Mitte für meine Schulfreundin, die jetzt wegziehen muss, weil ihre Eltern sich trennen.
❀ Ich lege eine Rose in die Mitte für Oma, die nächste Woche ins Krankenhaus muss.
❀ Ich lege eine Rose in die Mitte für unsere Lehrerin, die bald ihr Baby bekommt.

Diesen Menschen wollen wir nahe sein in unseren Gedanken und mit unseren Wünschen: Gott segne und behüte sie.

Zum Abschluss des Rituals singen wir »Deine Hand und meine Hand« (siehe S. 289) oder das bekannte Lied »Wenn das Brot, das wir teilen, als Rose blüht«, in dem die Legende vom Rosenwunder anklingt.

Nach Möglichkeit bringen wir heute am Elisabethtag eine Rose zu einem kranken, alten Menschen oder zu jemandem, der uns wichtig ist.

In vielen Gemeinden gibt es bis heute Elisabethvereine, die nach dem Vorbild der hl. Elisabeth Dienste für andere tun: kranke Menschen besuchen, sich um Alte kümmern und für Hilfsbedürftige sorgen. Die hl. Elisabeth ist auch die Schutzpatronin der bekannten Hilfsorganisation Caritas. Caritas bedeutet Liebe. Die Sorge um den Menschen in Not gehört zu den Grundaufgaben jeder christlichen Gemeinschaft. Viele ehrenamtliche Helfer setzen sich in ihrer Freizeit in Besuchs- und Hilfsdiensten für andere ein.

Christkönigsonntag/
Ewigkeitssonntag

Bedeutung

Das **Christkönigsfest** beschließt feierlich das Kirchenjahr. Am nächsten Sonntag beginnt mit dem 1. Advent ein neues Kirchenjahr.

Das Fest ist, gemessen am Alter der Kirche, ein junges Fest. Es wurde von Papst Pius XI. erst 1925 eingeführt und zunächst am letzten Sonntag im Oktober gefeiert. Später wurde es auf den letzten Sonntag im Kirchenjahr gelegt, um zum Abschluss des Kirchenjahres unseren Blick, wie der Name schon sagt, nochmals auf die Mitte des Glaubens, auf Jesus Christus, zu lenken, den »König des Weltalls«.

Von Pilatus gefragt: »Bist du der König der Juden?«, beschreibt Jesus sein Königtum: Er ist kein König *von* dieser Welt, sondern König *für* diese Welt. Er ist gekommen, um den Menschen zu zeigen: Gott ist immer für euch da, er liebt euch alle (Joh 18,33b–37). Das Fest erinnert daran, dass der eigentliche Herr der Welt Jesus Christus ist und dass Christen fest darauf vertrauen, dass am Ende der Zeit Christus wiederkommen wird.

In der evangelischen Kirche heißt dieser Sonntag **Ewigkeitssonntag.** Mit diesem Sonntag, dem letzten des Kirchenjahres, verbindet sie die Hoffnung auf die Auferstehung der Toten und auch das Warten auf die Wiederkunft Christi. Für die evangelischen Christen ist dieser Sonntag daher auch der Tag des Totengedenkens. Im Gottesdienst wird der Verstorbenen v.a. des vergangenen Jahres gedacht. An diesem Tag besuchen die evangelischen Christen die geschmückten Gräber ihrer Angehörigen.

Ein Rast-Ritual

Wir räumen für den heutigen Festtag den Jahreszeitentisch ganz frei. Wir kennen das von Rastplätzen auf Wanderwegen oder an Autobahnen: Die Tische sind leer und nackt, manchmal liegt noch etwas herum, ein Blatt, ein Tannenzapfen, etwas Müll, den wir beiseiteräumen. Dann können wir uns ausbreiten, rasten, ausruhen, essen, trinken.

- Auf den Tisch legen wir einen kleinen Dornenzweig, z.B. von der Schlehe, und einen grünen Zweig, z.B. Buchsbaum.
  Heute schließen wir das Kirchenjahr ab. Wir betrachten die Zweige: Wir wollen nun innehalten und schauen, was in unserem Leben im letzten Jahr war: Was ist bei mir grün und lebendig gewesen wie der grüne Zweig? Was ist bei mir dornig und verletzend gewesen wie der Dornenzweig?
- Diese Betrachtung schließen wir ab mit einem Gebet:

> Jesus Christus,
> als Mensch bist du zu uns gekommen, als kleines Kind.
> Du zeigst uns, wie sehr Gott uns liebt.
> Du heilst Menschen, die sich zerrissen und verletzt fühlen.
> Sei in unserer Mitte und in unseren Herzen,
> damit unser Leben grünt und blüht und wir anderen begegnen,
> sie verstehen und trösten können
> und uns mit ihnen freuen.

- Wir singen das Adventslied »Macht hoch die Tür« (Gotteslob 107/ Evangelisches Gesangbuch 1), das den Kirchenjahreskreis abrundet und uns aufruft, uns auf die Ankunft Jesu vorzubereiten: als Kind in der Krippe, bei uns in unseren Herzen und in Ewigkeit.
- Wir rasten, essen und trinken gemeinsam.

Vom König, der Gott sehen wollte

Es lebte einst ein König, der bereits die ganze Welt kennengelernt hatte. Doch er war alt geworden und sah sein Leben zu Ende gehen. »Alles habe ich gesehen, gehört und erfahren«, klagte er, »nur eins war mir nicht möglich. Niemals habe ich Gott gesehen. Das soll, nein, das muss noch geschehen vor meinem Tode.«

Da wurden alle im Palast traurig und erwarteten ihr Ende, denn niemand wusste, wie sie ihrem König Gott zeigen könnten. Als der König nach drei Tagen die Verzweifelten zu sich rief, schwiegen sie und konnten ihm nicht helfen. Da kam ein Hirte vom Lande, der den Befehl des Königs vernommen hatte, und sprach: »Erlaube mir, König, deinen Wunsch zu erfüllen.« »Gut«, entgegnete der König, »aber bedenke, es geht um dein Leben!«

Der Hirte führte den König hinaus aus dem Palast und zeigte weit hinauf zum Himmel. »Erhebe deinen Kopf und schau dir ganz genau die Sonne an«, forderte er den König auf. Der wollte in die Sonne blicken, aber Helligkeit und Glanz blendeten seine Augen, sodass er sie schließen musste. »Willst du, dass ich erblinde?«, frage er empört den Hirten. »Aber König!«, sprach der einfache Mann, »die Sonne ist doch nur ein geschaffenes Ding, ein bescheidenes Werk der Schöpfung, ein kleiner Funke des göttlichen Lichtes. Und du willst mit deinen schwachen Augen Gott sehen? Suche ihn mit anderen Augen!«

Das gefiel dem König und er fragte weiter: »Ich erkenne deine Weisheit und sehe die Größe deiner Seele. Sage mir nun: Was war vor Gott?« Der Hirte dachte lange Zeit nach und sprach: »Beginne zu zählen!« Der König begann: »Eins, zwei, drei …« »Nein«, unterbrach ihn der Hirte, »so nicht, beginne mit dem, was vor eins kommt!« »Wie sollte ich das können?«, entgegnete der König. »Vor ›eins‹ gibt es doch nichts.« »Du sprichst sehr weise«, lobte der Hirte den König, »auch vor Gott gibt es nichts.«

Diese Antwort gefiel dem König noch besser. »Ich werde dich reich beschenken«, versprach er dem Hirten, »wenn du mir noch eine letzte Frage beantworten kannst: »Was macht Gott?« Der Hirte bemerkte, dass das Herz des Königs weich geworden war. »Gut«, sagte er, »ich will dir auch darauf antworten. Aber vorher bitte ich dich: Lass uns für kurze Zeit die Kleidung tauschen!«

Da legte der König die Gewänder und die Zeichen seiner Macht ab und bekleidete damit den Hirten. Er selber aber zog den einfachen Hirtenmantel an und hängte sich seine Tasche um. Da setzte der Hirte sich auf den Königsthron, ergriff das Zepter und zeigte damit auf den König in seiner armseligen Kleidung: »Siehst du, das macht Gott! Die einen erhebt er auf den Thron, die anderen lässt er herabsteigen. Gott wurde in Jesus sogar selbst ein Mensch, stieg herab vom Thron, kam als kleines Kind in einem Stall zur Welt und ließ sich aus Liebe zu den Menschen wie ein Verbrecher kreuzigen.«

Diese Worte brannten in der Seele des Königs. Lange stand er in Gedanken versunken da. Er hatte um alles in der Welt Gott sehen wollen. Und nun erkannte er sich selbst und rief voller Freude: »Jetzt schaue ich Gott!«

Nach einer Erzählung von Leo Tolstoi

Literaturhinweise

Pflanzenbestimmungsbücher

Aichele, Dietmar: Was blüht denn da? (Pflanzenbestimmungsbuch), Stuttgart: Kosmos 2005. Inzwischen gibt es verschiedene Ausgaben in verschiedenen Preislagen, zum Beispiel:
– *Der Klassiker:* 748 wild wachsende Blütenpflanzen nach Farbe bestimmen.
– *Der Fotoband*: 400 wild wachsende Blütenpflanzen nach Farbe bestimmen.
– *Das kleine Was blüht denn da?* 328 Blütenpflanzen nach Farbe bestimmen.

Speziell für Kinder

Stichmann-Marny, Ursula: Mein erstes »Was blüht denn da?« (Taschenbuch) Unsere 50 wichtigsten Blumen kennenlernen. Stuttgart: Kosmos 2005

Heilige und Engel

Bottermann-Broj, Maria-Regina: Die Geschichte der hl. Elisabeth den Kindern erzählt. Kevelaer: Butzon & Bercker 2002

Jooß, Erich: Elisabeth von Thüringen und das Wunder der Rosen. Freiburg i.Br.: Herder 2007

Cratzius, Barbara/Kunstreich, Pieter: Der Sonnengesang nach Franz von Assisi, Freiburg i. Br.: Herder 2003

Fährmann, Willi: Zwölf Wünsche für Elisabeth, Würzburg: Echter 1985

Fussenegger, Gertrud: Tobias. Mit Bildern von Susanne Redl, Innsbruck/Wien: Tyrolia 1993

Krenzer Rolf/Hafermaas Gabriele: Der heilige Franziskus, Würzburg: Echter 2004

Krenzer, Rolf: Martin, Martin, guter Mann. Großes Werkbuch für Kindergarten, Schule und Gottesdienst, Limburg: Lahn Verlag 1997

Schmid, Tobias: Die schönsten Engelgeschichten zur Erstkommunion, Kevelaer: Butzon und Bercker 2003

Jahresbücher

König, Hermine: Das große Jahresbuch für Kinder. Feste feiern und Bräuche neu entdecken, München: Kösel 2007

Krenzer, Rolf: Wir danken für die Ernte. Werkbuch für Kindergarten, Schule und Gottesdienst, Limburg: Lahn Verlag 1994

Schneider-Stotzer, Franziska: Von Pfingsten, Mittsommer, Zwergen und Elfen: Feste und Bräuche im Jahreskreis – Sommer, Luzern: Rex-Verlag 2000

Schneider-Stotzer, Franziska: Von Erntedank, Engeln und Legenden: Feste und Bräuche im Jahreskreis – Herbst, Luzern: Rex-Verlag 1999

Schwikart, Georg (Hrsg.): Materialbuch Feste im Jahreskreis. Für Gemeindearbeit, Liturgie und Unterricht, Mainz: Grünewald 1999

Von schwarzen und von *roten Tagen* im Kalender

Manche Tage im Kalender sind rot gedruckt, da wissen wir gleich: Es sind Feiertage. Die meisten Tage aber sind schwarz: Es sind die Alltage. Bestimmt gibt es aber in unserem persönlichen Kalender oder im Familienkalender auch Tage, die wir mit einem Stern versehen, vielleicht unsere Geburtstage. Sie erinnern uns an Ereignisse, an wichtige Stationen in unserem Leben. Nicht umsonst tragen sie einen Stern. Denn diese Tage sind wie »Sternstunden«, die unser Leben prägen, die für uns persönlich oder für uns als Familie eine besondere Bedeutung haben und ganz unverwechselbar mit unserem Lebensweg verknüpft sind. Zum einen sind es wiederkehrende Feste, die wir ganz persönlich jedes Jahr begehen wie den Geburtstag und den Namenstag. Zum anderen sind es Feste, die wir nur einmal im Leben feiern wie den Schuleintritt und die Erstkommunion oder die Konfirmation.

Das Wort »Lebensfest« beinhaltet zwei Bestandteile, die uns auf die tiefere Bedeutung dieser Feste aufmerksam machen: Ich mache ein Stück Weg meines Lebens »fest«. Ich sage Danke für das, was war und ist. Wie ein Geschenk halte ich dieses Ereignis in meiner Erinnerung »fest«, dann fällt es mir auch leichter, aufzubrechen in »ein neues Land« und loszulassen, zum Beispiel wenn das Kind die Schule wechselt oder abschließt und »davonfliegt«. So geben Lebensfeste auch Anlass, innezuhalten und zu schauen:

- Wo komme ich her und was liegt hinter mir?
- Wo stehe ich jetzt?
- Wohin gehe ich?

Ein Fest ist nicht alltäglich, es ist ein Highlight. Es durchbricht unseren Alltagstrott. Dies drücken wir durch festliche Kleidung, gutes Essen und Trinken, besondere Elemente und Rituale zur Festgestaltung aus. Der

Mensch, der feiert und gefeiert wird, steht dabei im Mittelpunkt. Dies gibt uns die Möglichkeit, die Hauptperson jenseits von allem Alltagsstress zu erleben und vielleicht auch unsere Beziehung zueinander zu stärken.

... damit es ein Fest wird

Feste muss man feiern, wie sie fallen, heißt es in einem Sprichwort. Aber Feiern ist auch eine Kunst. Damit ein Fest gelingt, gibt es wichtige Dinge zu beachten: Unser Feiern braucht einen Grund, etwa die Tauffeier oder die bestandene Prüfung. Je bekannter und bewusster uns der Grund des Festes ist, je klarer uns ist, wofür wir Danke sagen, desto leichter fällt uns die Planung und Vorbereitung des Festes.

Folgende Anregungen können Ihnen bei der Vorbereitung eines Familienfestes, bei dem Ihr Kind im Mittelpunkt steht, helfen:

- Wir überlegen, in welchem Kreis wir feiern und welche Gäste wir einladen möchten. Das kann je nach Festanlass sehr unterschiedlich sein. Gerade bei alleinerziehenden Eltern und »Patchworkfamilien« ist es entlastend, rechtzeitig mit dem Kind und dem getrennt lebenden Elternteil die Einladungen und die Festgestaltung zu besprechen, damit es für das Kind und die Mitfeiernden ein schönes Fest wird.
- Gemeinsam mit dem Kind können wir die Einladung gestalten, evtl. passend zum Thema oder Motto des Festes.
- Wir besprechen miteinander: Was wünsche ich mir zum Fest? Manches »Zeitgeschenk«, ein gemeinsamer Kinobesuch oder ein Ausflug mit den Großeltern bleibt uns oft länger als ein »Geldgeschenk«.
- Gemeinsam können wir den Raum, in dem gefeiert wird, festlich schmücken und die Tische dekorieren.
- Miteinander essen ist ein wichtiger Bestandteil eines jeden Festes. Wenn jeder etwas dazu beiträgt, wird es vielfältig und die Arbeit bleibt nicht an einem oder einigen wenigen hängen. Zu unserer Entlastung können wir auch die vielen Möglichkeiten eines Partyservices in Anspruch nehmen!
- Ganz wesentlich gehört zu den Festen, gerade zu den Sakramenten wie Taufe und Erstkommunion, das Symbol Licht. Eine Kerze zünden wir

auch am Geburtstag und bei der Trauer an. Zusammen können wir eine »Lebensfestkerze« verzieren. Wir überlegen uns, welche Motive zum Fest passen und wie wir sie gestalten können.
- Gedichte, Einlagen, Spiele, Musik (selbst eingeübt auf Klavier, Flöte, Gitarre), Gesang und Tanz, je nach Fähigkeiten in der Familie oder Bekanntenkreis, bereichern jedes Fest. Nicht Perfektion, sondern das Gemeinschaftserlebnis ist wichtig.
- Es ist entlastend, wenn vorher die Aufgaben für das Fest selbst verteilt werden. Darum kann sich ein »Zeremonienmeister« kümmern, z.B.: Wer hilft, dass jeder seinen Platz findet, wer fotografiert, wer koordiniert die Einlagen?

Zu einem Fest gehört die Vorbereitung mit aller Vorfreude und Arbeit, das Fest selbst und schließlich die Nachbereitung. An alldem teilzuhaben und das Fest mitzugestalten, ist für alle Beteiligten, gerade auch für die Kinder besonders wichtig. So wird es ein Fest für alle und stärkt den Zusammenhalt in der Familie.

Dabei ist es notwendig, von Beginn an auf die »Kapazitäten« aller Familienmitglieder zu schauen: Zeit, Geld, persönliche Situation und Interessen; dazu gehört auch die seelische und körperliche Verfassung.

... damit es uns in Erinnerung bleibt

Jede Familie hat ihre eigenen Feste und Gedenktage. Damit wir diese Tage nicht vergessen und uns erinnern, können wir in der Familie einen immerwährenden Kalender gestalten, in den wir Geburts- und Namenstage, Tauf-, Firm- oder Konfirmationstage, die Todestage von Großeltern und Urgroßeltern, den Hochzeitstag usw. eintragen.

Es gibt ganz einfache Rituale, die uns helfen, diese Gedenktage nicht einfach an uns vorübergehen zu lassen. Mithilfe dieser Rituale können wir die Erinnerung an wichtige Ereignisse und an Personen wie einen »Schatz« aufbewahren: Am Tauftag des Kindes können wir seine Taufkerze in Verbindung mit einem Lied oder Gebet entzünden. Am Todestag entzünden wir im Gedenken an den Großvater eine Kerze.

In diesem Kapitel möchten wir Ihnen solche einfachen Rituale für die Gestaltung der Lebensfeste und Gedenktage vorstellen und Rituale für besondere Lebenssituationen wie Krankheit, Trennung und Trauer.

Einmalige Lebensfeste

Geburt
Du bist einmalig!

Die Geburt ist ein einmaliges Ereignis, das uns in unserem weiteren Leben prägt, obwohl wir es ja nicht bewusst erlebt haben. Für die Eltern ist es ein einschneidendes und ergreifendes Erlebnis, für Mutter und Kind eine große Kraftanstrengung. Es ist ein bewegender Moment, das eigene Kind in seinen Armen zu halten, es anzuschauen, seine Augen, sein Gesicht, seinen kleinen winzigen Körper zu fühlen. Ein Moment, der nicht selten alle Anstrengungen vergessen lässt.
Es gibt aber auch Situationen, in denen alles sehr schnell gehen muss, weil der Mutter oder dem Kind Gefahr droht. Dann ist die Geburt eher von Hektik und Unruhe bestimmt.

Viele Mütter, aber auch viele Paare bereiten sich in der Schwangerschaft bewusst auf die Geburt und das Leben mit dem Kind vor. Im Vertrauen auf eine gute medizinische und menschliche Begleitung wenden sie sich an Hebammen bzw. Ärzte, von denen die Geburt ein hohes Maß an Wissen, Erfahrung und Einfühlungsvermögen erfordert und die Fähigkeit, die Balance zu halten zwischen Warten und Eingreifen.

Niemand sucht aus

Man sucht das Land seiner Geburt nicht aus,
und liebt doch das Land, wo man geboren wurde.

Man sucht die Zeit nicht aus, in der man die Welt betritt,
aber muss Spuren in seiner Zeit hinterlassen.

Seiner Verantwortung kann sich niemand entziehen.
Niemand kann seine Augen verschließen, nicht seine Ohren,
stumm werden und sich die Hände abschneiden.

Es ist die Pflicht von allen zu lieben,
ein Leben zu leben, ein Ziel zu erreichen.

Wir suchen den Zeitpunkt nicht aus,
zu dem wir die Welt betreten,
aber gestalten können wir diese Welt,
worin das Samenkorn wächst, das wir in uns tragen.

Gioconda Belli

Ein neues Leben

Das Wort Geburt stammt vom althochdeutschen Wort *geberan*. Es bedeutet »austragen« und hat den gleichen Wortstamm wie das Wort »Bahre«. Somit weisen die Wörter für den Lebensanfang und das Lebensende schon auf den Lebenskreis von Geburt und Tod hin.

Mit der Geburt wird die enge Lebensgemeinschaft von Mutter und ungeborenem Kind beendet. Eine neue Lebensgemeinschaft beginnt: Aus dem Paar ist nun eine Familie geworden. Doch schon in den ersten Tagen spüren Mutter, Vater und Kind, wie nahe Lachen und Weinen, Unbeschwertheit und Sorge beieinanderliegen. Mitunter tauchen dann auch Fragen auf, ob wir es wohl schaffen werden, dem Kind all das zu schenken, was wir ihm gerne geben möchten: Geborgenheit, Sicherheit, vielfältige Möglichkeiten der Entfaltung. Ob wir ihm eine »gute Mutter«, ein »guter Vater« sein werden? Vor allem für alleinerziehende Mütter sind mit der Geburt neben den Glücksmomenten auch viele Zukunftsfragen und -ängste verbunden.

Diese drängen sich noch stärker auf, wenn ein Kind behindert zur Welt kommt. Für die Eltern ist es nicht immer leicht, das Kind so anzunehmen, wie es ist. Mit dieser Situation kann man nicht »fertig werden«, denn das behinderte Kind braucht die besondere Zuwendung und Pflege seiner Eltern, vielleicht sein Leben lang. Dies ist eine große menschliche Herausforderung und es ist wichtig, dass die Eltern selbst auch Begleitung, Hilfe und Unterstützung erfahren, die sie gut annehmen können.

Ein Dank- und Segensritual

Wenn wir als Eltern das kleine Menschenkind zum ersten Mal in den Armen halten dürfen, wird uns bewusst: Dieses Kind ist uns geschenkt und anvertraut. Es ist einmalig und unverwechselbar unser Kind. Es ist ein Wunder Gottes.

»Du bist einmalig!« Das können wir dem Kind »zusagen«, es spüren lassen, indem wir es segnen. Segnen (von lat. *benedicere*) heißt ja, jemandem etwas Gutes sagen. Dazu machen Mutter, Vater, auch Geschwister dem Baby ein kleines Kreuzzeichen auf Stirn, Mund und Brust. Damit können wir das folgende Dank- und Bittgebet verknüpfen, mit dem wir Gott um seinen Schutz, um seine Begleitung bitten.

Das Ritual können wir beibehalten, selbst wenn das Kind schon größer wird, etwa am Abend oder Vorabend des Geburtstags des Kindes. Wir entzünden eine Kerze (evtl. die Taufkerze), betrachten zum Beispiel das erste Foto und stellen es zur Kerze, zeichnen dem Kind ein Kreuzzeichen auf die Stirn oder nehmen es einfach in den Arm mit den Worten: »Schön, dass es dich gibt!«

Dank- und Bittgebet

Guter Gott,
wir danken dir für unser Kind David.
Vor ... Stunden/Tagen/Jahren durften wir David hier auf unserer Welt begrüßen.
Du hast unser Kind einzigartig und wunderbar geschaffen.
Und es ist einmalig in der großen, weiten Welt.
Du hast es uns geschenkt und anvertraut.

Wir sind seine Eltern –
mit all unserer Liebe und Sorge möchten wir für David da sein.
Das Werden und Wachsen unseres Kindes können wir nur bestaunen.
Denn das Geheimnis seines Lebens gründet in dir.
Dafür danken wir dir,
guter Gott.

Wir sind seine Eltern –
mit Vertrauen und Hoffnung möchten wir David auf seinem Weg begleiten.
Er ist ein eigener Mensch, der seinen eigenen Weg gehen wird.
Behüte ihn dort, wo wir ihn nicht mehr beschützen können.
Darum bitten wir dich, guter Gott.

Taufe
Du bist ein Geschenk Gottes!

Bedeutung

Im Leben mit dem kleinen Kind können wir fast täglich viele kleine Wunder bestaunen, besonders in seinem ersten Lebensjahr: Der erste Blickkontakt und das erste Lachen, sein erstes Drehen und Krabbeln, die ersten Schritte, das erste gesprochene Wort. Das Kind entdeckt und erobert seine Welt, jetzt lernt es am meisten in seinem ganzen Leben. Für uns Eltern eine spannende und ereignisreiche Zeit. Und hier wächst zugleich der Wunsch: Möge es unserem Kind doch immer gut gehen. Möge Gott es beschützen.

In der Taufe gibt Gott das Versprechen, dass er immer für dieses kleine Menschenkind da sein wird. Eltern und Paten versprechen, es im Vertrauen und Glauben an Gott zu begleiten und zu erziehen.

Mit der Taufe drücken die Eltern aus: Dieses Kind ist uns als ein Geschenk anvertraut. Im Vertrauen auf Gott, auf seinen Schutz können wir unser Kind dankbar annehmen, sein Leben und unser Leben als Familie unter seinen Segen stellen und das Kind auch wieder loslassen. Denn gerade wenn es älter und selbstständiger wird, können wir es nicht mehr ständig beschützen.

Mit der Taufe wird das Kind in die Gemeinschaft der Christen aufgenommen. Eltern und Kind sollen sich damit auch von der Kirchengemeinde begleitet und angenommen fühlen. Die Taufe ist das einzige ökumenische Sakrament. Sie wird von den verschiedenen christlichen Konfessionen und Kirchen untereinander anerkannt, wenn der Täufling auf den Namen des dreieinigen Gottes getauft wird und wenn sie mit Wasser vollzogen wird.

Die Taufvorbereitung

Zur Taufe »melden« wir unser Kind im Pfarramt an. Dann werden wir vom Pfarrer oder einer pastoralen Mitarbeiterin zum Taufgespräch eingeladen. Häufig besteht dann auch die Möglichkeit, mit dem Pfarrer oder Diakon die Gestaltung der Tauffeier zu besprechen.

In anderen Pfarreien gibt es ein Team von Eltern und pastoralen Mitarbeitern, die mehrere Familien miteinander auf dem Weg zur Taufe ihrer Kinder begleiten. In diesem Kreis ist es auch möglich, Kontakte zu anderen Familien zu knüpfen.

Wenn die Eltern es wünschen, können auch die Paten mit in die Vorbereitung der Feier einbezogen werden. Manche Paten gestalten die Taufkerze des Täuflings, andere schreiben selbst ein Gebet oder Fürbitten oder lesen die Bibelstelle im Taufgottesdienst vor.

In vielen Gemeinden ist es ein schöner Brauch, dem Kind ein Wort aus der Bibel als **Taufspruch** für sein Leben mit auf den Weg zu geben. Wir können uns in der Vorbereitung auf die Taufe überlegen: Gibt es einen Satz, ein Wort, evtl. aus der Bibel, das wir unserem Kind gerne mitgeben möchten? Diesen Spruch können wir auch auf die Taufkerze schreiben.

> Ich habe deinen Namen in meine Hand geschrieben. (Jesaja 49,16)
> Du stellst meine Füße auf weiten Raum. (Psalm 31,9)
> Ich bin bei euch alle Tage bis ans Ende der Welt. (Matthäus 28,20)
> Der Herr ist mein Hirte, mir wird nichts mangeln. (Psalm 23,1)

Die Tauffeier

Die Tauffeier hat kostbare Riten, alte Zeichenhandlungen, die uns mit allen Sinnen erfahren lassen: Unser Kind ist ein Geschenk, ein Geschenk der Liebe Gottes zu uns Menschen, ein Geschenk, das er uns anvertraut. Diese Rituale geben uns auch einen Rahmen, um persönliche Wünsche und Bitten für das Kind, um Lob und Dank auszudrücken. Die wichtigsten Zeichen und Rituale bei der Tauffeier sind:

- **Das Kreuzzeichen:** Es ist das erste »Zeichen« bei der Tauffeier. Das Kind bekommt vom Pfarrer, dann von Eltern, Paten, evtl. Geschwistern ein Kreuzzeichen auf die Stirn gezeichnet. Das bedeutet: Du gehörst zu Jesus und zu seiner Gemeinschaft dazu.
- **Die Taufe mit Wasser:** Dabei wird der Kopf des Kindes dreimal mit Wasser übergossen. »N.N. (Name des Kindes), ich taufe dich im Namen des Vaters und des Sohnes und des Heiligen Geistes.«

- **Das Entzünden der Taufkerze:** Die Taufkerze wird, oft vom Paten, an der Osterkerze entzündet: »N.N. (Name des Kindes), du empfängst das Licht Christi, das dich immer begleitet.«

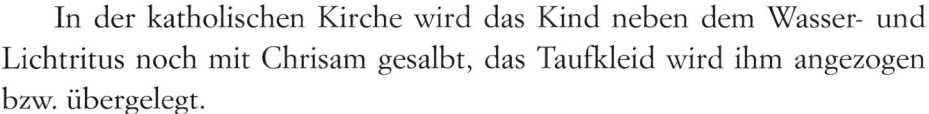

Die brennende Taufkerze erinnert uns daran, dass Gott in jedem von uns ein Licht brennen lässt. Deshalb ist es ein schönes Zeichen, wenn zur Taufe alle mitfeiernden Kinder eine kleine Kerze bekommen, die sie dann an der Taufkerze anzünden dürfen. Mit dem Täufling auf dem Arm seiner Eltern oder Paten, den Kindern und ihren Eltern können wir zum Lied »Tragt in die Welt nun ein Licht« vor dem Abschluss der Tauffeier eine kleine Lichterprozession durch die Kirche oder einen Lichtertanz um den Altar machen.

In der katholischen Kirche wird das Kind neben dem Wasser- und Lichtritus noch mit Chrisam gesalbt, das Taufkleid wird ihm angezogen bzw. übergelegt.

Ein Baum voller Wünsche

Jedes Leben beginnt im Wasser, im Fruchtwasser. Wasser brauchen wir zum Leben. Es gibt uns neue Kraft, wenn wir Durst haben. Wenn unser Kind nun mit Wasser getauft wird, dürfen wir ihm dies zusagen und wünschen. Die Wünsche und Gebete werden vorher auf »Wassertropfen« aus blauem Tonpapier aufgeschrieben und können später an einem immergrünen oder blühenden Zweig aufgehängt werden:

- Der Glaube möge dich beleben wie das Wasser, das deinen Durst löscht, dich erfrischt und reinigt.
- Bleib verbunden mit deiner Quelle Gott, die dich am Leben hält.
- Sei du Wasser für andere Menschen, Wasser, das belebt.

In manchen Familien ist es ein guter Brauch, für jedes Neugeborene einen Baum zu pflanzen. Wir können diesen Baum mit in die Kirche nehmen und daran unsere Wünsche und Bitten für das Kind aufhängen.

Das Familienfest

Wann die Taufe stattfindet, ob im kleinen Kreis der Familie am Nachmittag, im Sonntagsgottesdienst der Gemeinde oder in einer Tauffeier mit mehreren Familien zusammen, hängt von den Gegebenheiten in der Pfarrgemeinde ab und davon, wie Sie als Familie, z.B. mit den Paten, Großeltern, Verwandten und den Freunden, feiern möchten.

Für Eltern, Täufling und Geschwister ist es ideal, wenn Freunde und Verwandte für das leibliche Wohl sorgen und sich um das ganze »Drumherum« kümmern. Die Eltern können dann gelassener sein, weil sie Verantwortung und Arbeit abgegeben haben.

Bei der Feier zu Hause – vor dem Kaffeetrinken oder Essen – können Vater/Mutter oder Pate/Patin zu einem Lichtritual einladen.

Lichtritual

- Die Taufkerze wollen wir nun – nach der Tauffeier in der Kirche – auch bei unserer Feier zu Hause entzünden.
- Ihr dürft an der Taufkerze eine kleine Kerze entzünden. Jeder, der möchte, darf mit dem Entzünden des Lichts einen Wunsch für das neugetaufte Kind oder einen anderen persönlichen Wunsch verbinden:
  - *Lieber David, heute bist du getauft worden. Ich wünsche dir, dass du Gottes Liebe auf allen deinen Wegen spüren kannst.*
  - *Ich entzünde die Kerze mit dem Wunsch, dass alle Kinder das Licht, das hell macht und Wärme schenkt, sehen und spüren können.*
  - *Wenn ich diese kleine Kerze entzünde, dann denke ich an alle Menschen, in deren Leben es dunkel geworden ist. Ich wünsche ihnen Menschen, die Wärme und Licht in ihr Dunkel bringen.*
- Zum Abschluss singen wir gemeinsam das Lied: »Gott sei mit dir auf deinem Weg« (siehe S. 312).

Eine schöne Erinnerung an die Taufe ist ein Erinnerungsalbum (auch im Buchhandel erhältlich), in das sich alle Gäste direkt bei der Feier einschreiben. Das Fest kann in der Familie, z.B. durch das Betrachten der Taufkerze und des Taufkleides evtl. zusammen mit den Geschwistern, noch nachklingen. Geschenke und Symbole der Taufe (Kerze, eine Schale Wasser, Taufkleid, Kreuz) können wir auf den Jahreszeitentisch legen.

Hinweis: In vielen Gemeinden gibt es für Mütter/Väter mit Babys und Kleinkindern Stillgruppen oder Krabbelgruppen, die es ermöglichen, Kontakte zu anderen Müttern und Vätern in ähnlicher Lebenssituation zu knüpfen.
Viele wichtige Tipps und Informationen »rund ums Kind« finden Sie auch auf der Internetseite: www.elternimnetz.de

Gott sei mir dir

© Kathi Stimmer-Salzeder, D-84544 Aschau a. Inn

1. Gott sei mit dir auf deinem Weg, dass er die Arme um dich leg. So, wie ein Mensch dich wärmen mag, sei er um dich jeden Tag, dass du ganz geborgen bist.

→ CD 5

2. Ruhig zu atmen, tief und weit,
schenk er dir stille, reiche Zeit,
sodass du seinen Frieden spürst,
an der Dinge Seele rührst,
dass sie deine Freunde sind.

3. Licht sei dir jeder neue Tag,
leicht seine Mühe, seine Plag',
sodass du gehen kannst, frei und hell,
nicht zu langsam, nicht zu schnell,
grad so, wie's dir richtig ist.

4. Freundlich solln deine Träume sein,
Tor in die Wirklichkeit hinein.
So, wie ein Meer an Farben sehn,
als ein Ahnen und Verstehn,
was der Liebe möglich ist.

5. Was immer Spuren in dich schreibt,
Freude sei das, was in dir bleibt
und dich begleitet stark und treu,
aus dem Dunkel immer neu
dir als Glaube aufersteht.

Wiederkehrende
Lebensfeste

Wir feiern Geburtstag

»Mama, wie lange muss ich noch schlafen, bis mein Geburtstag da ist?« Wie sehr warten doch unsere Kinder auf ihren Geburtstag. Sie können es kaum erwarten, »groß« zu werden.

Im Laufe der Zeit hat sich der Geburtstag bei uns zu einem der wichtigsten Feste im Lebenskreis entwickelt. In der Tat, der Geburtstag ist ein besonderes Lebensfest, das uns spüren lässt: Dich gibt es nur einmal auf dieser Welt, du bist ein Original. Für einen Tag steht das Geburtstagskind im Mittelpunkt der Aufmerksamkeit und das macht es gerade auch für die Kinder zu solch einem wichtigen Fest.

Als Eltern erinnern wir uns am Geburtstag unserer Kinder möglicherweise an die Geburt, die ersten Schritte und an wichtige Ereignisse im vergangenen Lebensjahr des Kindes. Wir schauen zurück auf das, was war, und blicken in das neue Lebensjahr.

Geburtstagsrituale

Viele Familien haben ihre eigenen Geburtstagsrituale entwickelt. Gemeinsam wecken sie das Geburtstagskind mit einem Lied und Glück- und Segenswünschen. Am schön gedeckten Frühstückstisch überraschen andere das Geburtstagskind mit einem Kerzenkranz oder dem mit Kerzen – in der Anzahl der Lebensjahre – geschmückten Geburtstagskuchen. Manche entzünden feierlich die eigens gestaltete Geburtstagskerze oder die Taufkerze zur Feier. Nach den Glückwünschen werden die Geschenke überreicht und ausgepackt.

Mit einem Ritual können wir ausdrücken, wie wichtig uns das Geburtstagskind ist und wie schön es ist, mit ihm zusammen in der Familie zu leben.

Sternenritual

Aus gelbem Fotokarton haben wir Sterne ausgeschnitten und darauf unsere Wünsche für das Geburtstagskind aufgeschrieben.

Liebe Katharina,
heute an deinem Geburtstag leuchten alle Sterne für dich. Nach einer Geschichte leuchten die Sterne, weil Gott den Engeln befohlen hat, den Boden des Himmels mit Nadeln zu durchlöchern, damit etwas von seinem großen Glanz zu uns durchscheint. Auch du bist so ein Stern für uns, denn du bringst durch dein Lachen, deine Fröhlichkeit ... (Beispiele auf das Kind abstimmen) Licht in unser Leben.
Wir haben dir Sterne mitgebracht, die heute für dich leuchten sollen. Mit ihnen möchten wir dir unsere Wünsche überbringen!

Wir tragen unsere Wünsche vor und legen die Sterne auf den Platz des Geburtstagskindes, z.B. rund um den (Frühstücks-)Teller auf eine blaue Decke/Serviette:

- Alles Liebe zu deinem Geburtstag!
- Gut, dass es dich gibt!
- Schön, dass wir immer zusammen spielen können.
- Gott möge dich beschützen und behüten!

Später können wir die Sterne auf einen Faden ziehen und als Kranz an den Stuhl oder ans Zimmerfenster des Geburtstagskindes binden.

Vielleicht fallen Ihnen zu diesem Ritual auch noch andere Zeichen und Symbole ein, die zu Ihrem Kind und Ihnen passen: Wir schmücken den Platz des Geburtstagskindes je nach Jahreszeit mit Blumen. Mit jeder abgelegten Blume überbringen wir einen Wunsch. Ein schönes Geburtstagslied dazu ist »Gott sei mit dir auf deinem Weg« (siehe S. 312).

Kindergeburtstag

... ist das allerschönste Fest für die Kinder! Kunterbuntes Treiben und Durcheinander herrschen dann meist im Haus. Kleine Kinder sind dabei oft sehr aufgedreht. Mit einem Anfangsritual zu Beginn der Feier kann ein wenig Ruhe einkehren und wir können uns dem Geburtstagskind zuwenden.

Im Sommer wird draußen gefeiert. Dorfrallye, Schnitzeljagd oder Schatzsuche machen bei jedem Wetter riesig viel Spaß. Die Kinder müssen gemeinsam mithilfe von Karten/Hinweisschildern einen versteckten Schatz suchen. Der kann für jeden eine Kleinigkeit wie Süßigkeiten, Luftballons oder Murmeln beinhalten.

Im Herbst und Winter kann man ein Indianer- oder Ritterfest mit Burgfräuleins und Hofknappen feiern und dazu mit den Kindern bei der Feier etwas basteln und Spiele dazu machen. Das gefällt besonders jüngeren Grundschulkindern!

In der Laternen- und Adventszeit basteln auch ältere Kinder mit viel Liebe wunderschöne Tischlaternen oder Adventsleuchter, z.B. aus Holzstückchen (Ausschuss von Parketthalz), die man in der Parkettfabrik bekommt, und Teelichtern. Kindergartenkinder lieben es, mit einem Stempel Eintritt ins »Kinderkino« zu bekommen. Wir wählen mit dem Geburtstagskind vorher ein schönes Bilderbuch aus. Dann rufen wir die Kinder zum Kinderkino und erzählen ihnen das Bilderbuch.

Eine selbst gemachte Disco mit toller Beleuchtung, mitgebrachten CDs, selbst gemixten Drinks und einer aktiven Tänzerschar, die als Boy- oder Girlgroup auftritt, macht älteren Kindern großen Spaß.

Anfangsritual

Wenn alle Gäste sich um den Tisch versammelt haben, können wir bei jüngeren Kindern mit einem kleinen Vers aufmerksam machen auf das, was gefeiert wird:

> Wir reichen uns die Hände
> und werden still,
> weil Tobias heute
> Geburtstag feiern will.
> Wir freuen uns sehr
> und wünschen dir Glück
> und noch viel mehr!

Dann entzünden wir die Geburtstagskerzen, evtl. auch die Tauf- oder Jahreskerze, stimmen ein Geburtstagslied an und lassen das Geburtstagskind hochleben. Danach darf es die Geburtstagskerzen alle auf einmal ausblasen.

Beim Feiern ist das Zusammensein, Erzählen und Spielen wichtig. Deshalb sind gemeinsame Spiele, allen voran die Klassiker wie »Topfschlagen«, »Schokoladenessen«, »Reise nach Jerusalem« oder Bastelangebote nach wie vor eine gute Wahl für eine gelungene Geburtstagsfeier.

Wir feiern
Namenstag

Jeder von uns trägt einen Namen. Wenn ich meinen Namen höre, weiß ich: Ich bin gemeint. Am Klang des Namens erkennen wir oft, wer mich da ruft, und manchmal auch, was derjenige von mir will. Der Name macht mich unverwechselbar. Meist haben uns unsere Eltern diesen Namen ganz bewusst gegeben, weil er besonders schön klingt oder weil sie mit dem Namen besondere Erinnerungen oder eine bestimmte Person verbinden. Bei der Taufe werden die Eltern nach dem Namen des Kindes gefragt. Deshalb denken einige Menschen am Namenstag auch an ihre Taufe.

In katholischen Gebieten wurde früher oft nur der Namenstag gefeiert und war mit vielfältigem Brauchtum verknüpft, der Geburtstag hatte dagegen eine untergeordnete Rolle. Denn: Der Name macht jeden Menschen einzigartig.

Unserem Namen auf der Spur

Viele Namen sind biblischen Ursprungs oder gehen auf die Heiligen als Namenspatrone zurück. Wir können uns von ihrem Vorbild anregen lassen, indem wir uns über das Leben unseres Heiligen, z.B. in einem Heiligenlexikon, informieren. Sie waren alle Menschen wie wir, mit Schwächen und Fehlern, die aber in ganz besonderer Weise den Glauben gelebt haben. Der Namenspatron gilt auch als Schutzpatron und Fürsprecher.

Hinweis: Seit vielen Jahren gibt das Seelsorgeamt der Diözese Regensburg im Rahmen des Projektes »Namens- und Kirchenpatrone« zu allen bekannten Namenspatronen ein Bild- und Gebetblatt mit Informationen zum Leben und zur Bedeutung des Heiligen heraus. Diese Motivblätter sind ein kleines Geschenk zum Namenstag, können aber auch eine wertvolle Gestaltungshilfe zur Feier des Namenstages in der Familie sein und sind ebenso für die Tauf-, Kommunion- und Firmvorbereitung zu empfehlen. Die Bildblätter können im Internet unter *www.namens-und-kirchenpatrone.de* oder beim Verlag Schneller & Steiner, Namens- und Kirchenpatrone, Leibnizstr. 13, 93055 Regensburg bestellt werden.
Umfangreiche Informationen zu den Namenspatronen gibt es auch im Internet unter *www.heiligenlexikon.de*.

Liebe Johanna,
heute ist dein Namenstag.
Vor deiner Geburt haben wir diesen Namen für dich ausgesucht.
Von klein auf wusstest du, wenn dein Name erklingt:
Ich bin gemeint.
Manchmal warst du unzufrieden mit deinem Namen,
fandest ihn zu ausgefallen (zu gewöhnlich ...).
Du wolltest lieber anders heißen.
Dein Name gehört zu dir.
Täglich wirst du viele Male von uns
und von deinen Freunden so gerufen.
Auch Gott ruft dich bei deinem Namen.
Denn er ist für dich da.
Wir gratulieren dir sehr herzlich zum Namenstag!

Der Namenstag kann Gelegenheit sein zu überlegen: Was verbinde ich mit meinem Namen? Gefällt es mir, wenn er abgekürzt wird oder wenn ich mit einem Kosenamen oder Spitznamen angeredet werde? Wir können mit den Kindern darüber ins Gespräch kommen, warum wir den Namen gewählt haben und was uns am Namenspatron unseres Kindes beeindruckt.

Das Echo

»Meine Freundin heißt nach ihrer Uroma – Paula eben. Lisa sagt, ihr Name geht auf die heilige Elisabeth zurück und Kevin hat erzählt, dass seine Eltern einen berühmten Schauspieler toll fanden, der mit Vornamen Kevin hieß. Aber mein Name – wie seid ihr bloß darauf gekommen?«

Die Mutter sucht nach einer Antwort: »Tja, mit den Namen ist das so eine Sache. Du willst wissen, wo dein Name herkommt? Das kam so: Natürlich hätten dein Vater und ich dich auch Katharina oder Maria nach deinen Omas benennen können, oder nach bekannten Persönlichkeiten oder Filmstars. Aber wir dachten: Gott ruft dich bei deinem Namen. So heißt ja auch dein Taufspruch, der Text aus der Bibel, den wir für deine Taufe ausgesucht haben.«

»Gott ruft mich? Heißt das, er hat meinen Namen ausgesucht und gerufen?«

»Nicht ganz. Es bedeutet, dass Gott immer für dich da ist und du für ihn ganz wertvoll und einmalig bist. Deinen Namen haben Papa und ich ausgesucht und gerufen. Papa hat gesagt: Das Erste, worauf ein Kind hört, das ist sein Name. Deshalb muss er schön klingen.«

»Und wie habt ihr das herausgefunden?«

»Papa und ich haben eine Wanderung gemacht in den Bergen. Da haben wir die Namen, die uns sehr gut gefielen, einfach gerufen, als wir gerade durchs Tal gingen.«

»Und dann?«

»Dann haben wir gelauscht und da kam tatsächlich ein Echo.«

»Was habt ihr gehört?«

»Gerade als die Sonne den Berggipfel in schönes, warmes Gold tauchte, klang dein Name vom Berg wider: Aurelia – das heißt die Goldene. So hast du deinen Namen bekommen.«

Marita Raude-Gockel

Namenstagsrituale

- Beim Frühstück oder zu Beginn einer kleinen Namenstagsfeier am Nachmittag entzünden wir die Taufkerze unseres Kindes, das heute Namenstag hat.
- Danach stimmen wir das Namenstagslied an: »Ja, weil Gott deinen Namen kennt« (siehe S. 320).
- Wir machen ein kleines Namenskonzert: Wir sprechen und singen den Namen auf ganz unterschiedliche Weise – laut und leise, rhythmisch versetzt, die einzelnen Silben mit einem Xylofon betont, hoch, tief usw.

Buchstabenbäckerei

Aus Mürbeteig oder Hefeteig den Namen des Namenstagskindes backen. Die gebackenen Buchstaben auf einer schönen Unterlage mit Teelichtern oder Blumen usw. verzieren. Wir können auch einfach auf den Lieblingskuchen mit Zuckerguss und Liebesperlen den Namen schreiben.

- Namensspiel (für ältere Kinder): *Was mir an dir so gefällt ...* Am Namenstagsabend setzen wir uns zusammen. Jeder bekommt einen Zettel mit seinem Namen auf den Rücken geklebt und jedes Familienmitglied darf aufschreiben, was ihm an der Person gut gefällt, was er an ihr/ihm gern mag. Wenn wir fertig sind, nehmen wir die Zettel ab und lesen sie uns vor.

Ja, weil Gott deinen Namen kennt
Ein Namenslied, Tauflied

© Kathi Stimmer-Salzeder, D-84544 Aschau a. Inn

Vors.:

1. Ja, weil Gott dei - nen Na - men kennt, dich sein Kind, sei - ne Freu - de nennt,
2. Weil er weiß, was dir nö - tig ist, dich be - hü - tet, dich nie ver - gisst,
3. Weil du weißt, er kommt auf dich zu, weil du sa - gen kannst: »Va - ter, Du!«,
4. Weil sein Wort dei - nen Weg dir weist, du ge - stärkt bist durch sei - nen Geist,
5. Weil doch Gott ü - ber die - se Welt uns den Stern sei - ner Treu - e stellt,

1.–5. darfst du le - ben in sei - ner Lie - be, darfst du le - ben in sei - nem Licht.

Alle:

1. Ja, weil Gott mei - nen Na - men kennt, mich sein Kind, sei - ne Freu - de nennt,
2. Weil er weiß, was mir nö - tig ist, mich be - hü - tet, mich nie ver - gisst.
3. Weil ich weiß, er kommt auf mich zu, weil ich sa - gen kann: »Va - ter, Du!«,
4. Weil sein Wort mei - nen Weg mir weist, ich ge - stärkt bin durch sei - nen Geist,
5. Weil doch Gott ü - ber die - se Welt uns den Stern sei - ner Treu - e stellt.

1.–5. darf ich le - ben in sei - ner Lie - be, darf ich le - ben in sei - nem Licht.

Zwischenspiel

→ CD11

Wir erinnern uns
an unsere Taufe

Die meisten Kinder können sich nicht an ihre eigene Taufe erinnern, da sie als Babys oder Kleinkinder getauft wurden und so ihre Taufe noch nicht bewusst miterlebt haben. Deshalb sind Formen und Rituale der Erinnerung wichtig. Das Taufdatum steht vielleicht auf der Taufkerze oder im Taufalbum, ganz sicher ist es im Familienstammbuch eingetragen. Dieser Tag erinnert uns an unsere Verbindung zu Gott, der zu jedem von uns sagt: Ich habe dich lieb. Du bist einzigartig!

Manchmal ergibt sich bei Tauffeiern im Freundeskreis, in der Verwandtschaft oder in der Gemeinde für die Kinder die Möglichkeit, eine Taufe bewusst mitzuerleben und sich zu erinnern: So ähnlich war das auch bei meiner Taufe. Zu Hause können wir mit den Kindern Fotos oder evtl. das Taufalbum hervorholen und betrachten.

Beim Besuch in der Kirche können wir uns am Taufbecken mit dem Kind erinnern: Hier bist du getauft. In einigen Pfarreien werden die Kinder auch zu Tauferinnerungsgottesdiensten eingeladen.

Tauftagritual

Am Tauftag holen wir die Taufkerze hervor. Wir stellen die Taufkerze unseres Kindes und ein Schälchen mit (Weih-)Wasser auf den (Jahreszeiten-)Tisch. Dort versammelt sich die Familie. Evtl. halten wir zusätzlich für jedes Familienmitglied ein Teelicht oder eine kleine Kerze bereit.

- Wir entzünden die Taufkerze.
- Wir erinnern uns:

    Lieber Lukas, heute erinnern wir uns an deine Taufe.
    Damals warst du noch ganz klein. Ihr großen Geschwister erinnert euch vielleicht noch daran. (Beiträge der Kinder abwarten.)
    Diese Kerze erinnert uns an deine Taufe.
    Dein Pate hat sie für dich gestaltet/besorgt.

- Jeder darf sich einige Tropfen Wasser aus der Schale nehmen.

  Wir spüren, was das Wasser alles kann und macht (Antworten der Kinder abwarten). Es erfrischt uns. Wir trinken es, wenn wir Durst haben. Es macht uns sauber, wenn wir schmutzig sind. Pflanzen brauchen es, damit sie wachsen können. Wir Menschen und alle Geschöpfe brauchen es zum Leben.
  Mit Wasser sind wir alle getauft.
  Gott hat uns das Leben geschenkt. In der Taufe sagt er jedem von uns:
  Ich habe dich lieb. Ich bin dein Freund.

- An der Taufkerze entzünden wir für jedes Familienmitglied ein Teelicht und beten:

  Guter Gott,
  wir freuen uns, dass Lukas getauft wurde.
  Du begleitest ihn.
  Die Taufkerze erinnert uns daran, dass du immer bei uns bist.
  Wir freuen uns, dass du mit uns auf dem Weg bist,
  und danken dir.

Wir singen zum Abschluss: »Gott sei mit dir auf deinem Weg« (siehe S. 312) oder »Ja, weil Gott deinen Namen kennt« (S. 320).

Einmalige Lebensübergänge: *Loslassen*
Schritt für Schritt

Der erste *Kindergartentag*

Tag für Tag entdeckt das Kind Neues, es entdeckt sich und seine Umwelt und entwickelt Kontakt zu anderen Menschen außerhalb der Familie. Es ist schön zu beobachten, wie es schon »auf eigenen Füßen« stehen und gehen kann und mehr kennenlernen will. Ein neuer Schritt kann gewagt werden: der Weg in den Kindergarten, der ihm auch eine neue Welt eröffnet. In der Gruppe kann es neue Kontakte knüpfen und Freundschaft mit anderen Kindern schließen. Es bekommt vielfältige Anregungen für seine Entwicklung.

Auch für uns Eltern beginnt eine neue Phase: Wir Eltern lassen unser Kind immer mehr los und gewinnen dadurch auch selber wieder Freiraum, evtl. steht ein beruflicher Wiedereinstieg an. Dieses Loslassen ist sehr wichtig für die Entwicklung des Kindes und die vertrauensvolle Eltern-Kind-Beziehung. Das Kind traut sich diesen Schritt in den Kindergarten zu, wenn es spürt: Ich kann dahin. Ich möchte dahin. Meine Eltern trauen es mir zu. Ich kann Schritt für Schritt loslassen, selbstständiger werden.

Gemeinsame Vorbereitungen

Wir bereiten uns mit unserem Kind auf diesen ersten neuen Tag »woanders« vor. Manche Kindergärten bieten vorher einen Elternabend an und laden die neuen Kinder zu Besuchs- oder Schnuppertagen in den Kindergarten ein.
Wir gehen gemeinsam den Weg zum Kindergarten, wir erzählen vom Kindergarten, betrachten Bilderbücher zu dem Thema. Vor dem Eintritt in den Kindergarten besorgen wir mit unserem Kind Tasche/Rucksack, Brotdose, Turnzeug etc., all das, was wir für den Kindergarten brauchen. In der Regel findet vor der Aufnahme auch eine ärztliche Untersuchung statt, ob das Kind gesund ist.

Wir sollten die Vorbereitungen so normal wie möglich gestalten. Denn der erste Kindergartentag ist ja sozusagen ein Übergang. Mit dem Überschreiten der Kindergartentür wagt sich unser Kind in ein »neues Land«.

Gebet am ersten Kindergartentag

Lieber Gott,
heute Morgen ist Annas erster Kindergartentag.
Darüber freuen wir uns sehr.
Wir bitten dich: Beschütze Anna im Kindergarten
und auf allen ihren Wegen.
Gib, dass sie sich im Kindergarten wohlfühlt
und dort gute Freunde findet.
Schenke uns Eltern Vertrauen, dass wir Anna gut aufgehoben wissen. Amen.

Segensritual

Mit dem ersten Kindergartentag können wir ein Segensritual einführen.
Nach dem Frühstück machen wir uns bereit für den Weg zum Kindergarten. Vorher legen wir unserem Kindergartenkind die Hand auf den Kopf und segnen es, indem wir ihm ein kleines Kreuzzeichen auf die Stirn zeichnen und dazu sprechen:

*Lieber Lukas,
ich wünsche dir einen schönen Kindergartentag.
Gott ist bei dir!*

Dem Kindergartenkind sprechen wir nun jeden Morgen, bevor wir uns auf den Weg zum Kindergarten machen, Gottes guten Segen zu.

Ein »Trösterchen«

Vielleicht ist es für das Kind hilfreich, wenn wir ihm eine kleine Gabe mit auf den Weg geben, die es trösten kann und ihm sagt: Wir warten auf dich. Wir haben dich lieb.

Das kann ein kleiner, schön glänzender Halbedelstein sein oder ein gemeinsam bemalter »Mutmachstein« (siehe S. 38) oder ein Armband oder eine Kette – was Ihnen einfällt und dem Kind Freude macht.

Der erste
Schultag

Dieser Tag wird von den meisten Kindern herbeigesehnt, denn nun gehören sie endlich zu den Großen: Hurra, ich bin ein Schulkind! Auch die Eltern freuen sich über die Entwicklung ihres Kindes, das immer mehr Fähigkeiten entwickelt und selbstständiger wird. Ganz natürlich sind da auch Ängste der Eltern: Wie kommt unser Kind zurecht? Wir können es nicht immer festhalten. Wird es das allein schaffen? Kommt es mit dem Lernen klar? Wird es in der Schule von den anderen anerkannt und Freunde finden?

Gemeinsame Vorbereitungen

Meistens werden die Kinder schon im Kindergarten auf den neuen Lebensabschnitt vorbereitet. Sie sind nun die Großen im Kindergarten, übernehmen mehr Verantwortung in der Gruppe und nehmen an einem mehr oder weniger intensiven »Vorschulprogramm« teil. Meist werden sie auch zum Schnupperunterricht in der Grundschule eingeladen. Vor den Ferien findet vielerorts eine Übernachtungsfreizeit oder ein Fest statt, mit dem sich die »großen« Vorschulkinder aus dem Kindergarten verabschieden. Viele Grundschulen veranstalten vor den Sommerferien einen Elternabend, um die Eltern der künftigen Erstklässler über pädagogisches Konzept, Betreuungsangebote etc. zu informieren. Evtl. wird dabei schon die Bücher- und Materialliste herausgegeben. So können wir gemeinsam mit unserem Vorschulkind diese Dinge besorgen. Wenn der Weg zur Schule dem Kind noch nicht bekannt ist oder es vielleicht mit dem Bus fahren muss, sollten wir diesen Weg mit ihm üben.

Damit das Kind die Schwelle zu diesem neuen Lebensabschnitt selbstbewusst überschreiten kann, ist es wichtig, diese für uns scheinbar alltäglichen Dinge ernst zu nehmen und bewusst neue Rituale einzuüben, so zum Beispiel: Am Abend packt das Kind in aller Ruhe den Ranzen, damit es morgens ohne Hektik zur Schule kommt. In der ersten Zeit sind Impulse der Eltern wie »Wir schauen auf die Liste, was alles in deinen Ranzen kommt« hilfreich.

Zuspruch und Bestärkung

Viele Grundschulen laden Schüler und Eltern zur Einschulungsfeier und zu einem Schulanfangsgottesdienst ein. Natürlich darf am ersten Schultag die Schultüte mit nützlichen Überraschungen und kleinen Süßigkeiten nicht fehlen.

Der erste Schultag ist für das Kind ein Übergang. Wir achten darauf, was das Kind braucht, um diesen Schritt selbstbewusst und ohne große Angst gehen zu können. Dazu gehört sicher: ein Frühstück in Ruhe, Zeit zum Anziehen und Fertigmachen, Zeit zum Ausschnaufen und Hausaufgabenmachen nach der Schule. Das Kind soll sich mit der Unterstützung der Eltern gut in seinen Schulalltag einleben, um ihn mit Selbstvertrauen immer eigenständiger gestalten zu können.

Am ersten Schultag segnen wir unser Schulkind mit dem Segensritual, das es schon aus der Kindergartenzeit kennt, oder wir führen ein neues ein. Viele Kinder fühlen sich jetzt aber schon »groß« – sie sind dem Kindergarten und dem Segensritual für die Kleinen entwachsen. Aber auch sie freuen sich über den Zuspruch der Eltern »Viel Spaß in der Schule!«, den Abschiedskuss, wenn es in die Schule geht, oder über die Hand der Mutter, des Vaters, die beim Abschied auf den Kopf gelegt wird.

Liebe Valerie!
Ein besonderer/neuer Tag ist da,
jetzt geht es ab in die Schule!
Erleb etwas,
was dich freut und was dich weiterbringt.
Lerne mit anderen auszukommen.
Dazu segne und begleite dich der gute Gott.

Am Nachmittag darf – nach Lust und Laune – zum Beispiel im Garten mit Familie, Freunden, evtl. Paten oder Großeltern gefeiert werden oder wir machen alle zusammen einen Ausflug.

Es tut unserem Kind gut, wenn wir ihm zeigen: Wir Eltern und auch Gott stehen dir zur Seite, wenn du jetzt neue Wege gehst. Wir unterstützen dich. Dies kann das Kind durch folgendes Ritual am Morgen, beim Fest am Nachmittag oder Abend spüren:

Festhalte- und Segensritual

Die Familie fasst sich an den Händen und bildet einen Kreis. Das Schulkind steht zwischen den Eltern.

Im Vertrauen darauf, dass Gott in unserer Mitte ist, halten wir uns fest an den Händen:
Guter Gott, wir freuen uns über den ersten Schultag,
den wir heute mit Jonas feiern dürfen.

Dann lösen wir den Händedruck. Mutter und Vater legen dem Kind jeweils eine Hand auf die Schulter.

Jonas, so wie wir dich jetzt an der Schulter festhalten,
so halte dich Gott fest in seiner Hand.
Er segne und behüte dich und begleite dich auf deinen Wegen, die du jetzt schon allein gehen kannst: in die Schule, zu deinen Freunden, in die Turnstunde ... und nach Hause.
So segne dich und uns alle der dreifaltige Gott:
Der Vater, der Sohn und der Heilige Geist. Amen.

Zum Abschluss können wir noch das Lied singen: »Ich fang neu an jeden Tag« (siehe S. 35).

Schulwechsel

Für viele Eltern und Kinder ist der Wechsel in eine andere Schule eine spannende Angelegenheit. Wir nehmen als Eltern viel inneren und äußeren Druck vom Kind weg, wenn wir uns auch in Kontakt mit der Grundschule bzw. der Klassenlehrerin über alle wichtigen Dinge informieren, die den Schulwechsel betreffen. Schritt für Schritt entscheiden wir mit dem Kind, auf welche Schule es künftig gehen wird.

Zum Schuljahresende heißt es: Abschied nehmen von Freunden, Lehrern, und oft auch von der vertrauten Umgebung. Die meisten weiterführenden Schulen bieten schon vor dem neuen Schuljahr z.B. eine »Schulhausrallye« zum Kennenlernen für die neuen Schüler an. Es ist ein wichtiger Schritt, wenn unser Kind immer selbstständiger wird und seine eigenen Fähigkeiten und Interessen entwickeln kann. Wir als Eltern können unser Kind in seiner Vorfreude und Erwartungshaltung bestärken und es ermutigen.

Den Übergang gestalten

Meistens findet eine Abschiedsfeier in der Grundschule statt, zu der auch die Eltern eingeladen werden. Die Klasse macht ihr Abschiedsfoto und vielleicht sogar eine Übernachtungsfreizeit. Eine Abschlusszeitung wird evtl. im Unterricht gestaltet.

Am Ende der Grundschulzeit erinnern wir uns mit unserem Kind und mit den Geschwistern an viele schöne, lustige Dinge, die während der Zeit passiert sind, aber auch an manchen Ärger und Streit.

Wir suchen die Fotos vom ersten Schultag, das erste Klassenfoto, Bilder von den Ausflügen etc. heraus und manch liebes Erinnerungsstück. Dinge, die dem Kind selber kostbar geworden sind, kann es auf den Jahreszeitentisch legen: z.B. eine Ehrenurkunde vom Sport, das erste Lesebuch, ein selbst angefertigtes Bilderbuch, den Abschiedsbrief von der Lehrerin. Manche Kinder zeigen im ganzen Familienkreis voller Stolz ihr Abgangszeugnis von der Grundschule.

Manchmal steht auch ein Schulwechsel an, weil die Familie umzieht. In jedem Fall ist es wichtig, den Übergang für das Kind so zu gestalten, dass es eine Brücke schlagen kann vom Alten zum Neuen. So helfen wir dem Kind, sich von Vertrautem zu verabschieden und mit Interesse und Neugier das Neue – die neue Schule, die neue Umgebung – zu entdecken. Eine gute Unterstützung dabei ist das Abschiedsritual mit Ade-Koffer (siehe S. 350).

Abschiedsritual am letzten Grundschultag

Wenn alle Familienmitglieder dem Kind zum Abschluss der Grundschule gratuliert haben, sprechen Vater und Mutter im Wechsel:

> Du musst jetzt gehen, sei nicht traurig.
> Die Zeit ist längst schon reif für dich.
> Du kannst schreiben, lesen, rechnen.
> Du hast alles gelernt aus dem Effeff.
>
> Du musst jetzt gehen, sei nicht traurig.
> Die neue Schule wartet schon auf dich.
> Englisch, Mathe, Bio, die neuen Fächer
> machen dich schon neugierig.
>
> Du musst jetzt gehen, sei nicht traurig.
> Du bist nicht allein.
> Freunde werden dich begleiten
> und neue Lehrer dir zur Seite stehn.
>
> Du musst jetzt gehen. Sei nicht traurig.
> Wir sind immer für dich da.
> Gott möge dich behüten, beschützen
> und auf deinem Lebensweg mit dir gehen.

In Sakramenten und Festen das *Leben* feiern

Erstkommunion feiern

Mit Freude und Interesse haben Sie Ihr Kind begleitet, als es in die Schule kam. Jetzt ist das Kind schon so groß, dass es sich mit anderen Kindern in der Kirchengemeinde auf den Weg macht zur Erstkommunion.

Vielleicht möchte Ihr Kind Ihnen einiges von dem, was es in der Kommunionvorbereitung lernt und erfährt, mitteilen und zeigen, vielleicht gehen Sie diesen Weg als Kommunionmutter/-vater, als Familie auch mit. Vielleicht macht Ihnen aber manches in der Kirche, im Gottesdienst oder in der Gemeinde auch Schwierigkeiten. Das ist ganz normal. Jeder Mensch ist in einer anderen Familie aufgewachsen und hat eine andere Bindung an Glauben und Kirche erfahren oder geknüpft.

Wir möchten Sie einladen, sich auf die Erfahrungen mit Ihrem Kommunionkind einzulassen: Die Erstkommunion ist für die Kinder ein wichtiges und schönes Fest. Auf den ersten Blick ist es ein Fest der Familie und der Geschenke, ein Fest der weißen Kleider und der Kerzen. Es kann viel mehr bedeuten: Wenn wir uns gemeinsam mit den Kindern auf den Weg machen zu diesem Fest, mit all den Erfahrungen und Vorbereitungen, dann bleibt es uns als tiefe Glaubenserfahrung.

Kommunion heißt Gemeinschaft. Sie ist das Fest der Gemeinschaft und das Fest der Eucharistie, das heißt Danksagung. So wie Jesus mit seinen Freunden das Abendmahl gefeiert hat, so feiert unser Kommunionkind seine Freundschaft mit Jesus und seine Verbindung mit allen, die zur Gemeinschaft dazugehören.

Gemeinsame Vorbereitung

In vielen Gemeinden werden die Kinder durch erfahrene Katecheten bzw. Kommunionmütter/-väter in einer Kleingruppe auf ihre Erstkommunion vorbereitet, vielerorts werden auch alle anderen Eltern mit in die Vorbereitung einbezogen.

Essen und trinken, erzählen, sich freuen, streiten, sich vertragen, aus dem Haus gehen und heimkommen sind menschliche Grunderfahrungen, in denen Gott uns nah ist. Die Kommunionvorbereitung ist eine »Schule«, um dies neu zu erfahren und wahrzunehmen, auch für uns als Eltern.

Oft wird auch die Gestaltung der Eucharistiefeier am Erstkommuniontag von den Gruppenleitern in Zusammenarbeit mit pastoralen Mitarbeitern oder dem Priester in Angriff genommen. Steht die Vorbereitung unter einem bestimmten Motto oder ist sie mit einem Symbol verbunden, kann dies auch Gestaltungselement für den Gottesdienst sein. Zu Hause können wir passend dazu z.B. die Einladungskarten, Tischschmuck und Kommunionkerze verzieren, die Lieder in der Familie einüben, ein Tisch- oder Dankgebet aussuchen.

Ein Einstimmungsritual

Dieses Fest gehört dem Kind. Damit es voller Freude seine Erstkommunion feiern kann, sollten wir zusätzlichen Stress und Zeitdruck vermeiden. Die Mahlzeiten, Räumlichkeiten, Kleidung sollten kindgerecht gestaltet sein, sodass noch Zeit und Raum zum Spielen bleibt.

Vor dem Fest, zum Beispiel am Vorabend, nehmen wir uns Zeit und stimmen uns in Ruhe auf den Festtag ein:

- Wir legen ein großes Blatt/Plakat oder zwei Seile bereit.
- Wir malen oder legen einen Weg. Das ist der Weg der Kommunionvorbereitung, den unser Kommunionkind schon zurückgelegt hat.
- Unsere Jahres- oder Jesuskerze stellen wir an den Weg. Sie wird nun entzündet.

- Das Fest der Erstkommunion steht direkt vor der Tür. Wir können eine Tür malen oder sie mit einem Tuch legen. Da hinein darf unser Kommunionkind nun seine Kommunionkerze stellen.
- Wir überlegen: Was war uns in der Kommunionvorbereitung in der Gemeinde und zu Hause wichtig, was habe ich/haben wir alles zusammen gemacht und erlebt?
- Die Gedanken schreiben wir auf kleine Zettel oder wir legen Symbole (z.B. Liedblatt, Kommunionbuch, Gesangbuch etc.) zu den einzelnen Stationen auf unseren Weg.
- Manchmal fällt es leichter, nicht am Beginn der Kommunionvorbereitung, sondern von hinten anzufangen: Mit unserem *Liedblatt* haben wir für die Erstkommunion geprobt. Der *Pfarrer* hat uns in der Kirche den *Kelch* und den *Tabernakel* gezeigt. In der Kommunionstunde haben wir Geschichten von *Jesus* erzählt und gespielt. Zu Ostern habe ich eine *Osterkerze* verziert. In unserem Vorstellungsgottesdienst haben wir das *Vaterunser* mit Gesten vorgebetet. Ich durfte eine *Fürbitte* sagen. Im Advent haben wir die *Kranken* in unserer Pfarrei besucht.
- An jeder Wegstation halten wir kurz inne, stellen unsere Jesuskerze dort ab und beten: *Danke, Jesus, dass du mit uns auf dem Weg bist.*
- Zum Schluss stellen wir die Jesuskerze in die »Tür« zur Kommunionkerze und singen noch ein Lied: »Der du Liebe bist« (siehe S. 218) oder ein anderes Lied aus der Kommunionvorbereitung.

Tischgebet zur Erstkommunion

Jesus,
Ich danke dir für dieses schöne Fest
meiner Erstkommunion.
Ich danke dir, dass ich dein Brot essen
und deine Nähe und Liebe erfahren kann.
Ich danke dir, dass ich Menschen habe,
mit denen ich meine Freude teilen kann.
Du bist bei uns heute und an allen Tagen.
Segne uns, dieses Essen und diesen festlichen Tag. Amen.

Das Brot der Liebe

Es war einmal ein König. Er war ein guter König und sorgte für seine Untertanen. Niemand musste Hunger leiden. Jeden Streit schlichtete er mit großer Weisheit.

Allmählich aber fühlte er sein Alter nahen und er dachte: »Was soll aus meinem Volk werden, wenn ich es nicht mehr regieren kann?« Lange dachte er nach. Dann ließ er den Prinzen, seinen Sohn, zu sich kommen und sprach: »Mein Sohn, ich habe dir die besten Lehrer gegeben. Du hast viele Wissenschaften dieser Welt studiert. Du kannst mit den besten Degen fechten und die schnellsten Pferde reiten. Aber kannst du auch den Hunger der Menschen stillen? Geh deshalb in die Welt hinaus und suche das Brot der Liebe. Nur wenn du das gefunden hast und es mit deinen Untertanen teilen kannst, werden Liebe und Frieden in deinem Reich regieren. Dann wirst du ein guter König sein.«

So zog der Prinz fort und suchte das Brot der Liebe. Er saß an den Tischen der Fürsten und reichen Kaufleute. Köstliche Brote lagen auf kostbaren Tellern und alle wollten nur das beste und leckerste haben. Nein, Brot der Liebe war das nicht.

Er ging in die Backstuben der Dörfer und Städte. Aber die Bäcker verkauften die Brote viel zu teuer. Nein, Brot der Liebe war das nicht.

Der Prinz wurde immer trauriger. Wen er auch fragte: Keiner hatte jemals vom Brot der Liebe gehört.

Zuletzt kam er am Rande eines Dorfes auf eine Wiese. Auf der hütete ein Junge eine Schafherde. Der Prinz war müde und setzte sich ins Gras. Der Junge sah ihn an und fragte: »Wer bist du? Du siehst so müde aus!« Der Prinz nickte. »Vielleicht hast du auch Hunger?«, fragte der Junge

und holte aus seiner Tasche ein kleines Brot. »Schau her, das hat meine Mutter für mich gebacken. Es ist nicht groß, denn sie hatte nicht viel Mehl. Aber ich möchte es gern mit dir teilen.« Dann brach der Junge das Brot und reichte dem Fremden ein Stück. Der nahm es und rief: »Ich danke dir, kleiner Junge, dass du mit mir dein Brot teilst. Das ist wirklich das Brot der Liebe, das ich so lange gesucht habe.«

Der Prinz kehrte zum alten König zurück und erzählte ihm, dass ein Hirtenjunge mit ihm sein kleines Brot geteilt habe. Dann sagte er: »Da wusste ich: Das geteilte Brot ist das Brot der Liebe.«

Als der Prinz dann selbst König geworden war, wollte er sich immer an diesen Tag erinnern: »Ich will Jahr für Jahr mit meinen Untertanen ein Brotfest feiern, an dem wir Brot miteinander teilen und von dem Hirtenjungen und dem Brot der Liebe erzählen.«

Hermine König

Versöhnung
feiern

Nicht immer geht in unserer Familie alles glatt. Da gibt es Streit und manchmal verletzen wir einander, unbewusst und bewusst. Es braucht dann Schritte, mit denen wir wieder aufeinander zugehen: eine Entschuldigung, eine Umarmung ...

Schuld und Sünde – was ist das?, fragen heute viele. Wir sind unsicher geworden im Umgang mit allem, was man so als Schuld und Fehler bezeichnet: Unsicher einerseits, weil es in unserer Gesellschaft heute die Tendenz gibt, Schuld abzuwiegeln, alles als »menschlich« und »normal« anzusehen. Andererseits gibt es aber auch die Tendenz, jeden »kleinen Fehler«, den ein anderer gemacht hat, an die »große Glocke« zu hängen und ihn anzuprangern.

Nach christlichem Verständnis hat Gott uns die Freiheit gegeben, nach unserem eigenen Willen zu handeln. Gerade weil wir frei sind, kommt es auch immer wieder vor, dass wir etwas falsch machen oder schlecht handeln. Scheitern und Schuldigwerden gehört zu unserem Leben dazu, auch wenn wir es uns nicht gern eingestehen. Wir alle machen Fehler, manövrieren uns manchmal in eine Sackgasse.

Wie diese Umkehr aus einer Sackgasse, wie Versöhnung aussehen kann, beschreibt uns die Bibel sehr anschaulich im Gleichnis vom verlorenen Sohn bzw. vom barmherzigen Vater (Lk 15,11–32): Das Haus des Vaters, das in der Geschichte für das Haus Gottes steht, hat immer offene Türen. Wir dürfen immer dorthin kommen, eintreten, dorthin umkehren. Gott nimmt uns immer auf. Doch zuvor braucht es unsere Einsicht, dass etwas bei uns nicht passt, dass wir etwas falsch gemacht haben, und wir müssen bereit sein, auf den anderen zuzugehen. Es braucht die Umkehr des Herzens. Sie geht der Vergebung voraus.

Manchmal schaffen wir Menschen es nicht, zum Haus Gottes zu kommen, aus welchen Gründen auch immer. Wir verfehlen unser Ziel. Dieses Verfehlen des Ziels, dieses Abwenden von Gott bezeichnet das Neue Testament mit Sünde. Dann brauchen wir nicht selten jemanden, der uns aus »einem Loch« heraushilft, jemanden, mit dem wir reden können über das, was uns bedrückt und wie wir unseren Fehler wieder gutmachen können.

Gott hört nie auf, sich um uns zu kümmern. In den vielfältigen Formen der Versöhnung, die uns die Kirche »anbietet«, streckt er uns seine Hand hin.

Gott verzeiht uns immer,

- wenn wir seine ausgestreckte Hand annehmen.
- wenn wir den anderen nach einem Streit um Verzeihung bitten.
- wenn wir mit Gott sprechen und erkennen, was bei uns falsch läuft.
- wenn wir anderen helfen.
- wenn wir auf etwas verzichten.
- wenn wir in der Bibel lesen und erfahren, was Gott von uns will.
- wenn wir die Messe mitfeiern und im Bußakt unsere Schuld bekennen.
- wenn wir gemeinsam Bußgottesdienst feiern.

Das Gleichnis vom verlorenen Sohn und barmherzigen Vater

Und weiter erzählte Jesus: Ein Mann hatte zwei Söhne. Eines Tages sagte der jüngere Sohn zum Vater: Gib mir schon jetzt, bevor du stirbst, was ich nach deinem Tod von dir bekommen werde. Da verteilte der Vater das Vermögen an seine beiden Söhne.

Der jüngere Sohn packte schon kurz danach seine Sachen und zog in ein fernes Land. Dort führte er ein verschwenderisches Leben und vergeudete in kurzer Zeit sein ganzes Geld. Als er alles ausgegeben hatte, brach eine große Hungersnot in dem Land aus und es erging ihm elend. Er bat um Hilfe bei einem Bürger des Landes, der ihn aufs Feld zum Schweinehüten schickte. Gern hätte er seinen Hunger mit dem Futter für die Schweine gestillt, doch niemand gab ihm davon. Da ging er in sich, erinnerte sich an seine Herkunft und sagte: Wie viele Arbeiter meines Vaters haben genug zu essen und ich verhungere hier. Ich will aufbrechen und zu meinem Vater gehen und ihm sagen: Vater, vor Gott und vor dir habe ich gesündigt. Ich bin es nicht wert, weiter dein Sohn zu heißen. Mach mich zu einem deiner Arbeiter. Dann brach er auf und ging zu seinem Vater.

Der Vater sah ihn schon von Weitem kommen und sein Sohn tat ihm von Herzen leid. Er lief dem Sohn entgegen, fiel ihm um den Hals, umarmte und küsste ihn. Da sagte der Sohn: Vater, vor Gott und vor dir habe ich gesündigt. Ich bin es nicht wert, weiter dein Sohn zu heißen. Der Vater aber unterbrach ihn und forderte seine Bediensteten auf: Holt schnell das feierlichste Gewand und zieht es ihm an, steckt ihm einen Ring an den Finger und zieht ihm Schuhe an. Holt das Mastkalb und schlachtet es, wir wollen essen und fröhlich sein. Denn mein Sohn war tot und ist wieder lebendig, er war verloren und wurde wiedergefunden. Und sie begannen ein Freudenfest zu feiern.

Lukas 15,11–24, aus:
»Die Bibel für Kinder und alle im Haus« von Rainer Oberthür

Versöhnung erfahren – Versöhnung lernen

Was gut und was falsch ist, wie es gehen kann, sich nach einem Streit zu versöhnen, sich die Hände zu reichen, sich zu umarmen, das lernen die Kinder zuallererst durch das Leben in der Familie, durch das Vorbild der Erwachsenen. Sie sehen und erleben: So kann ich mich entschuldigen. Ich werde nicht bloßgestellt, wenn ich einen Fehler zugebe. So kann ich den ersten Schritt machen und auf den anderen zugehen.

Zu Hause, aber auch in der Vorbereitung auf die erste Beichte, die häufig im Rahmen der Erstkommunionvorbereitung stattfindet, erfahren die Kinder, dass sie mit Worten und Taten andere Menschen verletzen können und auch, dass sie verantwortlich sind für das, was sie tun und reden. Durch den Blick auf Jesus lernen sie weiter: Gott nimmt uns an, wie wir sind, er macht uns den Weg frei, damit wir umkehren. In der Beichte wird uns dies ganz besonders zugesagt. Dies ist Grund genug, auch ein Fest der Versöhnung zu feiern, vor allem mit den Menschen, die mir besonders nahestehen. So ist in vielen Gemeinden die erste Beichte der Kinder auch eingebettet in ein Versöhnungsfest, zu dem oft die Eltern eingeladen werden.

Ein Versöhnungs-Ritual

Am Vorabend oder Abend des Versöhnungsfestes können wir ein Versöhnungsritual in der Familie gestalten. Wir brauchen dafür die Oster- oder Jesuskerze, Teelichter und einen kleinen Berg mit Steinen (z.B. Kieselsteine).

- Wir versammeln uns am Tisch und entzünden die Kerze.
- Jedes Familienmitglied überlegt sich, was ihm zu Hause, in der Familie und im Zusammenleben mit den Familienmitgliedern gefällt (evtl. aufschreiben).
- Dann überlegt sich jeder für sich, was ihn belastet (Streit, Ärger …), was ihn in der Familie und an den anderen Familienmitgliedern, evtl. auch an ihm selbst stört (evtl. aufschreiben).

- Für alle Klagen, alles Belastende, das wir nun aussprechen dürfen, nehmen wir einen Stein von dem kleinen Berg mit Steinen und legen ihn so ab, dass langsam ein Weg zu unserer Jesuskerze entsteht, denn dort wollen wir ja hin.
- Nach dem Ablegen eines Steins beten oder singen wir gemeinsam den Vers:
  Mein Gott, das muss anders werden, das gefällt uns nicht.
  Hilf uns das besser machen, mein Gott, erbarme dich!
  Hilf uns das besser machen, mein Gott, erbarme dich!
- Für alles Gute, das nun jeder aussprechen kann, stellen wir rund um die Jesuskerze ein entzündetes Teelicht.
- Abschließend hören wir das Gleichnis vom verlorenen Sohn und barmherzigen Vater (Lk 15,11–24), das uns Jesus erzählt, um deutlich zu machen: Gott hat immer ein offenes Haus für uns. Zu ihm dürfen wir immer zurückkehren.
- Wir singen ein Versöhnungslied, z.B. »Dass der Friede« (siehe S. 55) und beschließen das Versöhnungsritual wie in der Bibelgeschichte mit einem gemeinsamen Essen.

Mein Gott, das muss anders werden

Text und Musik: Christoph Lehmann
aus: »Fünf Brote und zwei Fische«, 1977 © tvd-Verlag, Düsseldorf

Das Fahrrad

Wir haben ein kleines Haus mit Garten, aber trotz einigermaßen gesicherter Verhältnisse haben wir es mit Geld nie dicke.

Zum Jahresende gibt es von der Firma meines Vaters eine Prämie, die aber erst zum 1. Mai ausgezahlt wird. Meistens wurde von der Prämie etwas gekauft für uns drei Kinder, ein Schreibtisch oder eine neue Matratze fürs Bett, eben was Nützliches. Doch diesmal kam Vater nach Hause und sagte: »Kinder, ich hab ne Überraschung für euch!« Vater setzte sich. »Diesmal gibt es was für die Großen. Peter und Anna, ihr bekommt neue Räder und für Heiko …!« »Wow, klasse Papa, ich hab mir bei Hölschers im Radladen schon ein tolles City-Mountainbike ausgesucht!«, schrie Peter gleich dazwischen. Und Heiko? Ich konnte eins und eins zusammenzählen: Das sollte wohl bedeuten, es gab ein Rad für Peter, den Großen, und für mich. Und Heiko kriegte kein Fahrrad? »Immer langsam!«, schnaubte Vater, der sich eigentlich höchst selten aus der Ruhe bringen ließ. Jetzt war er vom Tisch aufgestanden und machte eine unwirsche Handbewegung. »Und Heiko?«, fragte ich laut. Ich versuchte Heiko anzusehen, was gar nicht ging, denn er saß so geknickt da und ließ den Kopf hängen, dass ich seine Augen gar nicht mehr sehen konnte, nur noch seine braunen Wuschellocken.

»Immer langsam! Anna, du lässt mich jetzt erst mal ausreden!«, fing Vater erneut an. »Für Heiko habe ich heute Nachmittag Franks Sportrad ergattert. Das wollte er ja eigentlich noch auf dem Flohmarkt verkaufen. Aber er hat mir's einfach so mitgegeben.«

Es war still am Tisch. Vater setzte sich wieder hin und schaute in die Runde, dann zu Heiko. »Heiko, versteh mich bitte, die Prämie reicht nur für zwei neue Räder«, versuchte Vater zu erklären. Heikos Kopf war inzwischen aufgetaucht und er sah Vater fest in die Augen. »Papa, ich will nicht Franks Rad und ich will auch nicht mehr auf Peters abgewrackter Kiste rumradeln. Ich will ein eigenes Fahrrad!«, sagte Heiko entschlossen. Peter fing sofort laut an zu lachen. »He, Kleiner, reg dich ab. Wenn du ein eigenes Rad willst, dann bau dir doch eins!«, triumphierte er. »Verdammt, ist das ungerecht!«, hätte ich am liebsten laut geschrien. Peter war nämlich unser »Sachenstrapazierer«, der alle seine Sachen, ob Schulbücher, Jeans, Schuhe, Räder bis zur Unkenntlichkeit benutzte.

»Wisst ihr was! Jetzt ist Schluss!« Vater schlug heftig mit der Faust auf den Tisch. Und das hieß für uns: Aus, Ende, vorbei, keine Diskussion mehr. Alle standen auf. Ich strich Heiko noch über die Locken, bevor er aus dem Haus in den Hof rannte.

Am nächsten Nachmittag schleppte sich Heiko auf dem Heimweg von der Schule mit irgendetwas schwer ab. Er hatte Peters Aufforderung »Bau dir doch selber eins« wortwörtlich genommen: »Anna, das ist der wichtigste Teil vom Fahrrad: der Rahmen, ein 26-er Stahlrahmen, gekröpft!«, zeigte er mir auf dem Hof stolz seine Errungenschaft. »Und das ist die Gabel!«, wies er auf ein anderes Teil. »Habe ich alles von Matthias und Hannes, weißt du doch, die Jungs von Hölschers, die immer so wild aufs Tauschen sind. Die haben Mineralien und Steine dagegen getauscht.« Mineralien sammeln war nämlich Heikos Hobby.

Später kam Vater von der Arbeit und bewunderte Heikos Fahrradteile. Sofort holte er sein Werkzeug aus dem Keller und gleich noch einen Lenker samt Vorbau aus seiner »Schatzkammer«, dem Schuppen. Dann gingen die zwei ans Werk: Die Gabel wurde mit Kugellager und viel Fett ins Lenkerrohr gesteckt, dann wurde der Vorbau auf das Gabelrohr aufgeschraubt und der Lenker selbst in den Vorbau. So jedenfalls hat es Heiko mir erklärt.

Nun vollzog sich jeden Nachmittag auf dem Hof das gleiche Spiel: Heiko war schon mit dem Fahrradaufbau zugange, wenn Vater von der Arbeit kam. Einmal brachte Vater einen Ledersattel von einem Arbeitskollegen mit oder Heiko hatte die Reifen und Schutzbleche besorgt ... Dann wurde gewerkelt und gebaut und die beiden vergaßen alles.

Einmal kam Peter vorbei und fragte: »Papa, wann gehen wir denn endlich zu Hölschers, um das neue City-Mountainbike ...?« »Peter, ihr kriegt eure Fahrräder bestimmt noch in dieser Woche, aber jetzt möchte ich erst weiter mit Heiko sein Rad zusammenbauen!«, sagte Vater da.

Am Schluss kaufte Heiko von seinem Taschengeld roten Fahrradlack, um sein neues Rad perfekt anzustreichen. Eines Abends kann er seine erste Runde im Hof drehen. Wie ein frisch gebackener Weltmeister radelt er an uns vorbei, rast die Straße hoch und runter, dass die Katzenaugen an den Pedalen im Straßenlicht nur so blitzen.

Am Sonntag machten wir drei zusammen mit Vater eine Tour mit unseren neuen Rädern zu Oma. Oma erwartete uns schon vorm Haus und bestaunte die Räder. Dann bewirtete sie uns mit einem köstlichen Sonntagsessen am schön gedeckten Tisch und bemerkte beim Essen: »Das rote Fahrrad gefällt mir, ehrlich gesagt, am besten.« »Es ist auch was Besonderes«, meinte Vater stolz, »das haben Heiko und ich selbst zusammengebaut.«

Heiko Wendsche und Marita Raude-Gockel

Wir basteln einen Streitschlichter

Dazu brauchen wir: ein Stück Sperrholz (so groß wie eine Hand), zwei Holzwäscheklammern, ein rotes Herz aus Tonpapier, eine Holzleiste (ca. 3 cm) und einen Vierkantstab (ca. 10–15 cm).

Mit Bleistift malen wir unsere Hand auf das Sperrholz, sägen die Konturen aus und schmirgeln die Seiten glatt. Dann stecken wir die zwei Holzwäscheklammern auf die Finger. Damit der Streitschlichter auch gehalten oder hingestellt werden kann, leimen wir auf der Rückseite die Holzleiste fest, auf der dann ein Vierkantstab befestigt wird.

Auf das Herz können wir dann nach einem Streit »Versöhnungsworte«, z.B. »Entschuldige« oder »Es tut mir leid« schreiben. Das Herz stecken wir in die eine Wäscheklammer und in die zweite Wäscheklammer stecken wir die Lieblingssüßigkeit des anderen. (Eine einfachere Variante lässt sich auch aus fester Pappe statt Sperrholz fertigen.)

Der selbst gemachte Streitschlichter ist nicht nur eine schöne Versöhnungsgeste oder ein Geschenk. Beim Sägen und Basteln hat man auch Zeit, in Ruhe über den Streit nachzudenken.

Firmung
und Konfirmation feiern

Bei allen wichtigen Entscheidungen in unserem Leben und an allen Lebensübergängen (etwa Schulwechsel, Eintritt in die Oberstufe, Antritt der Lehrstelle) ist es gut, sich zu vergewissern: Ja, ich bin auf dem richtigen Weg, ich habe mich gut entschieden. Die Kirche möchte dabei mit Zeichen und Sakramenten spürbar und sichtbar machen: Gott ist bei dir, er lässt dich nicht allein, du bist für Gott wertvoll.

Geh deinen Weg

So werden an der Schwelle zum Erwachsenwerden die jungen Menschen durch Firmung oder Konfirmation für ihren Lebensweg, den sie immer mehr selbst gestalten werden, nochmals eigens bestärkt.

Dies kommt schon in den Worten für diese Lebensfeste zum Ausdruck. Sie stammen vom lateinischen Wort *firmare*, was »bestärken« heißt.

Dabei wird den jungen Menschen zugesagt: Du hast Fähigkeiten und Talente, geh deinen Weg, Gottes Geist begleitet dich. Du kannst in der Nachfolge Jesu »anders« leben, mit Werten und ohne Ellenbogen. Mit der Firmung oder Konfirmation entscheidet der junge Mensch gleichzeitig: Mein Glaube soll »Hand und Fuß haben«. Das heißt nicht, dass man mit allem in der Kirche einverstanden sein muss, doch dass man bereit ist, seinen Glauben ernst zu nehmen und ihn mit anderen zu leben. Die Vorbereitung darauf in der Gemeinde lädt die Jugendlichen zu einer Auseinandersetzung mit Glaube und Kirche ein.

In der katholischen Kirche ist die **Firmung** ein eigenes Sakrament. Im Firmgottesdienst wird dem Jugendlichen vom Bischof oder seinem Stellvertreter mit Chrisam ein Kreuzzeichen auf die Stirn gezeichnet mit den Worten: »N., sei besiegelt durch die Gabe Gottes, den Heiligen Geist.« Mit der Antwort »Amen« bekräftigt der Jugendliche seinen Glauben. Der Pate begleitet den Jugendlichen zur Firmung und legt ihm als Zeichen der Unterstützung und Stärkung die Hand auf die Schulter.

Das Bekenntnis zum Glauben und die Verpflichtung, das Leben aus dem Glauben zu gestalten, steht ebenfalls im Mittelpunkt der **Konfirmation** in der protestantischen Kirche. Im Konfirmationsgottesdienst bekennen die Jugendlichen nun selbst ihren Glauben und erhalten ein Wort der Bibel, den Konfirmationsspruch, der sie auf ihrem Lebensweg begleiten soll. Der Pfarrer/die Pfarrerin segnet sie, indem er/sie jedem die Hände auflegt. Die Konfirmation wird als das menschliche Ja zum bereits persönlich ergangenen Ja Gottes in der Taufe gesehen. Mit der Konfirmation wird den Jugendlichen – ggf. schon in der Vorbereitungszeit – die Möglichkeit gegeben, eigenständig am Abendmahl teilzunehmen.

Meistens findet die Firmvorbereitung und der Konfirmandenunterricht in einer (Klein-)Gruppe statt, die z.B. auch zur Gestaltung des Firmgottesdienstes und der Konfirmation beitragen kann. Oft treffen sich die Jugendlichen am Tag nach der Firmung oder nach der Konfirmation zu einer Party, zu einem Ausflug oder einer Übernachtungsfreizeit.

Für die Eltern

Wenn die Kinder klein sind, gib ihnen Wurzeln.
Wenn sie groß geworden sind, gib ihnen Flügel!

Indisches Sprichwort

Ein Bestärkungsritual

Das nach den Wünschen des Jugendlichen gestaltete Fest zur Firmung oder zur Konfirmation können wir mit einem Gebet um die Gaben des Geistes beginnen (vgl. Kapitel Pfingsten), das wir im Wechsel beten. Zu jeder Geistesgabe entzünden wir jeweils eine rote Kerze und stellen sie auf den Tisch. Rot symbolisiert dabei das Feuer und die Flammen als Zeichen des Hl. Geistes. In der Mitte kann die Tauf- oder die Kommunionkerze des Jugendlichen stehen.

In der Feier der Konfirmation bzw. Firmung spielt die Handauflegung eine wichtige Rolle. Wir können uns am Vorabend der Firmung oder Konfirmation versammeln und uns mit folgendem Ritual auf die »Feier der Bestärkung« einstimmen (dazu passt gut das Lied »Du bist da«, S. 199):

- Wir stehen im Kreis und legen uns die Hände auf die Schultern.
- Wir spüren nach, was wir dabei empfinden.
- Wir überlegen gemeinsam: Was stärkt uns? Was tut uns gut? Ein offenes Gespräch, wenn meine Meinung akzeptiert wird, in Ruhe gelassen zu werden …

Wenn uns jemand die Hand auf die Schulter legt,
können wir spüren:
Jemand stärkt uns den Rücken.
Das tut gut.
Bestärkung von anderen Menschen.
Das tut gut.
Ein offenes Wort,
ein gutes Gespräch,
Nähe und Distanz zur rechten Zeit.
Das tut gut.
Guter Gott,
du bist ein Gott,
der unsere Freiheit will,
der uns unsere Wege gehen lässt.
Du verlässt uns nie,
sind auch unsere Wege noch so verworren.
Du bist der »Ich bin da«.
Mit deiner Gegenwart im Heiligen Geist stärkst du uns.
Das tut gut.

Rituale für das Leben – Außergewöhnliche Lebenssituationen

Krank sein

Vor dem Kranksein können wir unser Kind nicht beschützen. Krankheit ist zunächst und normalerweise nichts Bedrohliches, doch eine Ausnahmesituation. Oft ist die Krankheit sogar ein wichtiges Zeichen unseres Körpers, das uns sagt: Jetzt brauchst du Ruhe, jetzt schau mal auf dich. Bei Kindern sind Krankheiten oft mit einem neuen Entwicklungsschritt verbunden.

Ist das Kind krank, ist es körperlich und seelisch in einer besonderen Situation und braucht unsere Zuwendung und Pflege. Die Schmerzen bei Kindern sind genauso schlimm wie bei uns Erwachsenen. Durch ihr Weinen und Klagen können die Kinder aber oft anders damit umgehen und den Schmerz auch loslassen. Im Gegensatz zu uns Erwachsenen jammern Kinder nicht über das, was nicht mehr geht, sondern erfreuen sich am kleinsten Fortschritt und schöpfen dadurch neuen Mut. Kräfte zur Heilung werden dabei freigesetzt. Kinder spüren genau, was ihnen guttut. Wenn wir als Erwachsene darauf hören und das, was guttut, auch mit dem kranken Kind umsetzen, haben wir schon eine gute »Medizin« für unser Kind. Die Kinder entwickeln dadurch nicht nur ein gutes Körpergefühl, sondern auch Verantwortung für ihren Körper und die Gesundheit.

Ruhe und Geborgenheit schenken

Durch Rituale der Ruhe wenden wir uns dem Kind ganz intensiv zu. Durch Vorlesen und Erzählen, Musik und angenehme Düfte (Duftlampe), durch Streicheln, Massieren und Bewegen – wenn es das Kind zulässt – werden Körper, Geist und Seele des Kindes berührt. Dies fördert den Heilungsprozess, der durch Medikamente allein nicht bewirkt werden kann. Ein krankes

Kind darf verwöhnt werden, denn es kennt genau den Unterschied zwischen Alltag und Krankheit und nutzt die Zuwendung der Eltern nicht aus.

In der Krankheit beten

»Mach mich gesund, lieber Gott« – dieses Gebet kennen wir vielleicht aus unserer Kindheit. Doch Gott ist niemand, bei dem wir uns »gesundbeten« könnten. Er ist ein Freund, der da ist, auch wenn die Krankheit bleibt. Der bei uns bleibt an hellen und dunklen Tagen.

> Guter Gott,
> du bist mein Freund.
> Ich bin jetzt krank.
> Das macht mich manchmal traurig.
> Aber manchmal geht es mir auch gut.
> Dann lache ich und freue mich.
> Gut, dass du bei mir bist und mich verstehst.
> Gut, dass ich liebe Eltern und Freunde habe.

Wenn das Kind ins Krankenhaus muss

Eine besondere Situation ist da, wenn das Kind ins Krankenhaus muss, vor allem wenn es unvorbereitet durch einen Unfall oder eine plötzliche Erkrankung nötig wird.

Glücklicherweise sind die Krankenhäuser heute darauf eingestellt, Eltern von jüngeren Kindern mit aufzunehmen. Dann ist die Trennung von zu Hause und der Einschnitt nicht so schlimm, weil Mama oder Papa da sind. Vertraute Rituale (Vorlesen vorm Schlafengehen, gemeinsam kuscheln, singen und beten) helfen uns außerdem, mit der ungewohnten Situation und Umgebung besser zurechtzukommen.

Wenn das Kind aus dem Krankenhaus kommt, kann nicht sofort wieder der Alltag beginnen, denn oft ist es noch schwach und nicht gleich wieder belastbar.

Mit einem **Willkommensritual** begrüßen wir das Kind zu Hause. Vielleicht überraschen wir das heimgekommene Kind mit seinem Lieblingskuchen und mit einem tollen Buch oder Spiel.

Wir singen ein Willkommenslied. Ein ganz besonderer Willkommensgruß für das Kind ist das Lied »Heil zurück« von Kathi Stimmer-Salzeder.

Herzlich willkommen, lieber Alexander.
Schön, dass du nach Hause kommst.
Wir freuen uns, dass du bei uns bist.
Wir wünschen dir Gesundheit und Glück.
Nimm dir noch ein bisschen Zeit zum Ruhen und Schlafen.
Genieße die Zeit mit Spielen und Lesen,
bis du wieder ganz gesund bist!

Heil zurück!

© Kathi Stimmer-Salzeder, D-84544 Aschau a. Inn

2. Ach, ist das ein Wiedersehn! Vieles ist geschehn und er hat gelernt
   etwas Neues, etwas Neues, etwas, was das Herz erwärmt.

3. »Komm, erzähl von deiner Reis! Ich bin leis, voller Glück,
   denn du bist ja, denn du bist ja, denn du bist ja heil zurück!«

Gips ab

Heute ist es so weit. Heute kommt er ab, der Gips! Endlich. Sechs Sommerferienwochen liegen hinter mir. Wundervolle, schöne Ferien? Nicht für mich. Sechs Wochen, ach was, sieben, fast acht Wochen habe ich mich jetzt mit dem Gips rumgequält. Kurz vor Ferienbeginn habe ich mir den Arm gebrochen. Beim Wettrennen wollte ich schneller sein als alle, auch als Karl-Heinz, der fast fünf Jahre älter ist als ich.

Die Nachbarin von gegenüber, die durch den Gardinenspalt unser Wettrennen verfolgt hat, sagt: Der Karl-Heinz hat die Marita geschubst. Hat er? Ich hab doch hinten keine Augen. Ich wollte nur schneller sein.

Ein völlig abgeknickter linker Unterarm, Elle und Speiche durch, drei Wochen Krankenhaus, zwei Operationen, Arm genagelt und entnagelt sind mein Rennergebnis. Schrecklich.

Einen Trost, ein Heilmittel hab ich gefunden, musste ich finden: Lesen, lesen, lesen. Pippi Langstrumpf und Kalle Blomqvist, alle Bände, fast auswendig. Die hab ich nämlich zur Kommunion bekommen. Und die Geschichte vom kranken Meerschweinchen Karli, die lese ich jeden Tag meiner kleinen Schwester Uschi vor, beim Aufstehen und beim Schlafengehen, morgens, mittags, abends.

Heute kommt der Gips ab. Ich klemme mir das kranke Meerschweinchen, besser gesagt das Buch, unter den gesunden rechten Arm, dann geht's los zum Krankenhaus. Karli wird mich begleiten, denn mir ist ziemlich mulmig zumute. Der Oberarzt klingt mir noch in den Ohren: »Wenn du das nächste Mal wieder so heulst, bleibst du hier. Im Krankenhaus.«

Was soll mir passieren? Wettrennen gewonnen, Operation und Ferien überlebt. Gips ausgehalten. Bücher fast auswendig gelesen.

Der linke Arm fängt an zu zittern, als der Gips aufgeschnitten und gelöst wird. Aber der rechte Arm hält sich fest an Karli. Ich blinzle dem Oberarzt zu und bleibe tapfer.

Das Meerschweinchen ist wieder ganz gesund geworden. Und ich auch.

Marita Raude-Gockel

Abschied nehmen
Trennungssituationen

Von klein an lernt das Kind »kleine« Abschiede kennen: Wenn die Mutter einkaufen geht, der Bruder zur Schule muss und erst am Mittag wieder heimkommt. Wenn das Kind zum ersten Mal woanders übernachtet oder in den Kindergarten kommt, fällt der Abschied vielleicht schwerer: Es geht selbst aus dem Haus, ist eine Zeit lang von Eltern und Geschwistern getrennt. Durch die Zuwendung der Bezugsperson, der Erzieherinnen und die Zusage der Eltern, dass sie wiederkommen zum Abholen, lernt das Kind, damit zurechtzukommen.

Unsere Familie und unsere Kinder haben im Leben auch »große« Abschiede zu bewältigen, wenn ein Umzug bevorsteht, wenn sich Eltern trennen oder gar ein Familienmitglied oder ein guter Freund stirbt.

Rituale können uns helfen, diese Trennungssituationen und Abschiede zu bewältigen.

Umzug

Umzüge von einer Region in die andere oder gar in ein fremdes Land aufgrund eines Arbeitsplatzwechsels oder einer neuen Familiensituation sind für viele Familien keine Seltenheit.

Beim Umzug müssen wir nicht nur unsere Koffer und Kisten mit Kleidern und Haushaltsgegenständen packen, all unsere Möbel abbauen und uns vielleicht auch von manchem trennen – was für alle anstrengend ist, viel Zeit kostet und eine gute Planung verlangt. Wir müssen auch Abschied nehmen von Freunden und Bekannten, von der gewohnten Umgebung, von Kindergarten, Schule und Arbeitsplatz. Hier gilt es ebenso, »Koffer zu packen«, und es braucht Zeit und Kraft, um Begegnungen mit Menschen »einzusammeln«, indem wir z.B. nochmals Freunde und Arbeitskollegen zu einem kleinen Abschiedsfest/-umtrunk einladen und die Kinder ein Abschiedsfest in Kindergarten oder Schule feiern. Abschied zu nehmen, Vertrautes loszulassen und sich buchstäblich in ein neues Land aufzumachen, dies fällt Kindern wie uns Erwachsenen nicht immer leicht.

Wir sagen Ade

Einige Tage vor dem Umzug können wir in der Familie einen Ade-Koffer packen, um uns so von der vertrauten Umgebung zu verabschieden. Dazu brauchen wir einen kleinen Koffer oder eine schöne Schachtel.

Wir packen unseren Ade-Koffer

Andenken sammeln: Wir packen in den »Abschiedskoffer« ein, was uns wichtig ist, ein Kuscheltier, ein Bild aus dem Kindergarten/der Schule, ein Wandschmuck, der uns wichtig ist … Dazu gehen wir nochmals bewusst durch unser »altes« Zuhause.
Vielleicht laden wir Freunde, Nachbarn, von denen wir uns verabschieden, ein, in ein Abschiedsbuch zu schreiben.

Danken für alles, was war und ist: Wir überlegen gemeinsam: Was haben wir hier alles erlebt, Kindergarten- oder Schulanfang, Familienfeste, Geburtstage …? Welche Freunde haben wir hier gefunden? Wofür möchten wir besonders danken? Vielleicht legen wir einige Fotos in unseren Ade-Koffer.

Einlassen auf eine neue Zukunft: Vater/Mutter erzählen von der neuen Arbeit, vom neuen Zuhause und der neuen Umgebung.

Es kann auch ein Abschiedsritual sein, am Tag des Umzugs, wenn alles leer geräumt ist, nochmals durch die Wohnung, durch Haus und Garten zu gehen, und sich so von der vertrauten Umgebung zu verabschieden. Ebenso können wir die Kinder anregen, durch die Räume des Kindergartens, der Schule zu gehen, den geliebten Spielplatz nochmals zu besuchen und sich davon zu verabschieden.

Zu den Ritualen des Abschieds passt das Lied: »Wenn die Sonne leise geht«.

Wenn die Sonne leise geht

© Kathi Stimmer-Salzeder, D-84544 Aschau a. Inn

2. Wenn die Sonne leise geht,
   stark im letzten Glanz, stark im letzten Glanz,
   lösen sich in Frieden auf
   alle Widerstände.

3. Wenn die Sonne leise geht,
   geb ich alles dir, geb ich alles dir,
   Vater meines Lebens du
   in die guten Hände.

4. Wenn die Sonne leise geht,
   dringt sie in mein Herz, dringt sie in mein Herz,
   füllt es, wenn es dunkel wird –
   Liebe ohne Ende

→ CD 24

Trennung der Eltern

Wie viel einschneidender ist die Situation, wenn sich das Kind von Mutter oder Vater oder sogar auch von Geschwistern trennen muss, weil sich die Eltern trennen. Diese Trennung stellt keinen kurzen zeitlichen Einschnitt dar, sondern krempelt das ganze Leben der Familie um, verändert den Alltag mit den gewohnten Ritualen und den vertrauten Beziehungen zu den Menschen, mit denen es lange Tür an Tür gelebt hat.

Sicher werden wir als Eltern versuchen, das Wohl des Kindes im Auge zu behalten, und zunächst klären, bei wem das Kind bleibt, ob es weiterhin in der vertrauten Umgebung, im gleichen Kindergarten oder der gleichen Schule bleiben kann, wo es auch seine Freunde hat, oder ob ein neuer Anfang geplant ist und ein Umzug in Angriff genommen werden muss.

Bei allen Umstellungen ist es für das Kind wichtig zu wissen: Meine Eltern sind zwar kein Paar mehr und leben nicht mehr zusammen, aber sie bleiben immer meine Eltern, meine Mama, mein Papa.

Trostrituale

Neue Rituale können dem Kind dabei helfen, mit der neuen Situation zurechtzukommen: Beim Abschied oder bei der Trennung kann der nun getrennt lebende Elternteil Botschaften für das Kind aufschreiben wie: »Ich denke an dich«, »Du kannst mich anrufen, wenn du mich brauchst«, »Du bleibst für mich meine Tochter/mein Sohn«.
Das Kind kann sich diese Botschaften in seinem Zimmer in einer schönen »Erinnerungsklammer« oder unter einem Mutmachstein (siehe S. 38) oder in einem Briefumschlag aufheben. Dieses Ritual kann dem Kind helfen, loszulassen und trotz der räumlichen Trennung die Liebe und Nähe des getrennten Vaters oder der Mutter zu spüren.

Zu dem getrennt lebenden Elternteil sollte das Kind auch regelmäßigen Kontakt haben können. Beide Elternteile sollten regelmäßige Besuche beim getrennt lebenden Elternteil absprechen und zu arrangieren versuchen, selbst wenn es mit Aufwand verbunden ist, oder auch – vielleicht erst nach einer gewissen Zeit der Distanz – gemeinsame Treffen vereinbart werden. Das Kind soll sehen und erfahren, wo und wie der getrennt lebende Elternteil wohnt und lebt. Für viele Kinder ist es wichtig zu wissen, dass der Vater, die Mutter für sie da und erreichbar ist, möglicherweise telefonisch.

Tod
und Trauer

Trauer und Schmerz überwältigen uns, wenn wir ein Familienmitglied oder einen lieben Freund verlieren. Abschied von einem lieben Menschen und Trauer um ihn gehören zu den außergewöhnlichen und einschneidenden Lebenssituationen, die Menschen und Familien mit Kindern in ihrem Leben zu bewältigen haben. Dabei drückt jeder seine Trauer anders aus: Die eine lässt Tränen fließen, andere schließen sich in ihr Zimmer ein und wollen einfach niemanden sehen, der Nächste ist zornig und aggressiv. In der Trauer erleben wir ganz unterschiedliche Gefühle, wir durchleben verschiedene Phasen der Trauer. Dazu brauchen wir Zeit und Geduld mit uns selber, mit unseren Nächsten. Nicht umsonst sprechen wir ja auch vom »Trauerjahr«.

Da Tod und Trauer aus unserem Alltag weitgehend verdrängt sind, sind auch wir Erwachsene viel unsicherer geworden im Umgang damit. Oft wollen wir unsere Kinder schonen vor dem, was uns selbst Angst und traurig macht. Doch den Tod können wir nicht dauerhaft verdrängen. Er gehört zum Leben, auch zu unserem. Kinder stoßen uns oft mit ihrem neugierigen Fragen ganz unvermittelt darauf: Papa, musst du auch sterben?

Als Christen nehmen wir Abschied von einem geliebten Menschen im Vertrauen darauf, dass der Tod nicht das Letzte ist. Er ist der Durchgang zu einem neuen Leben bei Gott. Wir glauben daran, dass Gott uns auch in unserem Schmerz, in unserer Trauer nicht allein lässt, dass er uns und unsere Verstorbenen in seiner Hand hält. Unsere Verstorbenen bleiben in unseren Gedanken, in unseren Erinnerungen, in unseren Herzen lebendig.

Den Schmerz zulassen

Gebete und Rituale helfen uns, Abschied zu nehmen, Schmerz auszudrücken, sonst würde der Kummer sich in unserer Seele festsetzen. Dies gilt ebenso für Kinder, die auch trauern und die man nicht davon abhalten darf. Auch kleine Abschiede, zum Beispiel von einem gestorbenen Vögelchen, gehören dazu. Die Trauer der Kinder um ihre geliebten, gestorbenen Haustiere dürfen wir ihnen nicht wegnehmen oder ausreden: »Ist ja nicht so schlimm. Du bekommst ein neues Tierchen.« Wenn wir die Kinder in ihrer Trauer begleiten und sie den Verlust akzeptieren können, dann lernen sie Trauer auszudrücken und damit umzugehen.

Der Hahn Pauli

Die Urgroßeltern hatten Tim zu Ostern ihr schönes Zwerghuhnpärchen geschenkt – Pauline und Pauli. Denn Uropa und Uroma fühlten sich zu alt für die Hühnerzucht, außerdem hatte Pauli gerade erst vor dem Fest eine Marderattacke im Garten knapp überlebt. So zog das Hühnerpaar in ein neues Heim: Auf unserer großen Wiese neben dem Haus stand ein herrliches Hühnergehege zur Verfügung. Es dauerte nicht lange, bis Pauline auf einem Nest mit Eiern saß und acht putzige Küken ausbrütete, um die sie sich rührend kümmerte, während Pauli lieber ausdauernd krähte und sich am liebsten von Familie, Freunden und Nachbarn bewundern ließ. Und er wurde liebevoll umsorgt und verwöhnt von Tim!

Außerdem erprobte Pauli sein fliegerisches Können. Der Zaun vom Gehege war für ihn eine Herausforderung, die er glänzend bestand. Er überflog ihn spielend und er verspeiste als Belohnung genüsslich den Salat im Gemüsebeet. Tim war so stolz, was sein kleiner Hahn alles konnte!

Wahrscheinlich waren wir viel zu großzügig und ließen dem Lieblingshaustier viel zu viel durchgehen. Schließlich führte er eine neue Gepflogenheit ein. Er flatterte über den Jägerzaun und stolzierte auf dem Grünstreifen an der Hauptverkehrsstraße auf und ab, ein Ritual, das uns natürlich zwang, eine neue Strategie zu entwickeln, um ihn »ins Bett« zu bringen: Allabendlich machten wir nun auf dem Bürgersteig unseren Familienspaziergang, bis wir Pauli endlich einfangen und in den Stall bringen konnten.

Eines Abends kamen Bekannte aus dem Dorf mit ihrem Husky bei uns vorbei. Pauli, der sich gerade stolzierend in Pose brachte, ahnte keine Gefahr. Er wurde von dem Hund geschnappt, in den Hals gebissen und war sofort tot.

Wir waren alle wie gelähmt vor Schreck, Tim fing an zu weinen und wir wussten erst einmal nichts zu sagen. Dann rannte Tim zum Telefon und rief die Uroma an. Denn sie würde ihn jetzt am besten verstehen und trösten!

Sie sagte: »Du wirst den Pauli nie vergessen. Du wirst dich immer daran erinnern, was er für schöne Kunststücke konnte, wie schön er aussah und wie er krähen konnte. Der Opa hat ihn doch noch fotografiert, bevor wir ihn mit Pauline zu euch gebracht haben. Das Foto schick ich dir jetzt, dann kannst du es dir auf deinen Nachttisch stellen. Der Pauli lebt ja auch weiter in seinen Kindern, drei kleine Hähne und fünf kleine Hühner hat er mit der Pauline bekommen.«

Tim nickte und langsam beruhigte er sich. Wir nahmen ihn in die Arme, bis er mit uns zusammen Pauli im Garten begraben wollte. Auf das Grab legten wir ein Kreuz aus Ästen und Blumen. Eine Paulifeder nahm Tim an diesem Abend mit ins Bett.

Marita Raude-Gockel

Abschied nehmen

- Wir beziehen die Kinder in den Abschied um sterbende Familienangehörige oder Freunde mit ein und nehmen sie mit zum Besuch. Wir erklären dem Kind behutsam, warum der Opa nicht mehr gehen kann, warum er viele Apparate und Schläuche benötigt und dass er wohl bald sterben muss.
- Die Kinder dürfen von dem Verstorbenen Abschied nehmen, wenn der Leichnam zu Hause oder in der Leichenhalle aufgebahrt ist. Diese Möglichkeit des Abschiednehmens ist durch nichts zu ersetzen, denn die Kinder sehen, fühlen und begreifen, was der Tod ist. Wenn sie es möchten, dürfen sie den Toten auch berühren.
- Wenn der Pfarrer oder Seelsorger zum Trauergespräch und zur Vorbereitung der Bestattung und Trauerfeier in das Haus kommt, lernt er auch die Familie kennen. Für die Kinder ist das wichtig, weil er ja auch auf dem Friedhof den Verstorbenen beerdigt.
- Wir nehmen die Kinder zur Trauerfeier und zur Beerdigung mit. Vorher versuchen wir möglichst genau zu erklären, was dort passiert, bis der Sarg in das Grab hinabgelassen wird, und was wir danach tun.
- Ob die Kinder mit in den Trauergottesdienst oder in das Sterbeamt gehen sollen, hängt davon ab, welche Erfahrungen die Kinder mit Gottesdienst und Kirche schon haben und wie der Trauergottesdienst gestaltet wird.
- Wann immer die Kinder möchten, nehmen wir sie mit zur Grabpflege oder zum Besuch auf dem Friedhof.
- Für Kinder ist es in der Verlustsituation wichtig zu wissen, dass wir Eltern da bleiben und auch weiter für sie da sind.

Zwischen Trauer und Hoffnung

Kinder haben eigene Vorstellungen und Bilder vom Tod, die sie gern im Malen, im Spiel, im Rollentausch ausdrücken möchten. Oft tun sie das ganz von selbst: Sie malen Bilder vom oder für den Verstorbenen, schreiben einen Brief an ihn. Im Rollenspiel kommt die Oma zu Besuch und erzählt, »wie es im Himmel ist«. Als Bezugspersonen der Kinder sind wir die Zuhörenden, die auch von ihrem Schmerz und ihrem Glauben sprechen können und dabei die Trauer und den Schmerz der Kinder annehmen, ernst nehmen und aushalten.

Nur ein Glaube, der dem Kummer, dem Schmerz und den Tränen Platz lässt und nicht vorschnell mit Erklärungen zudeckt, kann tragen und Hoffnung schenken. Solche Hoffnungsworte für uns und unsere Kinder können sein:

- Alles Leben auf der Welt ist endlich: Tiere und Menschen sterben, Pflanzen, Bäume sterben ab, damit neues Leben wachsen kann. Aber trotzdem wissen wir nicht genau, warum es den Tod gibt oder warum Gott ihn zulässt.
- Gott ist da für uns, auch wenn er verborgen ist.
- Gott ist da, er ist bei uns, auch wenn wir traurig sind. Er will die Trauer mit uns aushalten.
- Gott kümmert sich um alle: um uns Lebende, um die Sterbenden und auch um unsere Verstorbenen.
- Gott ist stärker als der Tod: Das hat er uns gezeigt, als er Jesus von den Toten auferweckt hat.
- Gott schenkt uns das ewige Leben. Oft nennen wir das Himmel: Oma ist schon im Himmel, wo es schön ist, wo es ihr gut geht.

Trauerrituale

Neben den Gesprächen, die den Kindern sehr gut tun, gibt es auch Rituale der Trauer um unsere Verstorbenen, die alle verstehen:

- In Erinnerung an unseren Verstorbenen entzünden wir eine Kerze und stellen evtl. ein Bild von ihm dazu. Das Licht sagt uns: Gott will uns im Dunkel der Trauer begleiten. Wir vertrauen darauf, dass unser Verstorbener jetzt bei Gott ist, wo es ihm gut geht.
- Diesen Trostgedanken können wir in einem Trauerruf ausdrücken: »So wie ein Licht bist du bei uns.« Diesen Ruf können wir auch bei der Trauerfeier oder beim Begräbnis singen.
- Wir beten für unseren Verstorbenen, dass Gott bei ihm ist und ihn begleiten möge: Opa ist jetzt tot. Wir haben ihn sehr lieb und er fehlt uns.

Wir denken an ihn und vergessen ihn nicht. Vergiss du, Gott, unseren Opa auch nicht.

- Wir können mit den Kindern selbst einen Kranz für den Verstorbenen binden. Denn der Kranz ohne Anfang und Ende erinnert an den Lebenskreis. Dabei überlegen wir, welche Blumen oder Farben der Verstorbene besonders gemocht hat und welchen (Bibel-)Spruch er sich wohl auf die Schleife wünschen würde.
- Kinder malen ein Bild, um sich an den Verstorbenen zu erinnern.
- Ältere Kinder und Erwachsene können einen Abschiedsbrief an den Verstorbenen schreiben.
- Die Beerdigung ist ein Abschiedsfest, das die Angehörigen mit dem Pfarrer gestalten und bei dem sie – nach Wunsch – etwas in die Feier einbringen können, was zu dem Verstorbenen passt, Lieder, ein Gebet, einen Text, der ihm wichtig war.
- Mit einem Lichtritual (siehe S. 227) können wir uns an unsere Verstorbenen erinnern und ausdrücken, dass der Tod nicht das Letzte ist, sondern dass durch Jesus Christus das Licht der Auferstehung aufleuchtet.

So, wie ein Licht

Kleine Trostrituale
für Leib und Seele

Weinend kommt Lea daheim an: »Mama, Mama!«, schluchzt sie. Auf dem Nachhauseweg vom Kindergarten ist sie am Bordstein hängen geblieben, gestolpert und hat sich das Knie aufgeschlagen. Zu allem Unglück hat Sarah, die beste Freundin, auch noch über Leas Stolpern gelacht! Jetzt ist ruhiges Verhalten der Eltern, Trost und Zuwendung, schnelle Hilfe für das Kind angesagt! Gefühlsmäßig tun wir meistens das Richtige: Wir wenden uns dem Kind zu, schauen was passiert ist, versuchen es zu trösten und ihm zu helfen. Mit kleinen Ritualen kann es den Schmerz meist besser aushalten und überstehen:

> **Gute-Laune-Keks-Dose**
>
> Eine schöne Dose können wir zum Beispiel mit selbst gebackenen Gute-Laune-Keksen füllen, z.B. den Hildegard-Nerven-Keksen, die schon manches Gemüt aufgehellt haben. Diese Nervenkekse nach einem Rezept der hl. Hildegard von Bingen gibt es im Naturkostladen, aber man kann sie auch leicht selbst backen. Rezepte sind in Hildegard-von-Bingen-Kochbüchern oder im Internet gut zugänglich, z.B. unter: www.frag-mutti.de oder www.kochmeister.com
> Übrigens: Diese Kekse sind ein Heilmittel und kein Naschwerk! Kinder sollten nicht mehr als drei Kekse pro Tag essen, Erwachsene maximal sechs.

Liebe Lea,
hast du dir wehgetan?
Dann komm schnell her zu mir!
Ich halte dich in meinem Arm!
Dann pusten und kühlen wir.
Ich hol geschwind ein Pflaster herbei.
(Ich hol geschwind die Salbe herbei.)
Wir kleben es auf deine Wunde.
(Wir streichen sie auf deine Wunde.)
Dann geht der Schmerz
recht schnell vorbei.

Wir kleben ein schönes, buntes Kinderpflaster auf die Wunde. Haben wir keines zur Hand, können wir auch auf ein normales Pflaster eine Sonne malen. Oft hilft bei stumpfen Verletzungen, eine »Rettungssalbe« wie Bachblüten- oder Arnika-Salbe aufzutragen. Zur Beruhigung können wir anschließend mit dem Kind ein Buch anschauen und vorlesen.

Jedes Kind braucht Trost, wenn es sich wehgetan hat, wenn sein geliebtes Spielzeug kaputt gegangen ist, wenn es sich allein gelassen oder ausgelacht fühlt.

Für das Trösten ist zuallererst unsere Zuwendung wichtig. Wir wenden uns dem Kind zu, nehmen es in die Arme und – wenn es mag – berühren, streicheln, wiegen wir es. So nehmen wir seine Verletzung, seinen Kummer wahr und nehmen seinen Schmerz auch ernst. Sätze von uns Erwachsenen wie »Das war ja gar nicht so schlimm!« treffen glücklicherweise meistens zu. Aber solche Bemerkungen helfen dem Kind nicht, den Schmerz auszuhalten und zu lernen: Wir können den Schmerz lindern, aber die Wunde nicht wegpusten. Unser Körper braucht Ruhe und Zeit, damit die Verletzung oder die Krankheit heilen kann.

Heilendes Kräuterkissen oder -säckchen

- Aus einem farbig bunten Baumwollstoff schneiden wir eine Blume oder ein Rechteck aus und nähen es (auf der linken Seite) zusammen. Eine Seite bleibt zum Befüllen offen. Auf rechts gedreht, wird es beispielsweise mit getrockneten Kamillenblüten, Lavendel oder Rosenblättern befüllt, mit Kräutern, die beruhigend wirken. Danach nähen wir die offene Seite von Hand zu oder verschließen das Säckchen mit einer passenden Kordel.
- Mit Watte ausgestopft, kann es auch mit wenigen Tropfen Lavendel- oder Rosenöl (reines ätherisches Öl verwenden!) beträufelt werden.
- Auf die gleiche Art können wir auch ein Kirschkernsäckchen nähen, das – auf der Heizung, in Backofen oder Mikrowelle angewärmt – wie eine Wärmflasche wirkt.
- Wenn das Kind sich wehgetan, Kopf- oder Bauchweh hat, legen wir das Kissen auf diese Stelle. Das Kissen können wir z.B. auch im Urlaub immer ohne viel Aufwand zur Hand haben.
- Wer kein Kissen hat, kann dem Kind bei vielen Beschwerden mit einer normalen Wärmflasche helfen.

Oft ist der Kummer des Kindes nicht so leicht zu heilen wie die Schramme am Knie: eine schlechte Note, von der besten Freundin ausgelacht, Ärger mit dem Klassenlehrer. Erstes »Schmerzmittel« ist auch hier die Zuwendung zum Kind. Kleine Gesten können dabei helfen, den Himmel wieder ein wenig aufzuhellen: Hat das Kind eine schlechte Note bekommen, schauen wir uns in Ruhe gemeinsam die Arbeit an und lenken zunächst den Blick auf das, was es alles gekonnt hat, und das ist meist eine ganze Menge! Damit stärken wir zuerst sein Selbstvertrauen und es kann Energie gewinnen für neues Üben. Vielleicht schenken wir ihm, wenn die nächste Klassenarbeit bevorsteht einen Smiley, den es in die Tasche stecken kann. Aus selbst trocknendem Ton formen wir dafür eine etwa 1 cm dicke Scheibe. Darin ritzen wir ein lachendes Gesicht ein.

Rezept für eine Gesund-Zauber-Suppe

Zutaten für Suppe aus Wurzelgemüse:
Ein Stück Sellerie, einige Möhren und Kartoffeln, etwas Lauch, etwas Brühe z.B. aus Brühwürfel, etwas Creme fraîche und Petersilie. (Statt Sellerie kann man auch Kohlrabi nehmen.)

Zubereitung:
Das Gemüse putzen, klein schneiden bzw. würfeln. In einem Topf mit der Brühe knapp bedeckt etwa 20 Minuten garen. Mit dem Pürierstab pürieren oder mit dem Holzlöffel durch ein Haarsieb streichen. Anschließend mit Salz und Pfeffer fein abschmecken, mit 1 oder 2 Esslöffeln Creme fraîche verfeinern. Mit gehackter Petersilie bestreut servieren.

Diese Gesund-Zauber-Suppe wird auch Barmherziges Süppchen genannt. Denn sie wirkt wärmend und stärkend, hilft bei Kummer an Leib und Seele, zum Beispiel bei Heimweh.

Die Kummerdose

Es war einmal ein Junge, der hatte großen Kummer. Er hieß Jo und immer, wenn er ganz traurig war, setzte er sich in den Hof neben die Abfalltonnen. Dort weinte er. Dort war er ganz allein. Dort war sein Kummerplatz. Aber einmal kam die Frau Pribil mit ihrer Abfalltonne vorbei und merkte, dass Jo weinte. »Hast du Kummer, Jo?«, fragte sie den Jungen. Als er nickte, beugte sie sich zu ihm und sagte leise: »Du, Jo! Kummer kann man wegbekommen. Ehrlich!« Jo schüttelte den Kopf, doch da kramte Frau Pribil schon in ihrer Einkaufstasche, holte eine kleine, goldene Dose heraus, klappte sie auf und hielt sie Jo direkt unter die Nase. »Kummer sitzt im Bauch«, sagte sie. »Man kann ihn heraushusten! Du musst den Kummer in die Dose hineinhusten. Dann klappe ich den Deckel zu, und der Kummer ist eingesperrt.« Der Jo glaubte das nicht, aber weil er die Frau Pribil nicht kränken wollte, hüstelte er ein wenig in die Dose. Frau Pribil fand, der Jo müsste viel stärker husten, sodass der Bauch wackelte. Da hustete Jo wie bei einem Keuchhusten, dass die Rippen krachten und es im Hals würgte, bis ein ganz hässlicher und sehr hoher, schriller Ton aus seinem Mund kam. »Na, siehst du!«, sagte Frau Pribil. »Jetzt haben wir ihn!« »Echt?«, fragte der Jo. »Na, du musst doch merken, wie es dir jetzt geht?«, fragte die Frau Pribil. Und Jo überlegte und merkte: Weinen wollte er nicht mehr. Kein bisschen. Richtig froh war ihm zumute. Lachen wollte er. »Jetzt darfst du die Dose aber nicht aufmachen, Jo. Sonst flutscht dir der Kummer wieder heraus. Die Dose schließt luftdicht ab. Und ohne Luft stirbt der Kummer ab. Aber dazu braucht es seine Zeit!« Frau Pribil gab dem Jo die Dose. Er steckte sie in seine linke Hosentasche. Manchmal holt er sie heraus und hustet hinein. Und manchmal leiht sich die Frau Pribil die Kummerdose ein bisschen aus. Aber sonst hält der Jo die Kummerdose ganz geheim.

Nach Christine Nöstlinger

Literaturhinweise

Feste feiern

Dann feiert mal schön! Neue Gespräche für Familien und Gruppen, Heft 3/2003, hrsg. von der Arbeitsgemeinschaft für kath. Familienbildung e.V., Bonn

Einblicke. Auf der Suche nach Leben – Versöhnung feiern, Werkblätter der Katholischen Landvolkbewegung Deutschlands Nr. 2/2005

Ich rufe dich beim Namen. Die Feier der Taufe, Werkblätter der Katholischen Landvolkbewegung Deutschlands Nr. 4/2001

Komm herein! Familiengespräche auf dem Weg zur Erstkommunion, Werkblätter der Katholischen Landvolkbewegung Deutschlands, Nr. 7/2005

Bartl, Almuth: Kunterbunte Kinderfeste. Freiburg i.Br.: Christophorus 2007

Biehl, Pia: Was sind Sakramente? Stuttgart: Katholisches Bibelwerk 2007

Hofmann, Monika: Ein ganz besonderer Tag. Mit Kindern Feste neu entdecken, München: Kösel 2006

Kuppig, Kerstin: Ideenkiste Feste feiern, Freiburg: Herder 2003

Reschke Edda: Die Fülle des Lebens feiern, Kevelaer: Lahn-Verlag 2001

Schauber, Vera/Schindler, Michael: Mein Buch der Heiligen und Namenspatrone, Bernward bei Don Bosco: München 2005

Steinwede, Dietrich/Ryssel, Ingrid (Hrsg.): Geburtstag und andere Feste – spielen und erzählen, Gütersloh: Gütersloher Verlagshaus 2002

Stutz, Pierre: Taufgottesdienste. Den Weg zur Quelle finden, Luzern: Rex ²2002

Trauer, Tod, Versöhnung

Carter, Forrest: Der Stern der Cherokee, München: Omnibus Taschenbuch 2004: Ab 10 Jahren. Ein Cherokee-Junge kommt nach dem Tod seiner Eltern mit fünf Jahren zu seinen Großeltern und lernt von ihnen indianische Lebensweisheit. Eine bewegende Geschichte, die eine andere Art von Wissen und Werten betont.

Fried, Amelie: Hat Opa einen Anzug an? München: Hanser 1997: Bilderbuch mit Text. Ab 4 Jahren. Nach Opas Tod hat Bruno viele Fragen. Er ist wütend, traurig, doch langsam schmerzt die Erinnerung weniger. Fühlt sich gut in die Vorstellungswelt der Kinder ein und lässt Raum für eigene Vorstellungen.

Kaldhol, Marit: Abschied von Rune, Hamburg: Ellermann 1987: Bilderbuch mit Text. Ab 4 Jahren. Sams bester Freund Rune ertrinkt beim gemeinsamen Spiel am Wasser. Die Mutter und die Großmutter begleiten Sara in ihrem Schmerz. Schöne Bilder.

Neysters, Peter/Schmitt, Karl Heinz: Denn sie werden getröstet werden. Das Hausbuch zu Leid und Trauer, Sterben und Tod, München: Kösel 2004

Reschke, Edda: Bunter Schmetterling und schwarzer Vogel. Mit Kindern Abschied erleben, Limburg: Lahn-Verlag 1999

Varey, Susan: Leb wohl, lieber Dachs, München: Annette Betz Verlag 1984: Bilderbuch mit Text. Ab 3 Jahren. Der alte Dachs stirbt. Seine Freunde denken oft an ihn, erst sehr traurig, aber dann immer fröhlicher. Führt behutsam an den Tod heran.

Ist Oma jetzt bei Gott? Wenn Kinder trauern, Werkblätter der Katholischen Landvolkbewegung Deutschlands Nr. 6/2003

Anhang

Auf einen Blick

Bastelideen

Adventskalender 90
Adventswurzel 86
Auf dem Weg zur Quelle 172
Barbara-Blüten 116
Baum voller Wünsche 309
Blumenwäscheklammer 44
Buchstabenbäckerei 319
Engel 265
Fähnchen 243
Faltlaterne 286
Freundschaftsband 240
Friedenstaube 224
Gebetswürfel 48
Gipsmasken 159
Glocken 102
Himmelsleiter 170
Kerze gestalten 149, 174
Kräuterbüschel 253
Kräuterkissen (-säckchen) 361
Laterne 286
Masken 159
Mutmachstein 38
Ostereier färben 184
Ostermandala 219
Papiermasken 159
Schatzkiste 271
Sterne 111, 112
Stimmungsbarometer 54
Streitschlichter 341
Vogelwäscheklammer 44
Wassertropfen 171
Wegweiser 109
Weizenkörner säen 176
Windlicht 286

Gedichte

Adventsrätsel 81
Das Mauselied vom neuen Jahr 137
Das Samenkorn 176
Der Engel bei Bolt an der Ecke 260
Der Frieden 53
Eins, zwei, drei 41
Halte zu mir, guter Gott 48
Lied des Faschingsprinzen 156
Martin und der Bettler 284
Von guten Mächten 140

Geschichten

Auf dem Gipfel bleiben 171
Dann gibt es eine Katastrophe 102
Das Brot der Liebe 333
Das Echo 319
Das Fahrrad 339
Das Märchen vom Stern im Acker 109
Das Sweatshirt im Adventskalender 89
Der Hahn Pauli 354
Der Tanz zur Flötenmusik 112
Der unbekannte Reisebegleiter 263
Der unheimlich breite Weihnachtsochse 99
Die Flucht nach Ägypten 134
Die Kummerdose 363
Die Teekanne 177
Ein besonderes Gewürz 73
Ein großer Schatz 269
Ein wunderschöner, bunter Schmetterling (Spielgeschichte) 189
Eine Wintergeschichte 106
Festgehalten 265
Franziskus predigt den Vögeln 268
Geschichte vom Weizenkorn, das nicht sterben wollte 175
Gips ab 348
Im Kerzenschein 59
Martin und die Gänse 282
Martin und die Martinsfischer 283
Nikolaus und die Hungersnot 121
Pausenfrühstück von Oma 38
Timmi denkt an etwas Schlimmes 45
Vom König, der Gott sehen wollte 295
Was der kleine Esel erzählt 134
Wie die Zeit vergeht 278
Wir spielen die Weihnachtsgeschichte 129
Wozu die Liebe den Hirtenknaben veranlasste 132

Lieder

Alle guten Gaben 258
Auf, werde hell 104
Aus der Wurzel 89
Beibet hier und wachet 208
Da ist einer unterwegs 195
Dass der Friede 55
Deine Hand und meine Hand 289
Den Tag leg ich in Deine Hand 66
Der Du die Liebe bist 218
Du bist da 199
Du bist im Lachen 65
Du für mich 209

Ein Tisch und eine Bank 216
Fliegt der Vogel aus dem Nest 347
Heil zurück 347
Ich fang neu an jeden Tag 35
Ja, weil Gott deinen Namen kennt 320
Jesus zieht in Jerusalem ein 205
Jetzt fängt das schöne Frühjahr an 154
Gott sei mit dir 314
Kratz an deiner Schale 167
Liebe Schwester Sonne 272
Mache dich auf und werde licht 279
Mein Gott, das muss anders werden 339
Nikolaus, der heil'ge Mann 121
Ostereierlied 188
Osterruf 211
So wie einer Kerze heller Schein 85
Tragt in die Welt nun ein Licht 311
Unter einem guten Stern 94
Vater, segne diesen Tag 72
Vom Aufgang der Sonne 247
Warm ist mein Licht 285
Weil ich denke, sag ich Danke 46
Wenn die Sonne leise geht 351
Willkommen 214
Wir kommen daher aus dem Morgenland 144
Zum neuen Jahr 139
Zur Mitte kommen 71

Rezepte

Barmherziges Süppchen 362
Berliner Brot 105
Chinesische Glückskekse 141
Fladenbrote 180
Gesund-Zauber-Suppe 362
Martinshörnchen 281
Osterhasen 185, 222
Rosinen-Wecken 222
Schoko-Wecken 222

Rituale

Abendrituale 56, 75, 140
Abschiedsrituale 37, 329, 350, 356
Adventskranz 84
Adventsweg 92
Agapefeier 181
Ankommrituale 43
Aufweckritual 33
Aschenritual 165
Ausklangrituale am Tagesende 56
Ausklangritual am Wochenende 75
Barbara-Ritual 115
Bestärkungsritual 344
Bewegungsübung 115, 176, 290
Bibel teilen 273
Brotsegnung 243
Einzug in ein neues Haus 145
Dank- und Segensritual 305
Einstimmungsritual zur Erstkommunion 331
Entzünden des Adventskranzes 84
Erntedank-Ritual 259
Erster Advent 87
Erster Kindergartentag 322
Erster Schultag 256, 325
Fastenrituale 160, 162, 166
Ferienritual 251
Feriensegen 249
Friedensecke 53
Geburtstagsrituale 313, 314, 315
Gute-Laune-Keks-Dose 360
Gründonnerstagsmahl 180
Haussegnung 145
Johannis-Ritual 246
Körpergebete 64, 236
Körperübung 115, 176
Kräuter-Rituale 254
»Kreuzwege« gehen 183
Krippenfeier 125
Laternenlaufen 286
Lichtrituale 148, 277, 311
Lichtfeier (für den Vorabend von Allerheiligen) 277
Martinsritual 287
Marien-Ritual 233
Meine Naturschätze 270
Morgenrituale 34
Namenstagsrituale 319
Nikolausabend 120
Ostermandala gestalten 219
Ostereierspiel 188
Osterfrühstück 187
Ostergarten 193
Osterkorb 185
Pfingstliche Rituale 224
Rast-Ritual 294
Rosenritual 292
Schuljahres-Bilder 247, 256
Segensritual 305, 324, 327
Sonntagsritual 69, 75
Sternenritual 314
Sternsinger-Rituale 143, 145
Sternstunden auf Tonpapier 112
Stilleübung 61
Stimmungsbarometer 54
Tagesschau 62
Tanz 290
Tauftagritual 321
Tischrituale und -gebete 45, 181, 190, 332
Totengedenken 280
Trauerrituale 357
Traumreise 162
Trostrituale 324, 352, 360
Versöhnungsrituale 54, 337
Weihnachtsrituale 124, 131, 133
Weizenkörner säen 176
Willkommensritual 347
Zu-Bett-geh-Rituale 61

Quellenverzeichnis

45 Friderun Krautwurm, aus: Vorlesebuch 3 © Verlag Ernst Kaufmann, Lahr. **48** © Rolf Krenzer Erben, Dillenburg. **53** Eva Rechlin, aus: Hans-Joachim Gelberg (Hrsg.), Die Stadt der Kinder Tb © Beltz & Gelberg in der Verlagsgruppe Beltz, Weinheim & Basel. **64** Nach Christiane Bundschuh-Schramm: Weil Du mich siehst. Rituale und Übungen, Gebete und Lieder, Schwabenverlag Ostfildern 1997, 28–29. **73** Ein besonderes Gewürz, aus: Hubert Rüenauver/Heribert Zingel, Den Sonntag feiern, Kösel, München 1992, 338. **81, 284** Rolf Krenzer, aus: Bei uns haust der Klabautermann © Kösel, München 2006, 188; 157. **99** Karl Hochmuth/Margarete Kubelka, Der perfekte Weichnachtsbaum © Don Bosco Verlag, München ²1999. **103, 171** Nach Helmut Jaschke, aus: Feste im Kirchenjahr. Erzählbausteine für Religionsunterricht und Kindergottesdienst © Kösel, München 2000, 34–35; 80. **106** © Max Bolliger, CH-Weesen. **109** Nach Regina Kraus, aus: »… da berühren sich Himmel und Erde«. Familiengottesdienste für die ganze Gemeinde, Herder, Freiburg i.Br. 1997, 34. **111** Transparentsterne, nach Maria Karin Küppel, Weihnachten mit Kindern vorbereiten. Herder, Freiburg u. a. 1976, 44. **112** Sternstunden auf Tonpapier, aus: Burkhard Schönwälder (Hrsg.), Wir sagen euch an © Kösel, München 2003, 98. **116** Barbara-Blüten, leicht verändert nach: Essener Adventskalender: »Wir sagen euch an: Advent« 2004. Hrsg. v. Bistum Essen, Dezernat Pastoral. **129** Nach einer Idee aus: Religionspädagogische Praxis 1982/4: »Gegrüßet seist du Maria voll der Gnaden«, 43–47. **132** Karl Heinrich Waggerl, aus: Und es begab sich © Otto Müller Verlag, Salzburg ⁵¹2004. **134** Die Flucht nach Ägypten, aus: Gundhild Sehlin: Marias kleiner Esel und die Fluch nach Ägypten © Urachhaus, Stuttgart ¹²2006. **137** © James Krüss Erben, Uetersen. **140** Dietrich Bonhoeffer, aus: Widerstand und Ergebung © Gütersloher Verlagshaus, Gütersloh, in der Verlagsgruppe Random-House GmbH, München. **156** © James Krüss Erben, Uetersen. **159** Einfache Papiermasken. Nach Ideen aus: Otto van de Loo (Hrsg.), Kinder – Kunst – Werk. Künstlerisches Arbeiten mit Kindern und Jugendlichen © Kösel, München 2005, 174 – Gipsmasken. Genaue Anleitung auch unter www.kikisweb.de mit zahlreichen weiteren Vorschlägen für die Gestaltung von Masken. **172** Auf dem Weg zur Quelle. Nach: Aschermittwoch, Ostern, Pfingsten. Ein Wegbegleiter für die ganze Familie, hrsg. v. Bistum Essen, 1989, 32f. **175** Geschichte vom Weizenkorn. Nach: Das Weizenkorn. Eine Eucharistie-Geschichte, Nettetal: Stegler Verlag – Wort und Werk 1987. **189** Monika Hofmann, aus: Ein ganz besonderer Tag © Kösel, München 2006, 56–57. **222** Nach einem Rezept aus www.frag-mutti.de (21.05.2007). **226** Gianni Rodari, aus: Das fabelhafte Telefon. Aus dem Italienischen von Marianne Schneider © Verlag Klaus Wagenbach, Berlin 1997. **259** Nach Claudia und Roman Aigner, in: Georg Schwikart (Hrsg.), Materialbuch Feste im Jahreskreis. Grünwald, Mainz 1999, 169ff. **260** © Rudolf Otto Wiemer Erben, Hildesheim. **263** Hermine König, aus: Das große Jahresbuch für Kinder © Kösel, München 2007, 286–287. **268** Franziskus predigt den Vögeln, aus: Franziskus – Engel des sechsten Siegels. Sein Leben nach den Schriften des heiligen Bonaventura, Werl/Westf.: Dietrich-Coelde-Verlag 1962. **269** Rudolf G. Binding, aus: Die Blümelein des heiligen Franziskus von Assisi, it 48 © Insel Verlag, Frankfurt/M. 1973. **278, 295** Rainer Oberthür, aus: Neles Tagebuch © Kösel, München 2006, 42, 154. **281** Martinshörnchen, aus: Jutta Schnitzler-Forster/Kerstin Schmale-Gebhard, Ein Jahr für die Sinne © Kösel, München ²2005, 195. **282** Erna und Hans Melchers, aus: Das große Buch der Heiligen. Südwest, München 1978, 736. **283** © Manfred Becker-Huberti, Grevenbroich. **286** Faltlaterne, aus: Peter Neysters/Karl Heinz Schmitt (Hrsg.), Durch das Jahr – durch das Leben © Kösel, München 2006, 310. **286** Windlicht, aus: Jutta Schnitzler-Forster/Kerstin Schmale-Gebhard, Ein Jahr für die Sinne © Kösel, München ²2005, 192. **304** Gioconda Belli, aus: Wenn du mich lieben willst © Peter Hammer Verlag, Wuppertal 2000. **333** Hermine König, aus: Tut dies zu meinem Gedächtnis. Werkbuch zur Vorbereitung auf die Erstkommunion. Neuausgabe, Kösel, München 2005, 80. **364** Christine Nöstlinger, aus: Das große Nöstlinger-Lesebuch © Beltz & Gelberg in der Verlagsgruppe Beltz, Weinheim & Basel.

Die Bibelstellen S. 126, 145, 196, 213 und 336 sind entnommen aus: Rainer Oberthür/Rita Burrichter, Die Bibel für Kinder und alle im Haus © Kösel, München: ⁵2007